Alexandre Lauret

L'épopée des passeurs

L'âge d'or du trafic de migrants à Djibouti

La Découverte

Composé par Facompo (Montrouge)
Création graphique de la couverture : Quentin Poilvet
Dépôt légal : mai 2025

Si vous désirez être tenu régulièrement informé de nos parutions, il vous suffit de vous abonner à notre lettre d'information sur notre site **www.editionsladecouverte.fr**.

ISBN 978-2-348-08705-9

À Hawa
À Clément

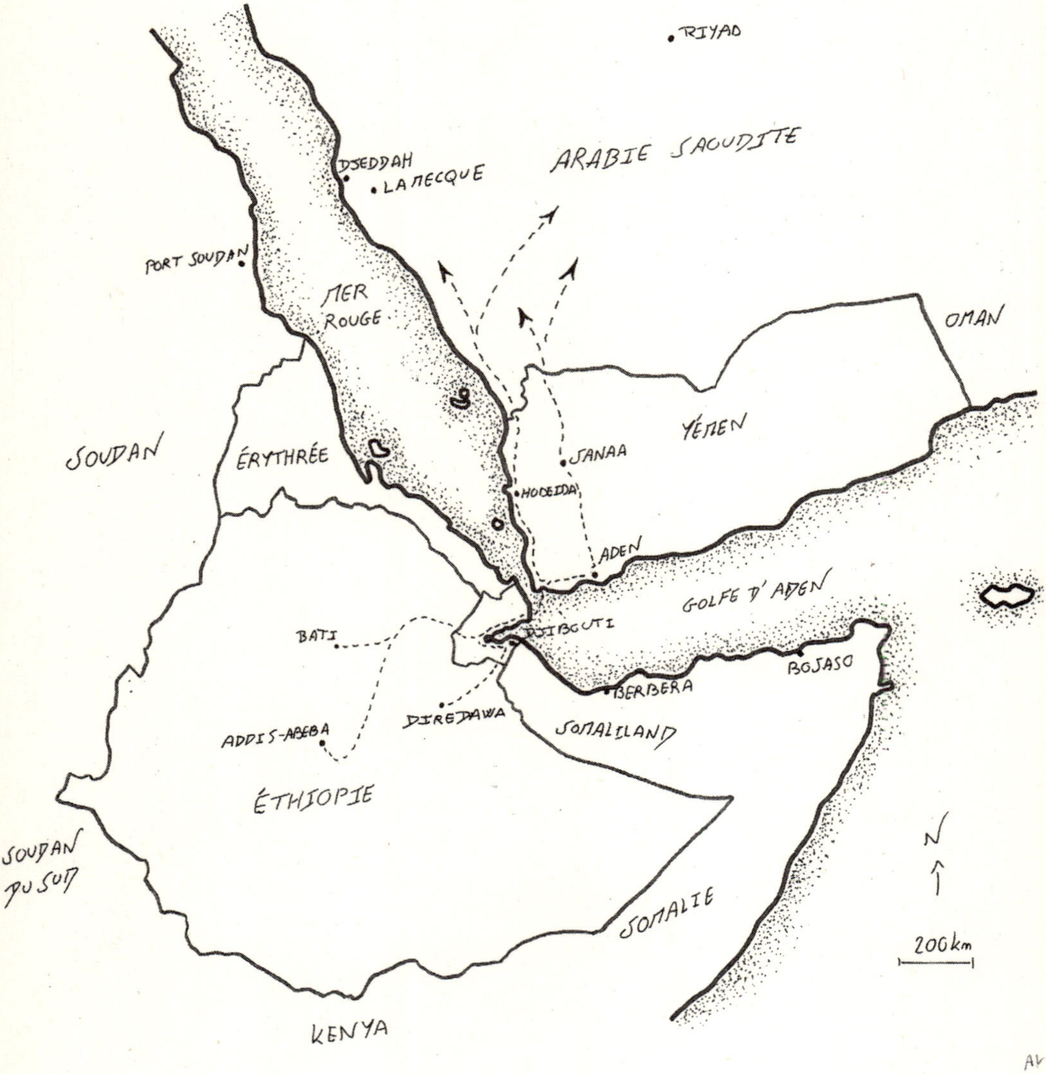

Le trafic de migrants dans la Corne de l'Afrique et la péninsule Arabique

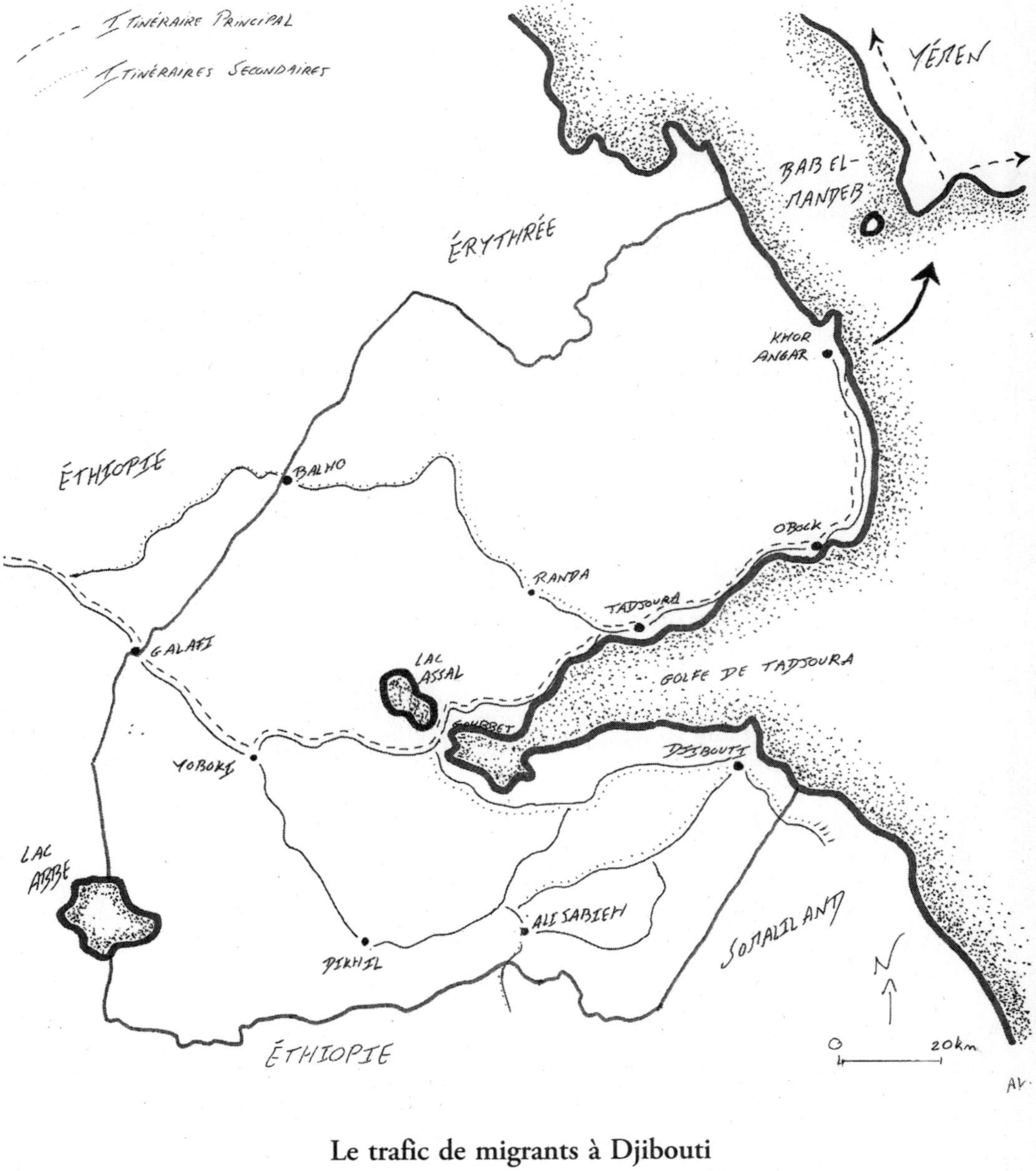

Le trafic de migrants à Djibouti

Prologue

D'une rive à l'autre

Djibouti, une nuit de l'année 2019 : des passeurs transportent un convoi de migrants éthiopiens jusqu'au rivage situé en face du Yémen, au nord de la ville d'Obock. Une embarcation yéménite accoste sur la plage et une centaine de migrants y montent en file indienne sous l'œil des passeurs djiboutiens et yéménites. Ces migrants, dénommés clandestins par les habitants de la région, sont partis d'Éthiopie, ont sillonné la région afare du nord de Djibouti et s'apprêtent à franchir le détroit de Bab el-Mandeb au sud de la mer Rouge puis de traverser le Yémen en guerre pour tenter leur chance en Arabie saoudite. Ils y seront employés comme domestiques, exerceront les métiers les plus serviles, seront contraints à la prostitution, travailleront illégalement dans la construction ou dans tout autre secteur économique dédaigné par les Saoudiens. Tandis que la « cargaison humaine » s'empile sur l'embarcation arabe, un des passeurs prend la parole :

> On s'en fout s'ils partent au Yémen ou en Arabie saoudite, ou n'importe où. On s'en fout. On prend la vedette, [on traverse], on les fait descendre sur les plages du Yémen et après, ce n'est plus notre problème, même s'ils meurent là-bas, s'ils ont des problèmes, s'ils sont capturés, s'il y a de la torture. Tout ça, ce n'est plus notre problème, [nous], on a rempli notre contrat. Le Yémen, ce n'est pas Djibouti, notre travail est fini[1].

1. Sauf mention contraire, les observations et citations des passeurs sont issues de mon travail de terrain effectué entre 2016 et 2022. Par souci de clarté, certains témoignages ont pu être retravaillés afin d'éviter les scories de l'oralité.

Un siècle plus tôt, en 1930, le reporter et écrivain Joseph Kessel, aidé par l'aventurier et contrebandier Henry de Monfreid, suit le parcours d'une caravane d'esclaves. Il part d'Abyssinie, traverse les plateaux du Harar, le nord de Djibouti, alors Côte française des Somalis, la mer Rouge jusqu'à la région du Hedjaz, sur les côtes saoudiennes. Kessel rapporte de son voyage un témoignage rare et dense des « dernières caravanes » partant de la Corne de l'Afrique. Il évoque les esclaves et les trafiquants, voyageant de nuit, clandestinement, dans ce nouveau contexte politique du début du XXe siècle : l'implantation des puissances coloniales européennes dans la région s'accompagne de l'interdiction de l'esclavage. Le commerce devient un trafic illégal et sa survie dépend des parcours empruntés : « Payer des tributs, passer par les déserts, embarquer en cachette. Certes, cela augmente beaucoup le prix de chaque tête, mais que de risques[1] ! » L'esclavage se maintient dans les territoires peu ou mal contrôlés par les puissances coloniales. Sur le navire, Kessel décrit un des marins transportant les esclaves, en un véritable chant du cygne de la profession :

> Il était du pays d'Assir, situé entre le Yémen et le Hedjaz. Son père, son grand-père avaient toujours transporté des esclaves d'une rive à l'autre de la mer Rouge. Il continuait la tradition, non pas à cause des bénéfices qui devenaient rares, mais parce qu'il considérait que ce métier héréditaire était le plus noble que pût faire un marin. Les dangers qui l'accompagnaient en consacraient le mérite et la vertu[2].

Plusieurs siècles auparavant, au début de l'année 1331, le voyageur et géographe Ibn Battûta navigue en mer Rouge après avoir effectué le pèlerinage à La Mecque. Lors de son séjour au Yémen, il atteint Aden, la dernière étape de son périple avant d'embarquer pour Berbera, dans l'actuel Somaliland. Logeant chez un négociant arabe de la ville, il note l'importance de l'esclavage dans la société adénite du XIVe siècle : les esclaves sont serviteurs

1. Joseph KESSEL, *Marchés d'esclaves*, Paris, Éditions de France, 1933, p. 73.
2. *Ibid.*, p. 141.

de maison, coursiers, acheteurs, affranchis, bref, au cœur de la cité. Le dîner auquel Ibn Battûta participe comprend une vingtaine de négociants et un nombre d'esclaves et de serviteurs supérieur à celui des marchands. D'Aden, encore, il relate l'anecdote suivante :

> On m'a raconté qu'un de ces commerçants envoya un de ses esclaves lui acheter un mouton. Or, un autre commerçant de la ville eut la même idée. Il arriva qu'il n'y avait ce jour-là qu'un seul mouton sur le marché. Les deux esclaves enchérirent donc pour l'emporter et le prix monta à quatre cents dinars. L'un des deux esclaves fit l'affaire en disant : j'ai un pécule de quatre cents dinars. Si mon maître me rembourse le prix que j'ai payé, tant mieux, sinon je donnerai mon pécule. De toute façon, je me serai bien défendu et je l'aurai emporté sur l'autre ! Il ramena donc le mouton à son maître qui, lorsqu'il apprit l'histoire, affranchit l'esclave et lui donna mille dinars. Quant à l'autre, il revint bredouille auprès de son maître qui le battit, s'empara de son pécule et le renvoya[1].

À bien des égards, ces scènes observées à trois époques différentes se ressemblent. Elles exposent ce qui semble être une *vérité économique* de la mer Rouge : l'humain comme marchandise transportée, échangée ou achetée, légalement ou clandestinement, d'un rivage à l'autre. Ces scènes décrivent l'importance économique, l'ancrage géographique et la persistance à travers le temps de cette vérité qui fait de l'esclave d'hier comme du migrant d'aujourd'hui une composante des systèmes économiques des rivages de la mer Rouge. Les aléas politiques, la succession des royaumes et des empires de la région au cours des sept derniers siècles ne paraissent pas avoir rompu la continuité du transit d'êtres humains de l'Éthiopie vers la péninsule Arabique. À ceci près que le commerce des esclaves, central et institutionnalisé dans la société adénite du XIVe siècle, était pratiqué au grand jour, alors que l'acheminement de migrants par des passeurs s'opère clandes-

1. IBN BATTÛTA, *Voyages et périples*, in *Voyageurs arabes*, trad. Paule Charles-Dominique, Paris, Gallimard, « Bibliothèque de la Pléiade », 1995, p. 603.

tinement, de nuit, en toute illégalité dans l'ensemble des pays que leurs convois traversent.

À Djibouti, le trafic de migrants est interdit par la loi, l'activité de passeur étant passible de deux ans de prison et de 500 000 francs djiboutiens (2 500 euros) d'amende[1]. Cette activité illicite semble pourtant n'avoir jamais été aussi florissante : d'après les données numériques du Haut Commissariat pour les réfugiés (HCR) et de l'Organisation internationale pour les migrations (OIM), plus d'un million de migrants ont eu recours à un réseau de passeurs pour traverser le détroit de Bab el-Mandeb, entre Djibouti et le Yémen, durant la décennie 2010. L'année 2018 atteint même un record avec la traversée de près de 160 000 migrants, et ce malgré la guerre civile du Yémen et la bataille d'Hodeïda qui a eu lieu cette même année.

Estimations du nombre de migrants ayant atteint la côte yéménite entre 2006 et 2020[2]

Année	**2006**	**2007**	**2008**	**2009**	**2010**	**2011**	**2012**
Nombre de migrants	11 000	29 000	50 000	78 000	53 000	103 000	107 000
2013	**2014**	**2015**	**2016**	**2017**	**2018**	**2019**	**2020**
> 62 000	91 000	93 000	117 000	100 000	159 000	140 000	37 000

Sources : données provenant du HCR puis de l'OIM à partir du milieu de la décennie 2010. Ces données restent des estimations, qui doivent sûrement être revues à la hausse. Elles ne prennent pas en compte également les décès lors des traversées (terrestres, maritimes).

1. Loi n° 133/AN/16/7e L portant sur la lutte contre la traite des personnes et le trafic illicite des migrants. Dans le cadre de la loi, le trafic signifie le transport illégal de migrants en situation irrégulière.

2. Les entrées au Yémen concernent les migrants éthiopiens et somaliens. D'après les données du HCR, on observe un renversement de la tendance : en 2006, près de trois migrants sur quatre sont d'origine somalienne et passent notamment par le port de Bosaso en Somalie. En 2012, plus de 90 % des migrants sont des Éthiopiens n'empruntant plus que la route du nord de Djibouti.

*

Les « héros » de ce livre ne sont pas les migrants ; ce sont, bon gré mal gré, les passeurs djiboutiens qui racontent à leur façon leur vie, leur quotidien et les relations qu'ils tissent entre eux ou avec leurs homologues étrangers, les passeurs éthiopiens et yéménites, mais aussi avec leurs voisins de rue, la société au sens large ou des représentants de l'administration, des forces de l'ordre et de l'État djiboutien. Pour comprendre ce que être passeur et faire du trafic de migrants signifie à Djibouti et dans la Corne de l'Afrique, j'ai vécu à leur contact pendant plus de deux années, entre 2018 et 2021. Certains d'entre eux ont trouvé ma démarche intéressante et se sont réjouis qu'un chercheur étranger, devenu leur archiviste, vienne les interroger, quand d'autres se sont méfiés avant finalement de s'ouvrir et de parler. Au total, ce sont plus de 70 passeurs qui ont accepté de témoigner et de me montrer le quotidien de leur activité au nord de Djibouti. En m'appuyant sur ces entretiens, j'ai essayé de retracer leurs trajectoires de vie, leurs aventures nocturnes, et d'appréhender les discours et les images qu'ils produisent ou diffusent autour de leur pratique. Je propose ici une histoire collective des passeurs construite à partir de la façon dont ces personnes, principalement des hommes, se perçoivent et racontent ce que j'ai appelé leur *épopée*.

Celle-ci, aussi courte que violente, tient en treize années seulement, de 2007 à 2020. Treize années durant lesquelles ces hommes ont fait transiter plus de 1,2 million d'Éthiopiens. Treize années également durant lesquelles ces passeurs sont devenus plus riches et plus puissants que les ministres djiboutiens avant de tout perdre et de n'être plus rien. Treize années enfin à survivre à la marge de l'État et à défier en permanence son autorité, ses lois ou ses agents. Parmi ces faits, ce ne sont peut-être pas tant les affrontements entre passeurs djiboutiens, les vols de migrants entre réseaux, les traversées maritimes houleuses ou la concurrence avec leurs homologues éthiopiens ou yéménites qui donnent leur tonalité épique à leurs récits, mais bien davantage le discours politique subalterne[1] – ce que j'appelle le discours critique de la marge – qui entoure leurs aventures dans un contexte particulier, celui d'une région, le nord de Djibouti, qui s'avère être une région marginalisée politiquement et économiquement par le pouvoir en place depuis l'indépendance, acquise en 1977. Cette histoire est donc autant celle d'une activité illicite que celle d'un combat politique de la marge, instrumentalisé par les passeurs pour légitimer leur activité.

Au fil de leur épopée, les passeurs djiboutiens croisent toute une pléiade de personnages : des contrebandiers et des trafiquants en tout genre (armes, drogues, alcool, véhicules, etc.), des passeurs yéménites et éthiopiens avec qui ils négocient des alliances et fomentent des renversements et des trahisons, des policiers et des gendarmes qui tantôt coopèrent contre quelques pots-de-vin, tantôt les arrêtent, des villageois qui établissent des barrages pour exiger un droit de passage, des représentants coutumiers d'un sultanat qui tente de se réinventer en ce début du XXIe siècle, des personnalités politiques qui voient dans ces passeurs un moyen de s'enrichir en leur offrant leur protection ou encore des rebelles qui tiennent le maquis dans les montagnes éloignées, et bien sûr des migrants. Ces derniers sont ici relégués à l'arrière-plan, ce qui traduit le silence auquel ils sont réduits au cours du voyage, dès le moment où ils s'en remettent aux passeurs pour les mener à destination. Autrement dit, ces pages ne traitent pas de la migration en tant que telle, mais davantage du développement d'une activité illicite au sein de la société djiboutienne et de la signification de cette activité – ce qu'on pourrait qualifier d'économie morale[2] du trafic.

---

1. James C. Scott, *La Domination et les arts de la résistance. Fragments du discours subalterne*, trad. Olivier Ruchet, Paris, Éditions Amsterdam, 2019.

2. Suivant la notion forgée par E. P. Thompson et la définition proposée par Didier Fassin qui, par contraste avec l'économie politique, caractérise l'économie morale comme « la production, la répartition, la circulation et l'utilisation des sentiments moraux, des émotions et des valeurs, des normes et des obligations dans l'espace social » (Didier Fassin, « Les économies morales revisitées », *Annales HSS*, n° 6, 2009, p. 1237-1266).

Pour appréhender celle-ci, il convient d'abord de définir ce qu'est un passeur sans se laisser enfermer dans les représentations que la crise migratoire en Méditerranée a véhiculées tout au long de la décennie 2010, en associant systématiquement à cette activité l'extorsion, la torture et d'autres traitements inhumains infligés aux migrants. Cette image négative, confortée par des pratiques documentées, en particulier celles des réseaux libyens, n'a fait que se renforcer à mesure que les contrôles migratoires se durcissaient entre l'Europe et l'Afrique ou le Moyen-Orient et que les dirigeants politiques s'appliquaient à faire des passeurs les seuls coupables de la multiplication des naufrages de « clandestins »[1]. Aux yeux de beaucoup, ces hommes sont des trafiquants de migrants, leurs réseaux des organisations criminelles et leur activité se confond avec la traite d'êtres humains. Cette vision, qui aboutit à la criminalisation du passeur d'un côté et la victimisation du migrant de l'autre, tend toutefois à se brouiller puisque les réalités observées montrent de plus en plus des situations où les migrants deviennent à leur tour des intermédiaires, facilitant le passage d'autrui[2]. À rebours également des pratiques d'abus de confiance et de coercition, dans le cas présent, force est de constater que ce sont bien les migrants éthiopiens qui choisissent d'avoir recours aux passeurs et, contrairement aux esclaves d'hier, payent eux-mêmes (ou leur famille) les passeurs afin d'être transportés vers le Yémen et l'Arabie saoudite.

Il est donc nécessaire d'effectuer un travail de catharsis, pour se défaire des idéologies politico-moralistes qui entourent le mot et l'activité de passeur. Au gré des situations géographiques, politiques ou historiques, cette figure du mouvement se révèle multiple, désignant aussi bien les passeurs libyens déjà évoqués que ceux

1. Julien Brachet, « Manufacturing smugglers : From irregular to clandestine mobility in Sahara », *The Annals of the American Academy of Political and Social Science*, vol. 676, n° 1, 2018, p. 16-35.

2. Gabriella Sanchez, « Critical perspectives on clandestine migration facilitation : An overview of migrant smuggling research », *Journal on Migration and Human Security*, vol. 5, n° 1, 2017, p. 9-27.

de la France de Vichy saisis par Joseph Kessel dans *L'Armée des ombres*, ou encore les passeurs est-allemands de la guerre froide organisant la fuite à l'Ouest de leurs compatriotes. Son rôle ne se laisse guère saisir dans les termes d'une alternative éthique : il n'incarne ni tout à fait un héros salvateur ni la figure antagoniste du salaud exploitant la misère d'autrui[1]. C'est ici toute l'ambivalence – et la beauté – du mot de passeur, qui suggère un flou selon le mouvement de l'histoire et le contexte d'action, à la différence du terme de trafiquant (ou de ses équivalents anglais *smuggler* et *human trafficker*).

Au sens premier, le passeur est celui qui fait franchir un obstacle à quelqu'un ou à quelque chose. Cet obstacle varie ; il peut s'agir d'un fleuve, d'une mer, d'une montagne, d'un mur, d'une frontière ou encore d'un monde. Quelle qu'en soit la nature, le passeur, lui, endosse quatre fonctions : le transfert, la traversée, la transaction et la transgression[2]. Deux figures distinctes de passeur en déploient l'imaginaire : le batelier faisant traverser une rivière et Charon, le nocher mythologique des Enfers grecs qui symbolise le passage des âmes de la vie à la mort. Le premier fait simplement passer un obstacle physique, monnayant ponctuellement les services de son embarcation et son savoir géographique local. Bien que le passeur des Enfers fasse lui aussi traverser un obstacle physique, le fleuve du Styx, la portée de son action est quant à elle existentielle. Charon, comme Anubis dans la mythologie égyptienne ou Janus chez les Romains, symbolise la transition et le passage de la vie à la mort, d'un état à un autre et d'un monde au suivant – en d'autres termes, le changement.

Qu'il s'agisse de personnes, de corps ou de marchandises, prohibées ou non, la charge que le passeur transfère suppose une transaction. Dans son poème l'*Énéide*, Virgile décrit les ombres autrefois humaines qui, privées de sépulture à leur mort, implorent

1. GISTI, « Des passeurs bien commodes », *Plein droit*, n° 84, 2010, p. 3-7.
2. Paul CARMIGNANI (dir.), *Figures du passeur*, Perpignan, Presses universitaires de Perpignan, 2002, p. 8.

Charon de les faire traverser. Faute de pouvoir payer l'obole, elles hantent désespérément les rivages du fleuve des Enfers, tendant en vain leurs mains vers l'autre rive. L'obstacle ne peut être franchi qu'en acceptant de payer le prix de la traversée. Celui-ci varie selon la distance parcourue, la difficulté de l'obstacle ou les dangers encourus. Plus les risques sont importants, plus le prix du passage l'est également. Et si le montant de la transaction est fixé dès le départ avec le passeur, il apparaît souvent que la traversée a en elle-même un autre prix, que le passager n'a d'autre choix que de payer, de subir. Ce sont tous les imprévus, les aléas ou les accidents – ce qu'on appelle la *fortune* – que doit affronter le passager : la perte de repères, les péripéties, les regrets, le décès d'un proche en migration ou les conséquences de l'infraction aux règles. Ce prix peut s'avérer bien supérieur à celui de départ. Il en est ainsi d'Orphée, venu chercher son aimée, Eurydice, aux Enfers pour la ramener à la vie. Bien qu'il charme Charon en jouant de la lyre, il est puni pour avoir transgressé la seule règle qu'Hadès lui avait donnée, ne pas se retourner avant d'avoir quitté le monde des morts.

Dans la jurisprudence mythologique, l'histoire d'Orphée nous rappelle que le passeur personnifie la transgression des frontières. Il tire profit de sa connaissance des interstices pour mener à bon port le passager qui remet sa vie entre ses mains. Il en connaît et en court les risques pour lui-même. Charon est ainsi puni par Hadès pour avoir permis à Héraclès – Hercule – de traverser le Styx sans que ce dernier lui ait payé le prix de la traversée, à savoir un rameau d'or pour les vivants : il sera enchaîné une année entière.

Aucune limite territoriale n'existe ou n'apparaît qui n'entraîne avec elle un passeur. Toutes demeurent poreuses, ce que le passeur démontre en se jouant des frontières et des interdits. Il est en cela un témoin des événements historiques et des évolutions politiques, à l'image du passeur de la ligne de démarcation sous l'Occupation ou du rideau de fer pendant la guerre froide[1]. Cependant la porosité

1. Gisti, « Des passeurs bien commodes », art. cité, p. 3-7.

se manifeste également dans la relation humaine qui se noue, bon gré mal gré, entre lui et sa charge, le passager. Le passeur s'impose *a priori* comme une figure dominante dans la relation qu'il entretient avec le migrant. Il est effectivement maître du jeu, dictant son prix comme les conditions du voyage, et les garanties qu'il offre de parvenir à destination sont incertaines. La réalité est toutefois plus complexe et, au-delà des situations hybrides où les migrants se font à leur tour passeurs, les routes empruntées ne mettent pas seulement en relation des passagers et leurs guides, mais toute une constellation d'acteurs comprenant des rabatteurs, des hébergeurs, des intermédiaires et des facilitateurs, ainsi que des contacts au sein de certains milieux administratifs, voire des forces de l'ordre, comme c'est le cas en Érythrée où certains réseaux ont été plus ou moins gérés par des militaires aux frontières[1].

Dans les sociétés de la Corne de l'Afrique et de la mer Rouge, la position du passeur est ancrée dans l'histoire pour trois raisons. Premièrement, son rôle s'inscrit dans le sillage de celui, immémorial, du batelier, transportant marchandises et humains d'une rive à l'autre. Deuxièmement, il est le produit d'une succession de crises humaines : la chute de l'Empire éthiopien en 1974 et l'avènement du gouvernement militaire provisoire de l'Éthiopie socialiste (Derg, 1974-1987), la guerre civile qui s'ensuivit, l'effondrement de la Somalie en 1991, la fermeture des frontières de l'Érythrée depuis 2000 ou, plus récemment, la guerre civile au Yémen depuis 2014 ont entraîné de nombreux exils, ainsi que la constitution de groupes contestant les frontières ou le monopole de la violence de l'État (pirates, rebelles, bandes armées, etc.). La Corne de l'Afrique connaît ainsi des dynamiques contradictoires, entre, d'un côté, ses tentatives d'intégration à la mondialisation par des accords portuaires, maritimes, pétroliers, militaires et sécuritaires, et, de l'autre, le maintien d'une instabilité durable dans les différents États de la sous-région. Ce paradoxe est particuliè-

1. David Bozzini, « Surveillance, répression et construction collective de l'insécurité en Érythrée », *Politique africaine*, n° 135, 2014, p. 137-157.

rement sensible à Djibouti, où les grandes puissances installées militairement[1] côtoient les États parias, faillis ou en guerre civile. D'où les frictions que l'on y observe entre les normes occidentales promues par les administrations modernes et les acteurs étrangers, d'une part, et le développement ou le retour de systèmes de valeurs historiques issus d'acteurs marginalisés, irréguliers ou dissidents, d'autre part. L'exemple le plus révélateur à cet égard est sans doute celui des pirates somaliens appelés localement « héros » (*geesiyaal*)[2]. De son propre point de vue et aux yeux de ceux qui le côtoient, le passeur n'est-il pas lui-même un héros ? En s'affranchissant de la frontière coloniale héritée et de ses lois, il défie depuis la marge les tentatives de contrôle des gouvernements pour instaurer ou restaurer une autre pratique de l'espace géographique, politique, économique et social. Dès lors, c'est le troisième point, pour de nombreux migrants de la région, les passeurs incarnent la possibilité d'un futur. Recourir à leurs réseaux représente une tentative d'échapper aux conséquences de l'instabilité et des crises politiques récurrentes que connaît la région tout en poursuivant un rêve d'ascension sociale. La demande migratoire, fondée sur des différentiels politico-économiques entre la rive africaine fortement peuplée et dont le niveau de vie demeure précaire et un rivage arabe perçu comme un eldorado du fait de la rente pétrolière, permet au passeur de s'imposer comme un acteur incontournable.

Au-delà de ces effets de contexte, la fonction du passeur tend à s'identifier à celle, traditionnelle dans la région, du *dalal* (ou *dalalal* en Éthiopie[3]). Ce terme arabe désigne une personne de confiance qui joue le rôle d'un intermédiaire ou d'un courtier en affaires. On fait appel à un *dalal* lors d'une transaction entre un

1. La République de Djibouti accueille des bases militaires de plusieurs pays (France, États-Unis, Chine, Japon, Italie) et plusieurs missions européennes (opération Atalante).

2. Jatin Dua, *Captured at Sea : Piracy and Protection in the Indian Ocean*, Berkeley, University of California Press, 2019, p. 13.

3. Plusieurs variantes apparaissent pour ce terme : *dilal* en somali, *dallâl* pour le pachtoun (Iran, Afghanistan), *dilal* ou *dalal* en afar. Quelle que soit l'orthographe, le terme renvoie toujours à l'idée d'intermédiaire.

acheteur et un vendeur sur un marché aux bestiaux, pour l'achat d'un bien immobilier ou pour régler un différend économique. Dans les sociétés de la Corne de l'Afrique, le passeur apparaît au fond comme un maillon de la mise en contact du migrant avec son possible futur employeur. Il est ainsi appelé *dalal(al)* en Éthiopie et au Yémen par les migrants comme par la population locale. L'utilisation de ce terme suggère que le passeur est perçu comme un intermédiaire parmi les populations du sud du bassin de la mer Rouge et qu'il est tout à fait banal de recourir à ses services dans ces sociétés faisant de la migration un simple « investissement » économique. Apparaît dès lors un biais possible entre cette acceptation sociale et la criminalisation étatique de son activité aussi bien en Éthiopie, à Djibouti, en Érythrée qu'en Arabie saoudite.

On appellera dans ce livre *dalal* tout passeur éthiopien ou yéménite et l'on réservera le terme de passeur aux *dalals* djiboutiens. Ce choix s'explique par l'utilisation récurrente du terme « passeur » par les premiers intéressés lors des entretiens en langue française et des observations réalisés à Djibouti. Qu'il s'agisse du *dalal* ou du passeur, ces termes sont employés sans la moindre connotation négative, ce qui n'est pas le cas du terme « trafiquant », qualifiant tout passeur ou *dalal* qui aurait recours à des pratiques d'extorsion, de séquestration ou de torture de migrants.

*

Avec plus de 120 millions d'habitants, l'Éthiopie représente un pays au potentiel migratoire important face à ses voisins faiblement peuplés comme Djibouti, la cité-État atteignant difficilement le million d'habitants[1]. Sa forte démographie se conjugue avec le dénuement de la majorité de ses habitants. Si la croissance économique du pays figure parmi les plus élevées du continent africain depuis le début du XXIe siècle, la société demeure essentiel-

1. Selon le dernier recensement (mai 2024), le territoire djiboutien compte 1 066 809 habitants.

lement rurale et pauvre. Le PIB par habitant peine à dépasser les 500 dollars au début de la décennie 2010 et l'économie demeure primaire à plus de 80 %. Les campagnes, en proie aux sécheresses, connaissent des phénomènes de surpopulation, entraînant une raréfaction des ressources et du foncier disponibles. Pour éviter les conflits locaux ou en conséquence de ces derniers, de plus en plus d'Éthiopiens décident de migrer vers les centres urbains comme Dire Dawa ou la capitale Addis-Abeba. Cet exode rural est renforcé par l'effondrement de la devise nationale, le birr, et par l'accentuation des tensions politiques et ethniques tout au long de la décennie 2010, qui conduira à la guerre civile éthiopienne de 2020.

Face à l'absence de perspectives économiques et à cette insécurité croissante, les jeunes tentent leur chance à l'étranger, vers des sociétés dont le niveau de vie est susceptible de leur offrir de meilleures opportunités. La migration devient une aubaine commerciale pour certaines agences de travail recrutant des travailleuses et des travailleurs sous contrat par le système de la *kafala*[1] dans les États arabes (Koweït, Liban, Émirats arabes unis, etc.). Très vite, cependant, la main-d'œuvre éthiopienne disponible dépasse la demande. De nombreux Éthiopiens décident alors de migrer par eux-mêmes vers les États voisins, Djibouti, le Yémen ou, pour ceux disposant de ressources plus importantes, l'Arabie saoudite[2].

Dès les années 1970, la capitale djiboutienne attire les premiers exilés éthiopiens fuyant le régime autoritaire du gouvernement militaire provisoire de l'Éthiopie socialiste. Le trajet à parcourir est court et jugé plus sécurisé que la route conduisant au Yémen

1. Parrainage local permettant le travail légal des étrangers dans les pays arabes.

2. Depuis l'envolée des revenus pétroliers dans les années 1970 et la transformation socio-économique du pays, le recours à la main-d'œuvre étrangère y est continu. Entre 1970 et 1975, le nombre de migrants en Arabie saoudite serait passé de 800 000 à 1,8 million et aurait atteint plus de 7 millions de personnes à la veille de la guerre du Golfe, en 1990. Hélène THIOLLET, « Gérer les migrations, gérer les migrants : une perspective historique et transnationale sur les migrations dans les monarchies du Golfe », *Arabian Humanities*, n° 7, 2016.

ou en Arabie saoudite[1]. À l'époque, le franchissement de la frontière s'effectue le plus souvent sans réseau de passeurs : les migrants suivent le tracé de l'ancienne voie ferrée reliant l'Éthiopie à la capitale djiboutienne. Les premiers exilés trouvent un emploi dans les secteurs délaissés par les Djiboutiens : les métiers domestiques et ceux des loisirs nocturnes, deux domaines d'activité liés au maintien de la présence militaire française et à la communauté d'expatriés que celle-ci charrie. Depuis, la migration éthiopienne à Djibouti s'est pérennisée, les populations locales y recourant davantage. Le nombre de travailleurs éthiopiens installés à Djibouti dépasserait ainsi les 150 000 au cours de la décennie 2010, soit près d'un cinquième des habitants de ce petit territoire[2]. Si l'État djiboutien tente de lutter comme il le peut contre cette immigration jugée massive par ses nationaux, ces derniers profitent néanmoins du laisser-aller administratif pour recruter largement des domestiques (gardiens, femmes de ménage, cuisinières, etc.), symboles de la réussite économique de la famille. Si les migrants y sont mieux traités que dans la péninsule Arabique, leurs salaires y sont inférieurs et le prestige qu'ils retirent de leur aventure migratoire à leur retour est bien moindre.

De l'autre côté de la mer, la migration éthiopienne au Yémen s'est développée en complément de celle des travailleurs yéménites vers l'Arabie saoudite. Tandis que les Yéménites, issus du pays le plus pauvre de la péninsule Arabique, tentaient leur chance chez leur voisin saoudien, les migrants éthiopiens comblaient les vides dans les métiers que leurs prédécesseurs ne voulaient pas ou plus exercer. La guerre du Golfe de 1991 a changé la donne en marquant un tournant dans les politiques migratoires de la

1. Bezunesh Tamru et Amina Saïd Chiré, « Les migrantes de retour dans la Corne de l'Afrique : vers une transformation sociale des espaces émetteurs. Le cas éthiopien », *Echogéo*, n° 37, 2016.

2. Ce chiffre a été obtenu lors d'un entretien officieux avec certains personnels de la Direction de la statistique et des études démographiques à Djibouti. D'autres sources, également officieuses, évoquent 200 000 à 300 000 migrants éthiopiens au cours de la décennie 2020.

région. Cette année-là, le Yémen soutient l'invasion du Koweït par l'Irak de Saddam Hussein. En réponse, l'Arabie saoudite expulse près d'un million de travailleurs yéménites, plongeant leur pays dans une crise économique importante[1]. Pour tenter de la surmonter, le gouvernement yéménite expulse à son tour 100 000 travailleurs éthiopiens et somaliens afin de sauver son marché intérieur de l'emploi[2], aggravant ainsi la situation de l'Éthiopie et de la Somalie, toutes deux en proie à leurs propres instabilités politiques.

Depuis, la situation de dépendance migratoire entre les rivages n'a fait que s'amplifier. Les migrants éthiopiens ont remplacé une partie des Yéménites en Arabie saoudite et l'exil des pionniers est devenu un flux nourri et un moyen courant d'ascension sociale[3]. L'objectif est de partir pour mieux rentrer ou pour mieux rester, autrement dit pour accumuler des savoirs et des expériences à l'étranger, envoyer des devises à la famille et constituer une épargne permettant, de retour au pays, de financer la construction d'une maison ou le développement d'une affaire économique. Les migrants éthiopiens ne restent donc qu'un certain nombre d'années à l'étranger, souvent moins d'une décennie. Cette durée limitée s'explique également par des conditions de vie et de travail difficiles au Yémen ou en Arabie saoudite. Les politiques d'accueil de ces États demeurent décourageantes, teintées de xénophobie, et les migrants y séjournant sont le plus souvent victimes de préjugés raciaux, voire d'abus, de violences ou d'extorsion, mais aussi de mesures d'expulsion massives freinant toute chance d'intégration sur le long terme. En Arabie saoudite, plus de 160 000 migrants éthiopiens ont

1. Laurent BONNEFOY, *Le Yémen. De l'Arabie heureuse à la guerre*, Paris, Fayard, 2017, p. 210.

2. Hélène THIOLLET, « Aux marges du monde arabe : place du Yémen dans les itinéraires de migrants et de réfugiés érythréens », *Arabian Humanities*, n° 12, 2004.

3. B. TAMRU et A. SAÏD CHIRÉ, « Les migrantes de retour dans la Corne de l'Afrique », art. cité.

ainsi été expulsés entre 2013 et 2014[1] et plus de 300 000 en 2017, date d'un nouveau décret[2].

Malgré ces difficultés, l'Arabie saoudite représente un eldorado migratoire pour les candidats au départ et le nombre d'Éthiopiens y résidant reste élevé. La Banque mondiale estime leur nombre à 850 000, tandis que le ministère éthiopien du Travail et des Affaires sociales avance un chiffre d'environ 3 millions pour l'ensemble de la péninsule au début de la décennie 2010. La construction de cet imaginaire collectif de fortune s'explique principalement par l'écart de salaire perçu par ces migrants, entre 400 et 500 dollars par mois contre moins de 100 dollars en Éthiopie, indépendamment des compétences : un migrant éthiopien en Arabie saoudite, fût-il simple berger, y gagnerait bien plus qu'un fonctionnaire de son pays d'origine. Si l'Arabie saoudite représente le premier choix de destination pour de nombreux candidats à la migration, s'y rendre nécessite cependant un parrainage officiel d'une entreprise ou d'une famille saoudienne. Or, dans le contexte saoudien de restriction des entrées et de durcissement de l'obtention de la *kafala*[3], les Éthiopiens ont de moins en moins l'opportunité d'y immigrer légalement. Ceux qui décident d'entreprendre coûte que coûte le voyage peuvent avoir recours à un ou plusieurs réseaux illégaux de passeurs s'ils disposent de ressources économiques suffisantes – ce que l'on a coutume d'appeler le « trafic de migrants » à Djibouti et plus généralement entre la Corne de l'Afrique et la péninsule Arabique.

Le développement de ces réseaux répond à une situation paradoxale. D'un côté, des États comme l'Arabie saoudite ou

1. Clara Lecadet et Medareshaw Tafesse Melkamu, « The expulsion of Ethiopian workers from Saudi Arabia (2013-2014) : The management of a humanitarian and political crisis », *Annales d'Éthiopie*, n° 31, 2016, p. 225-243.

2. OIM, *The Desire to Thrive Regardless of the Risk : Risk Perception, Expectations and Migration Experiences of Young Ethiopians Migrating along the Eastern Route towards the Arabian Peninsula*, Paris, OIM, 2020, p. 8.

3. Hélène Thiollet, « Migration et (contre)révolution dans le Golfe : politiques migratoires et politiques de l'emploi en Arabie saoudite », *Revue européenne des migrations internationales*, vol. 31, n° 3-4, 2015, p. 121-143.

Djibouti tentent de lutter contre l'immigration clandestine par des politiques répressives marquées par des expulsions massives. D'un autre côté, ces sociétés ne fonctionnent économiquement que par le recrutement et l'exploitation d'une main-d'œuvre docile, créant un appel d'air qui entretient les imaginaires de réussite. Néanmoins, recourir à des passeurs suppose de pouvoir en payer le prix. Celui-ci varie entre 1 000 et 2 000 dollars selon la région d'origine en Éthiopie et celle d'arrivée en Arabie saoudite au cours des années 2010. Or, dans une économie éthiopienne où le salaire moyen mensuel avoisine les 70 dollars au début de la décennie, la migration vers la péninsule Arabique demeure réservée aux personnes et aux familles ayant suffisamment de ressources ou la possibilité de vendre du foncier ou du bétail pour financer la migration. C'est dans ce contexte économique migratoire qu'apparaît la route dite orientale passant par le nord de Djibouti, celle que nous arpenterons ici.

*

Avant de débuter cette épopée, quelques précisions s'imposent. Si l'objectif premier de ce livre est de retracer le développement des réseaux de passeurs djiboutiens au début du XXIe siècle depuis leur point de vue, ce récit, quoique collectif, ne prétend pas être exhaustif ni exclure d'autres versions possibles des événements relatés. Il comporte des discours discordants, des silences, des zones d'ombre, des incompréhensions, des souvenirs épars qui tendent à s'estomper et des oublis volontaires ou involontaires.

Plusieurs lectures en sont par ailleurs permises. Les péripéties individuelles et collectives des soixante-dix passeurs interrogés et de leurs proches permettent d'abord d'appréhender à leur échelle l'histoire du trafic de migrants dans la Corne de l'Afrique durant la période récente depuis un point d'observation charnière. Elles donnent également à voir le développement d'une activité illicite fondée sur une économie transnationale du passage dans le contexte de construction d'un État en Afrique, en l'occurrence Djibouti.

Une troisième lecture apparaît en filigrane, celle d'un récit politique d'émancipation ; il met alors en scène une partie de cette population subalterne, marginalisée, vivant sous un régime autoritaire et qui réinterprète son histoire comme une lutte pour s'affranchir de ses conditions de vie précaires et renégocier son rapport à un État devenu kleptocratique. Enfin, certains y verront simplement une tentative de fixer durablement par l'écrit l'archive précaire que constitue une histoire orale.

Étant interdit, le trafic de migrants ne produit que peu d'archives écrites, ou plutôt il n'en produit qu'indirectement, sous la plume de son « ennemi » déclaré, l'État, à travers les procès-verbaux liés aux arrestations des passeurs et aux chefs d'accusation renseignés dans les registres des administrations pénitentiaire et judiciaire. Autrement dit, il s'agit d'archives négatives et en négatif, écrites dans la langue désincarnée du droit et peu utiles au récit de cette épopée. Toute activité interdite résiste à la forme étatique de l'archivage. Dans les marges s'inventent d'autres règles que celles prônées par l'État, qui tantôt s'affrontent, tantôt s'hybrident avec elles. « Là où l'État prend fin[1] » ne désigne pas uniquement la frontière où la loi s'arrête, mais également le lieu où l'usage s'invente, s'impose ou se renégocie – là où le normal préfigure la nouvelle norme[2]. Il s'agit bien alors ici de composer l'archive écrite de ce qui est censé être dissimulé et interdit, mais qui n'est que formellement combattu et tacitement pratiqué.

L'écriture de ce récit collectif représente à bien des égards un exercice d'équilibriste, tiraillé entre la volonté de décrire le plus précisément possible l'activité des passeurs et le souci d'effacer les traces qui permettraient de les identifier afin d'éviter de leur porter préjudice. Tous ont été anonymisés et trois d'entre eux ont hérité d'un nom de scène – un pseudonyme – essentiel à la compréhen-

1. Timothy Raeymaekers et Benedikt Korf, *Violence on the Margins : States, Conflicts and Borderlands*, New York, Palgrave Macmillan, 2013, p. 4-5.

2. Georges Canguilhem, *Le Normal et le Pathologique*, Paris, PUF, 2020 [1966], p. 237.

sion de leur histoire : le Passeur initial, son Second et l'Affranchi[1]. Les autres sont simplement désignés comme passeurs, lieutenants de réseau, hommes de main, sentinelles ou encore soldats, selon la manière dont ils ont eux-mêmes caractérisé leur fonction, avec un lexique révélateur de l'héritage de la présence militaire française à Djibouti[2]. Ensemble, ces passeurs anonymes forment bien souvent le chœur des voix qui résonnent en contrepoint des lignes mélodiques des trois interprètes principaux. Leurs interventions apparaissent brutes, sans fioritures, parfois stridentes, mais essentielles à la justesse polyphonique de l'ensemble.

Ce récit ne compte que peu de dates : seules les années sont mentionnées ; les jours et les mois sont oubliés. Ils ont paru peu importants aux passeurs qui ne s'y sont jamais attardés dans leurs entretiens. Cette omission permet d'envisager une autre conception du temps, propre à la façon dont les passeurs perçoivent eux-mêmes les événements. Les données numériques et quantitatives sont, elles aussi, floues : le nombre de migrants, de passeurs ou encore les sommes monétaires font transparaître la démesure chez certains ou le désintérêt le plus total pour d'autres.

Enfin, une dernière précision concerne la place prépondérante laissée aux témoignages des passeurs. Comme le note William Foote Whyte à propos de ses travaux sur la communauté italienne de Boston, « il m'a fallu longtemps pour réaliser que je pouvais mieux expliquer Cornerville en racontant les histoires de ces personnes et de ces groupes que je n'aurais pu le faire de toute autre façon[3] ». Avec leur part de reconstruction, d'enjolivement ou d'édulcoration, de racontars et de forfanterie, ces récits nous

1. Ces pseudonymes sont loin d'être officiels, ils ont été simplement prononcés ou suggérés lors d'entretiens par les premiers intéressés.

2. Les « lieutenants » désignent des responsables d'opérations, les « soldats » des hommes de main mobilisables pour toutes sortes de tâches et les « sentinelles » des guetteurs, etc. Dans une moindre mesure, les passeurs utilisent certaines expressions retranscrites dans ce texte telles que « stocker les migrants », « brousse », « bagarres » ou encore « vol de migrants ».

3. William Foote Whyte, *Street Corner Society*, La Découverte, Paris, 2007 [1943], p. 357.

plongent dans la fabrique de l'épique. Leur authenticité, elle, tient au fond moins à la profusion des détails, à leurs effets de réalité ou au collationnement des versions qu'à ce qu'ils révèlent de la fragilité des vies ainsi saisies avant que leurs traces ne disparaissent.

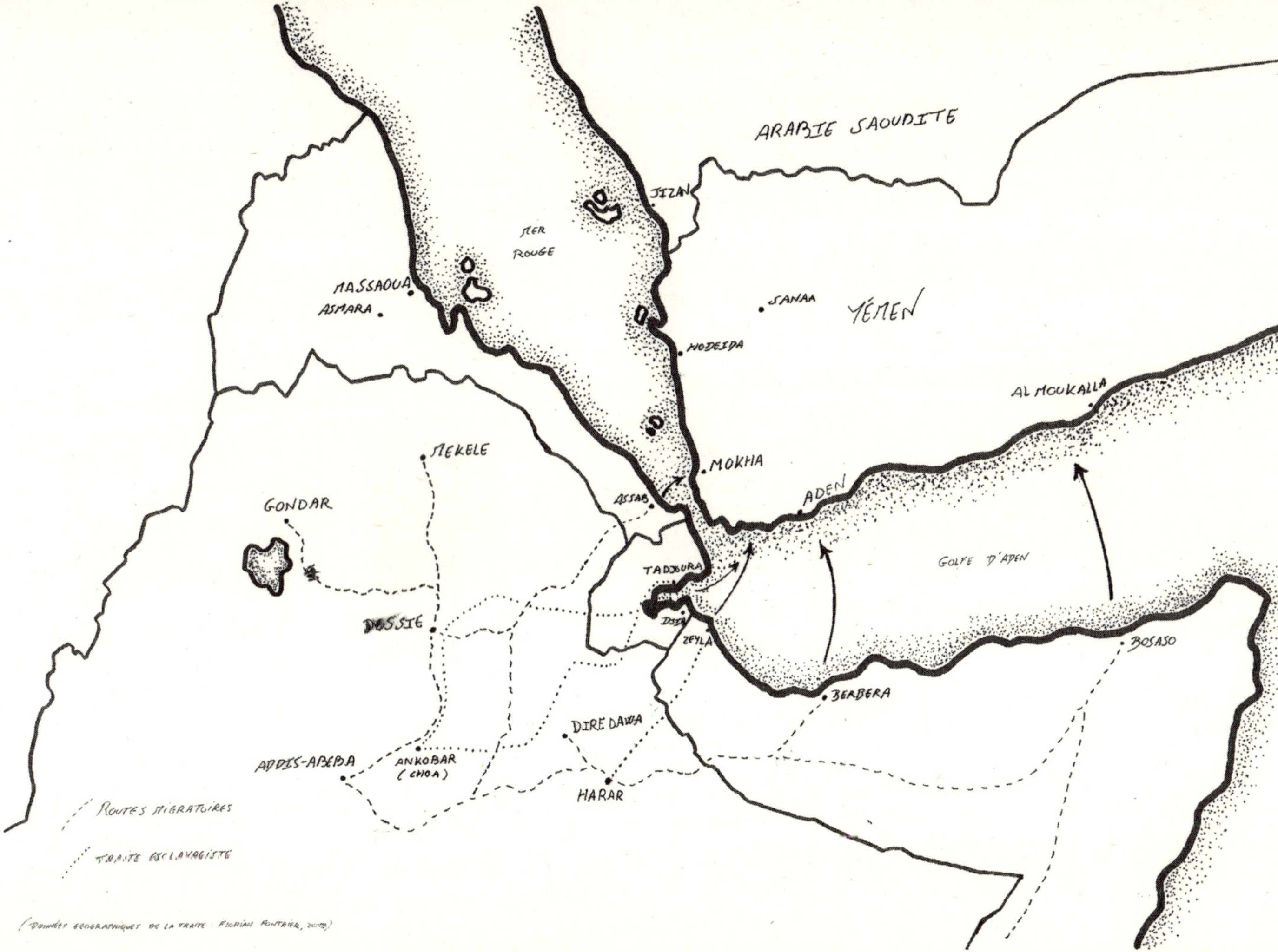

Les anciennes routes migratoires

Chapitre 1

Aux origines de l'épopée (XIXe-XXe siècles)

Autour de la mer Rouge, les sociétés africaines et arabes échangent et commercent depuis mémoire d'homme. À partir du XVIe siècle, la concurrence accrue entre les Portugais et les Ottomans pour le contrôle de ses rivages place la région au cœur des rivalités des puissances de l'époque. La tendance ne fait que s'accentuer tout au long des siècles suivants. Dès le XVIIIe siècle, les cités portuaires telles qu'Aden, Massaoua ou encore Djeddah représentent des « villes mondiales » avant l'heure[1] : ce sont de véritables carrefours où se croisent notables et commerçants locaux, marins, pèlerins, diplomates et marchands issus d'autres régions, la Méditerranée et l'océan Indien. Parmi les marchandises des étals, les esclaves tiennent une place de plus en plus importante sous la domination ottomane de la mer Rouge (XVIe-XVIIIe siècle). Dans le sud du bassin, ils viennent principalement d'Abyssinie, l'ancien nom de l'Éthiopie, et sont le plus souvent issus de razzias ou de tributs de guerre. Ils sont transportés de l'intérieur des terres vers les ports pour y être vendus avant de prendre la mer et de rejoindre les marchés de la péninsule Arabique. Ils constitueront une main-d'œuvre productive, domestique, militaire ou administrative au gré des acheteurs.

La traite abyssinienne aurait atteint son apogée commercial dans la seconde moitié du XIXe siècle avec plus de 150 000 captifs

1. Jonathan Miran, *Red Sea Citizens : Cosmopolitan Society and Cultural Changes in Massawa*, Bloomington, Indiana University Press, 2009, p. 6.

vendus lors de la tentative de conquête égyptienne du rivage africain de la mer Rouge[1]. D'autres sources évaluent leur nombre à plus de 500 000 sur le siècle entier[2]. L'ouverture du canal de Suez en 1869, au bénéfice principal des puissances européennes, bouscule ce système économique. Si l'Empire ottoman moribond interdit l'esclavage à cette époque, les « nations civilisatrices » affichent leur résolution de lutter contre ce commerce pour justifier le contrôle qu'elles tentent d'imposer sur la circulation en mer Rouge[3] . Faute de moyens de répression, le glissement de la traite vers le trafic illégal demeure néanmoins symbolique tant que leur présence reste encore balbutiante. Sous le regard impuissant ou complaisant des militaires, diplomates, administrateurs et missionnaires européens, les nombreux ports africains continuent d'approvisionner le marché régional en esclaves, si bien qu'en 1888 ceux-ci auraient représenté un cinquième de la population de Djeddah[4].

Parmi ces ports du littoral africain qui résistent à l'interdiction de l'esclavage, la cité de Tadjoura tire l'essentiel de sa faible activité économique du transit des esclaves[5]. Les convois humains proviennent du Harar, dans l'est de l'actuelle Éthiopie, avant d'être embarqués sur des boutres en partance pour le Yémen ou le Hedjaz. Majoritairement pasteurs nomades, les Afars du sultanat de Tadjoura[6] jouent un rôle d'intermédiaires du système esclavagiste de la mer Rouge : ils perçoivent un droit de passage des caravanes

1. Paul Lovejoy, *Une histoire de l'esclavage en Afrique. Mutations et transformations (XIVe-XXe siècles)*, Paris, Karthala, 2017, p. 88.

2. Jonathan Miran, « Red Sea slave trade », *African History*, 20 avril 2022.

3. Philippe Pétriat, *Le Négoce des lieux saints. Négociants hadramis de Djedda 1850-1950*, Paris, Publications de la Sorbonne, 2016, p. 136.

4. *Ibid.*, p. 134.

5. Florian Fontrier, « De Sawakin à Berbera, l'intégration du littoral à l'hinterland. Étude historique de la structuration des villes-ports et des flux du XVIe au XIXe siècle : le cas particulier de Tadjoura », thèse de doctorat en histoire soutenue le 22 novembre 2019 à l'université Bretagne-Sud.

6. Le terme afar est celui de *bāḏo* qui pourrait désigner un pays appartenant à une grande chefferie, proche de la forme d'un sultanat. Avec la colonisation française, la dénomination évolue et le terme de « sultanat » s'impose peu à peu

sur leur terre quand ils ne sont pas eux-mêmes à leur tête. Certains commerçants locaux, comme Abou-Bakr Ibrahim, auraient disposé de plus de six cents esclaves entre Tadjoura et Zeyla, une modeste cité portuaire située au sud du golfe de Tadjoura, dans la seconde moitié du XIXe siècle[1].

Par l'entremise d'Abou-Bakr Ibrahim, l'administration du Second Empire signe un traité en 1862 avec les représentants afars du sultanat de Tadjoura, ces derniers lui cédant le territoire et la rade d'Obock. Dès la signature, un malentendu apparaît : les autorités du sultanat pensent que la France demeure indifférente au commerce des esclaves et qu'elle permettrait même aux navires locaux de couvrir par son pavillon la traite devenue illicite face à l'administration anglaise présente à Aden[2]. Il n'en est rien, mais, l'occupation du territoire ne débutant effectivement, et lentement, qu'à partir de 1881, pendant plus de deux décennies les traitants gardent les mains libres, à l'instar des commerçants et trafiquants français (Arthur Rimbaud, Paul Soleillet, etc.) venus vendre des armes à Ménélik, le roi du Choa, qui aspire au trône impérial d'Abyssinie. Marchands d'armes européens et esclavagistes locaux se côtoient dans les cités portuaires d'Obock (qui s'apparente alors plutôt à un campement) et de Tadjoura ou au sein des convois commerciaux. Une caravane louée pour acheminer des armes au Choa redescend chargée de denrées éthiopiennes comprenant bien souvent son lot de captifs.

L'administration coloniale s'installe à Obock en 1884. Elle y crée un dépôt de ravitaillement en charbon pour les bateaux à vapeur reliant la métropole et ses colonies en Indochine, avant d'étendre sa présence autour du golfe de Tadjoura. Les capacités

au XXe siècle, transformant la perception et l'imaginaire que les Français et les Djiboutiens peuvent avoir du pouvoir coutumier afar.

1. Marc FONTRIER, *Abou-Bakr Ibrahim, Pacha de Zeyla – marchand d'esclaves : commerce et diplomatie dans le golfe de Tadjoura 1840-1885*, Paris, L'Harmattan, 2003, p. 133.

2. Georges DOUIN, *Histoire du règne du Khédive Ismaïl*, t. III, Le Caire, Société royale de géographie d'Égypte, 1938, p. 200.

d'Obock étant limitées, l'administration décide la construction du port de Djibouti (Ville) sur la rive sud et finit par y déplacer son siège en 1895. La nouvelle capitale offre de meilleures possibilités de mouillage pour les navires et elle favorise également les relations commerciales avec l'Abyssinie voisine, toujours indépendante malgré les tentatives italiennes. La construction de la colonie de la Côte française des Somalis à partir de la fin du XIXe siècle accentue une disparité déjà existante entre les populations afares situées sur la rive nord du golfe et les populations somalies situées sur la rive sud. Le recours aux intermédiaires somalis permet aux commerçants français d'échanger plus facilement avec le Harar et le Choa, où Ménélik II vient d'être couronné empereur en 1889[1]. Les liens entre la colonie et l'Empire abyssinien sont par la suite renforcés avec l'inauguration en 1917 de la ligne de chemin de fer reliant la nouvelle capitale Addis-Abeba à Djibouti Ville, cette dernière devenant le principal port de l'Abyssinie.

Relégués dans un arrière-pays peu exploré et jugé dangereux par les colons, les Afars perpétuent quant à eux leur système économique fondé pour une part sur le transit d'esclaves et, depuis l'arrivée des Européens, le commerce des armes, maintenant Tadjoura comme le dernier comptoir esclavagiste de la rive africaine[2]. Malgré des renforts demandés à Paris[3], l'administration coloniale ne dispose pas des moyens de réprimer la traite et rechigne à le faire par crainte de s'aliéner le soutien des élites locales et esclavagistes des sultanats afars de Goba'ad et de Tadjoura. Celles-ci ont de nombreux commissionnaires à Djibouti Ville – quand elles n'y vivent pas elles-mêmes – et développent à tel point leurs affaires qu'elles permettent au port djiboutien de surpasser le rival anglais installé au Somaliland voisin.

---

1. Bernard UZEL, « La fondation de Djibouti », *Revue d'histoire des colonies*, vol. 39, nº 137, 1952, p. 63-75.
2. Colette DUBOIS, « Une traite tardive en mer Rouge méridionale : la route des esclaves du golfe de Tadjoura (1880-1936) », *in* Henri MÉDARD, Marie-Laure DERAT, Thomas VERNET et Marie-Pierre BALLARIN (dir.), *Traites et esclavages en Afrique orientale et dans l'océan Indien*, Paris, Karthala, 2013, p. 199-222.
3. Simon IMBERT-VIER, *Tracer des frontières à Djibouti. Des territoires et des hommes aux XIXe et XXe siècles*, Paris, Karthala, 2011, p. 130.

Grâce à leurs contacts, parfois au sein de l'administration coloniale, ces marchands d'esclaves achètent de grandes quantités d'armes et de munitions usagées qu'ils remettent en service avant de les expédier vers l'Abyssinie voisine ou vers les royaumes arabes. Il serait ainsi sorti de Djibouti près d'un million de cartouches recyclées, prêtes à l'emploi, chaque année de la première moitié de la décennie 1910[1].

Entre les esclaves et les armes, la Côte française des Somalis devient la colonie de la contrebande et des trafics pendant toute la première partie du XXe siècle. Si la complémentarité entre ces négoces reste difficile à mesurer, la traite des captifs perdure, quant à elle, tant que l'administration coloniale reste cloîtrée dans la capitale – la passivité des Français à cet égard a été popularisée par Albert Londres dans *Pêcheurs de perles* (1931) et Joseph Kessel dans *Marchés d'esclaves* (1933), ou par les écrits publiés tardivement d'Henry de Monfreid. Dans ces ouvrages, l'esclavage est présenté comme un système économique toujours actif bien que déclinant, où les autorités coutumières jouent un double jeu avec les autorités européennes : bien que le sultan de Tadjoura se soit engagé contre la traite, il continue de percevoir 1 thaler[2] par esclave passant par le port de Tadjoura[3]. Pour intégrer la Société des Nations, l'Éthiopie de l'empereur Haïlé Sélassié, le successeur de Ménélik II, ratifie plusieurs traités contre l'esclavage en 1923, puis en 1926. Ils restent pourtant lettre morte localement et Joseph Kessel note l'omniprésence des esclaves derrière les nobles et les responsables abyssiniens. Quant au Hedjaz, Albert Londres explique que la douane locale taxe les « négriers » à hauteur de 10 % de la valeur de leur marchandise humaine[4].

---

1. Agnès PICQUART, « Le commerce des armes à Djibouti de 1888 à 1914 », *Revue française d'histoire d'outre-mer*, vol. 58, n° 213, 1971, p. 407-432.
2. Le thaler (de Marie-Thérèse) est une ancienne monnaie autrichienne datant du XVIIIe siècle et largement utilisée dans le commerce international. Tandis que son déclin s'amorce au XIXe siècle en Europe, elle connaît un véritable succès dans les États et empires bordant la mer Rouge, circulant jusque dans la première moitié du XXe siècle.
3. C. DUBOIS, « Une traite tardive en mer Rouge méridionale », art. cité.
4. Albert LONDRES, *Pêcheurs de perles*, Paris, Albin Michel, 1931, p. 108.

Un notable âgé de Tadjoura, fils d'un trafiquant d'esclaves de la première moitié du XXe siècle, m'a confié ce témoignage, recueilli à Paris où il était venu rendre visite à sa famille et effectuer quelques examens médicaux[1] :

> Ce n'était pas moi, c'était avant moi. Mon père en ramenait. Il prenait deux cents esclaves en même temps, de l'Éthiopie. Chaque esclave, il prenait 20 thalers. C'était lui qui les ramenait [à Tadjoura]. Il les transportait par boutre [au Yémen]. [...] Les Tadjouriens, il y en avait qui achetaient [en Éthiopie] et il y en avait d'autres, ils prenaient par force. Tout le monde vendait des esclaves à Tadjoura, tous les Tadjouriens ! Tout le monde partait en Éthiopie en prendre, seulement, il n'y avait que deux ou trois personnes [comme mon père] pour les amener au Yémen, qui parlaient l'arabe. On payait mon père 20 thalers par esclave, cent esclaves ; c'étaient 2 000 thalers. Les boutres, c'étaient ceux de Tadjoura, on descendait les vaches, les esclaves, tout le monde venait. Des Tadjouriens apprenaient l'arabe, l'écriture, les solutions [les mathématiques], tout ça, à quelques esclaves. On leur apprenait l'arabe comme ça on pouvait les vendre plus cher. [...]
> On cachait les esclaves à Tadjoura dans les maisons, dans les cours ; même à ce moment-là, si un Tadjourien voyait une fille jolie, il la prenait pour la marier. Combien de familles afar-éthiopiennes il y a à Tadjoura aujourd'hui ? Des centaines et des centaines, mais, comme à Tadjoura on vient de la tribu de son père, on ne retient que le côté djiboutien. [...] Ma mère était avec les esclaves. Elle a appris les langues éthiopiennes car on stockait les esclaves chez elle quand elle était petite. Elle était avec cent, deux cents, trois cents esclaves [qu']on amenait à la fois à ce moment-là. Ils restent comme ça, assis, les pieds nus. Quand ils arrivent, on prend de l'eau, on fait laver les pieds de tout le monde, on leur donne la moitié d'un oignon avant de boire de l'eau, car s'ils boivent l'eau de Tadjoura,

1. Je l'avais déjà interrogé à plusieurs reprises à Tadjoura sur les structures du sultanat et de la culture afare. Quelques mois plus tard, j'avais appris par sa famille qu'il disposait de connaissances approfondies de l'histoire locale de l'esclavage. Nous nous sommes donc retrouvés dans un appartement parisien où l'homme, entouré de son fils et de sa belle-fille, a commencé à raconter ces histoires qui se passent, vraisemblablement, au début du XXe siècle.

ils tombent malades. Elle n'est pas comme l'eau en Éthiopie. S'ils sont malades, c'est de l'argent perdu. Quand j'étais petit, un jour, il y avait un enfant, c'était comme mon frère. On était souvent ensemble, mon père l'a pris et l'a emmené vers Assab [en Érythrée]. On l'avait nommé Abdallah. Mon père avait une boutique là-bas et il l'a vendu. J'étais vraiment triste, j'ai pleuré. [...]
Si les esclaves se sauvaient de nous vers les Français, les Blancs les ramenaient chez eux, en Éthiopie. Les Français étaient contre l'esclavage mais personne n'allait les voir. Ils étaient encerclés et les Français avaient peur de nous. [...] Les voyages, c'était toujours la nuit, car sinon les Français voyaient les bateaux. La nuit, il n'y avait pas l'électricité. Les soldats du pays comme les Somaliens [les tirailleurs somaliens] ne sortaient pas la nuit car les jeunes de la ville les tapaient. Tout ça, cela a duré jusqu'en [19]40. Après, c'était la guerre. Avant 40, il y avait des boutres pleins d'esclaves ! Et lorsque les Français les arrêtaient, il y avait comme de la magie : les esclaves, aux yeux des Français, devenaient comme des moutons, comme s'ils lançaient un sort aux Français ! Quand les Blancs repartaient, ils redevenaient des esclaves... [...]
Mon père a ramené des esclaves Sidamos [Sidamas, habitants de la région éthiopienne de Sidamo] qu'il a vendus au Yémen, notamment une fille, puis il est rentré à Tadjoura. Quand il est revenu au Yémen avec une nouvelle cargaison, la fille avait été mariée, elle avait eu deux enfants et quand elle a su que le commerçant était de retour, elle a dit : « C'est mon père ! C'est mon père ! » Elle a dit à son mari : « Amène-moi à mon père quand il vient ici ! » Ils ont mangé ensemble. La fille lui a dit : « Tu m'as amenée ici, j'ai des enfants, tu m'as sauvée. » Il y avait plein d'histoires comme ça, des belles, des mauvaises, des drôles... Mon père m'a dit un jour qu'il était sur son bateau, il y avait un esclave qui était amoureux d'une autre esclave. Il a dit à mon père : « Tu nous vends ensemble, si tu vends cette fille, vends-moi dans le même quartier ou au même maître, sinon je vais te retrouver et te jeter dans la mer. » Mon père a tenu parole : il l'a vendu moins cher qu'il aurait dû, mais à la même famille.
Les Arabes attendaient impatiemment à Cheikh Saïd [péninsule située sur la côte yéménite du détroit de Bab el-Mandeb] ou à Mokha [plus au nord]. Quand ils savaient que c'était un boutre de Tadjoura, tous les Arabes attendaient impatiemment.

> Tout le monde venait. On faisait descendre les esclaves comme des vaches, surtout les femmes les plus jolies. Ils les attrapent, elles sont achetées pour être mariées, et tout le monde voulait prendre la plus jolie pour la marier. Ceux qui ont les jardins, ils prenaient les plus forts, ils achetaient les Éthiopiens qui avaient des muscles. Une fois vendus, on coupait les ligaments du pied pour pas qu'ils se sauvent. On faisait comme ça au Yémen : on coupe, on soigne après, mais ils ne peuvent plus courir. Ils travaillent dans les jardins. Les ventes se faisaient directement au bord de la plage, dès qu'ils descendaient des bateaux comme des moutons. C'étaient les Sidamos et les Walamos [Welaytas, également issus de la région éthiopienne de Sidamo] : ce sont les esclaves qui sont jolies. Les Chenkila ne sont pas jolies, elles avaient des cheveux comme du poivre. Ce sont des Oromos aujourd'hui. C'était il y a très longtemps… Cela s'est arrêté en 40, 42 la dernière année, je crois, mais cela s'est fait sur plus d'un siècle !

Pendant la décennie 1920, la dénonciation internationale du trafic d'esclaves et du commerce non régulé des armes dans la région pousse l'administration française à réagir. À la succession du sultan de Tadjoura en 1928, les autorités coloniales s'immiscent dans les affaires coutumières pour imposer un nouveau sultan jugé plus manœuvrable que celui prévu par les notables afars[1] – l'un de ceux que l'écrivain Joseph Conrad appelle les « monarques de théâtre[2] ». Quelques années plus tard, en 1935, l'assassinat de l'administrateur Albert Bernard, près du lac Abbe, rappelle cependant les difficultés auxquelles se heurte la puissance coloniale pour s'imposer dans l'arrière-pays. Cet événement décide Paris à envoyer des renforts. Symbole du succès de la conquête alors engagée, la première carte complète du territoire au 1/200 000 est publiée en 1939 par le Service géographique

1. Hassan Adawa Ali Ganta, *Les Sultanats de Tadjoura et Gooba'ad 1927-1935*, Plouharnel, Éditions du Menhir, 2017.
2. Joseph Conrad, *Karain* suivi de *Le Compagnon secret*, Le Livre de poche, 2022 [1897], p. 15.

des armées[1]. Sa réalisation marque l'ouverture d'une nouvelle époque, celle de la surveillance accrue de la mer Rouge, qui coïncide avec la montée des tensions en Europe et leurs répercussions dans la région. L'Italie fasciste implantée en Érythrée, en Éthiopie et en Somalie, ainsi que l'Angleterre au Soudan, au Somaliland et dans l'Hadramaout (Yémen) constituent des voisins encombrants pour la France, dont la présence dans la région se réduit à un « confetti d'empire[2] ».

La militarisation du territoire pousse les traitants à embarquer leurs cargaisons humaines non plus dans les villes portuaires mais depuis des lieux plus discrets, comme les criques ou les plages désertes. Si le rôle de Tadjoura décline à la veille de la Seconde Guerre mondiale[3], il semble que le trafic de captifs y ait perduré au moins jusqu'aux années 1950, selon l'enquête du journaliste Sean O'Callaghan menée au cours de cette décennie[4]. Avec le renforcement de la présence française sur le territoire, le commerce des armes par les Afars a également périclité alors même que, *via* d'autres réseaux, il se développait en mer Rouge à la suite des événements géopolitiques de la seconde moitié du XXe siècle : les militarisations et démilitarisations successives dues à la Seconde Guerre mondiale, à la guerre froide, à la guerre d'indépendance de l'Érythrée (1961-1991), puis à l'effondrement de la Somalie et à l'essor de la piraterie qui s'est ensuivi ont entraîné une large circulation des armes entre commerçants, rebelles, pirates et États parias.

Un fils d'ancien trafiquant d'esclaves, lui-même devenu trafiquant d'armes, témoigne de cette transition :

> C'était il y a longtemps. C'était à la fin des années 1940, au début des années 1950, avant mon mariage. Je me suis marié en 1957.

1. Simon IMBERT-VIER, « La conquête de la Côte française des Somalis et le "massacre des Kabbobas" (1943) », *Cahiers d'études africaines*, n° 238, 2020, p. 349-369.
2. Jean-Claude GUILLEBAUD, *Les Confettis de l'empire*, Paris, Seuil, 1976.
3. C. DUBOIS, « Une traite tardive en mer Rouge méridionale », art. cité.
4. Sean O'CALLAGHAN, *Trafic d'hommes*, Paris, Plon, 1961.

Je faisais du commerce d'armes. J'allais souvent en Éthiopie. Il y avait un marché d'armes ouvert une fois par semaine à Assayta. C'étaient les Afars d'Assayta qui nous les vendaient. Ce n'étaient pas les meilleures armes, mais, au Yémen, ils les achetaient. Ali Mirah [le sultan afar de l'Awsa de 1944 à 1975] était avec nous. Il me connaissait. Il était au courant, il savait tout ce qu'on faisait. Le jour où on rentrait vers Tadjoura, on lui donnait quelques sous, 20 [garchis ?]… peut-être 300 francs par arme. C'est une monnaie qui n'existe plus.

Les Afars d'Éthiopie étaient plus riches autrefois. [Sur le marché] on trouvait des armes, des munitions, des vaches, du lait, plein de choses. Les Habeshas[1] voyaient, mais ils ne disaient rien. Haïlé Sélassié [l'empereur d'Éthiopie de 1930 à 1974] disait : « Les Afars, il ne faut pas les tuer parce qu'ils sont calmes. Il ne faut surtout pas les réveiller. » À cette époque, tout le monde était armé : les hommes, les femmes afares étaient à moitié nues, mais elles avaient toutes des armes ! Quand on récupérait les armes, on les faisait venir par caravane jusqu'à Tadjoura. Il y avait la frontière à franchir, c'était difficile. On prenait la route goudronnée qui va jusqu'à Assab, puis on faisait passer la nuit. Si on voyait la voiture de loin, on s'arrêtait, on faisait courir les chameaux pour traverser la frontière, après on courait derrière eux. […] L'armée [éthiopienne] nous a attrapés une fois. J'ai couru, parce que j'étais jeune ; quand je courais, personne ne m'attrapait, je volais ! Les deux soldats éthiopiens sont restés loin derrière, sans nous poursuivre. Après, on était à Djibouti, […] on passait par la route du nord : Balho, Dora. Il y avait parfois des camions qui partaient de Tadjoura pour transporter des caisses de céréales, des centaines tous les jours de l'Éthiopie à Djibouti. On rentrait avec eux.

J'avais acheté deux boutres à Balbala [bidonville historique de Djibouti], on me les a amenés [à Tadjoura]. Avec ces boutres, on emmenait des chevaux de l'Éthiopie vers Cheikh Saïd, Mokha ou Dhubab et on ramenait des vaches depuis Taïz vers Djibouti. On transportait les armes avec les chevaux pour les camoufler. J'avais rajouté un endroit secret dedans où mettre les armes. Oh, ce n'était pas de grandes cargaisons, j'en mettais une dizaine, une quinzaine,

1. Le terme *Habeshas* désigne les populations chrétiennes d'Éthiopie, principalement les Amharas et les Tigréens. Ils sont souvent affiliés à l'État impérial éthiopien, puis à l'État fédéral de 1991.

la cache était proche du gouvernail : j'enlevais des planches et c'était dessous. Mais aucun matelot ne savait. Ils m'aidaient à faire monter les chevaux et après je leur disais qu'ils pouvaient partir, puis je mettais les armes dans la cachette et j'étais le seul à partir. [...] Les armes n'ont jamais été arrêtées [saisies] par l'armée [yéménite]. Ils ne les voyaient même pas, on faisait ça la nuit, on vendait au bord de la mer, sans rentrer dans les villes. Je suis devenu ami avec le sultan de Taïz, il me disait : « Tu vas manger tous les jours avec moi, on va brouter du khat[1] ensemble. » J'ai dit d'accord, mais la nuit, je vendais des armes. Je vendais, je devenais riche et après j'achetais les vaches de Taïz pour Djibouti. Un jour, on m'a arrêté au Yémen. Ce jour-là, la Palestine était entourée par les Arabes [le blocus d'Israël de 1948-1949]. Le sultan de Taïz, l'imam et les Arabes m'ont dit : « Tu ne dois pas aller à Djibouti avec nos vaches car les Français les tuent pour les amener aux Juifs qui mangent la viande. On ne veut pas. » Ils m'ont arrêté... je me souviens encore : je ne pouvais pas quitter la ville et j'ai rencontré un vieil Afar de l'Érythrée qui était docteur à Taïz. Je lui ai demandé : « Comment tu es venu ici ? » Il m'a répondu qu'il était médecin du temps des Italiens à Assab et, à cette époque, l'imam de Taïz a demandé aux Italiens qu'ils envoient un docteur. C'était un Afar qui est venu. Les Italiens sont partis et l'imam lui a dit : « Tu restes avec nous. »
D'autres fois, on détournait des armes. Il y avait des boutres yéménites qui achetaient des armes de Djibouti pour les transporter au Yémen. Les marins yéménites partaient de la capitale et, avec mon père, on attendait vers les îles Moucha. On guettait, on allumait des feux comme si on faisait un faux signal aux marins arabes. Les boutres nous répondaient, on les faisait venir et on leur prenait les armes que les Français envoyaient au Yémen ! C'était l'époque où il n'y avait pas de moteur, alors les marins attendaient que les vents soufflent. Ils broutaient [du khat] avec la garde présidentielle [les tirailleurs somalis]. Au moment où il y avait la relève de la garde, on a récupéré toutes les armes qu'on a trouvées et on est partis ! Les Français ne savaient rien de tout ce que je faisais. Après, ils m'ont proposé d'intégrer la

1. Le khat est un arbuste dont les feuilles sont consommées par une partie des sociétés de la Corne de l'Afrique et du Yémen pour leurs effets euphorisants et stimulants.

> gendarmerie ! Ils disaient que j'étais quelqu'un de bien et je suis devenu gendarme. J'ai tout de suite arrêté [le commerce d'armes]. C'est bien après que j'ai compris : ils avaient compris pour les armes et ils m'ont proposé d'intégrer la gendarmerie pour que j'arrête.

La marche vers l'indépendance djiboutienne commence dès l'après-guerre. Une partie de l'élite somalie de Djibouti est tentée par le pansomalisme, idéologie visant à unifier les territoires somalis de Djibouti, de l'Éthiopie, du Kenya et de la Somalie sous une même nation. Dans un contexte de décolonisation en Afrique, l'administration française propose un premier référendum d'autodétermination en 1958. Alors que les Somalis votent massivement pour l'indépendance, les Afars et la communauté arabe de Djibouti, observant avec crainte la montée du pansomalisme, optent, eux, pour le *statu quo*. La situation se reproduit une décennie plus tard, avec le deuxième référendum de 1967 où la Côte française des Somalis devient officiellement le Territoire français des Afars et des Issas[1]. Cette fois, en plus du pansomalisme, les populations locales, Afars comme Somalis, craignent l'appétit des puissances régionales en devenir de la région, l'Éthiopie d'Haïlé Sélassié et la Somalie de Siad Barré, les deux hommes prétendant assurer la régence du territoire une fois les Français partis[2]. Pour adoucir les mouvements contestataires, les autorités coloniales favorisent une politique de décentralisation des pouvoirs au profit des populations locales commencée dès la fin des années 1950. Pour ce faire, elles s'appuient principalement sur des représentants politiques afars comme Ali Aref Bourhan, arrière-petit-fils du commerçant Abou-Bakr Ibrahim. L'homme est jugé moins politisé que les Somalis et permet à la France de maintenir sa présence jusqu'en 1976, date du troisième référendum où le « oui » l'emporte finale-

1. Les Issas représentent le groupe clanique somali majoritaire à Djibouti.
2. Laurent Suteau, « La diplomatie navale au service du maintien de la paix : l'opération Saphir II et l'indépendance de Djibouti », *Stratégique*, n° 89-90, 2008, p. 189-211.

ment[1]. La République de Djibouti devient indépendante l'année suivante, en 1977.

L'indépendance change la donne : la présidence d'Hassan Gouled Aptidon donne à l'élite somalie des Issas les postes clés de l'État. Si la construction d'une citoyenneté djiboutienne est l'une des priorités de la nouvelle administration, elle est très vite reléguée au second plan, derrière les enjeux de représentation ethnique en son sein. Afars et Somalis considèrent que le nombre de postes leur étant respectivement attribué demeure trop faible et dénoncent chacun la continuité de l'instrumentalisation coloniale des clivages ethniques de l'après-guerre[2]. L'optimisme de l'indépendance laisse peu à peu la place à une captation du pouvoir et des rentes économiques de l'État que sont les activités portuaires et la location de terrains militaires à l'armée française aux mains d'un sous-clan somali, les Mamasan, dont sont issus les deux présidents djiboutiens, Hassan Gouled de 1977 à 1999 et, depuis, Ismaïl Omar Guelleh. L'amplification des tensions politiques due à la privatisation du pouvoir, à l'exclusion des autres peuples et à l'accentuation des pratiques coercitives de l'État fait basculer la situation en 1991. Après une manifestation réprimée violemment dans la localité de Randa, au nord de Djibouti, une partie de l'opposition marginalisée se fédère autour du Front pour la restauration de l'unité et de la démocratie (FRUD). Le FRUD constitue un groupe de rebelles afars s'approvisionnant facilement en armes du fait des instabilités de la région, notamment les luttes armées des Afars d'Éthiopie ou d'Érythrée durant la période de l'Éthiopie socialiste (1974-1987) ou encore les conflits yéménites de la décennie 1970.

1. Interrogé en 2016 à Djibouti, un ancien officier de l'armée française précisait qu'il avait fallu « bourrer les urnes du "oui" » pour ce troisième référendum à la suite des ordres de Paris. Soucieuse de ménager une alternative aux deux camps opposés de la guerre froide, l'État français jugeait en effet que le maintien d'une colonie en Afrique constituait un obstacle à ce projet vis-à-vis des nouveaux pays indépendants du continent.

2. Samson A. Bezabeh, « Citizenship and the logic of sovereignty in Djibouti », *African Affairs*, vol. 110, 2011, p. 587-606.

Au début de la guerre civile djiboutienne (1991-1994), la grille de lecture du conflit se révèle biaisée. Le combat est moins celui d'une opposition contre un gouvernement pour des raisons politiques ou socio-économiques qu'une guerre entre Afars et Somalis. D'un côté, si les rebelles afars du FRUD sont bien djiboutiens, ils reçoivent le soutien des régions afares éthiopiennes et érythréennes limitrophes, qui leur livrent des armes, des vivres, des moyens logistiques et des combattants. D'un autre côté, si le gouvernement djiboutien tente de propager l'image d'une invasion étrangère pour discréditer le FRUD[1], il recrute quant à lui massivement des Somalis issus des régions éthiopiennes voisines et de l'actuel Somaliland au sein de son armée et des services de renseignement pour combattre la rébellion[2]. Se jouent ici les premiers actes de la domination démographique des Somalis à Djibouti (70 % de la population au début du XXIe siècle), renforcée par la suite par l'exil de ceux fuyant l'effondrement de leur pays au cours de la décennie 1990[3]. Durant ces trois années de conflit apparaît la perméabilité des frontières du territoire de Djibouti et plus généralement des États de la Corne de l'Afrique, où la contrebande d'armes et le recrutement des hommes s'opèrent indépendamment des frontières modernes et des législations.

Dès le début de l'offensive, le FRUD conquiert les deux tiers du territoire en quelques semaines seulement. L'armée française doit s'interposer à la demande du président Gouled tandis que les rebelles s'approchent dangereusement de la capitale. Des négociations sont entreprises, ponctuées de massacres de civils et entrecoupées de divers affrontements, principalement à Obock, qui

1. Peter J. SCHRAEDER, « Ethnic politics in Djibouti : From "Eye of the Hurricane" to "Boiling Cauldron" », *African Affairs*, vol. 92, n° 367, 1993, p. 203-221.

2. S. A. BEZABEH, « Citizenship and the logic of sovereignty in Djibouti », art. cité.

3. Amina SAÏD CHIRÉ, « De l'insertion urbaine à l'administration plurielle des migrants régionaux dans l'agglomération djiboutienne », *Annales d'Éthiopie*, n° 32, 2018, p. 67-94.

devient la ville martyre de la guerre civile. Au terme de violents combats, un accord de paix spécifiant un projet de décentralisation des pouvoirs, d'autonomisation des régions et d'accès au multipartisme est signé en 1994[1]. Cependant, ce projet tombe très rapidement en désuétude : il n'est jamais mis en pratique et la guerre se solde finalement par l'intégration des chefs rebelles afars au sein de l'administration de l'État, principalement à des postes d'apparat[2].

Cette solution au conflit ne satisfait qu'une partie de la population afare du nord du pays. Le FRUD se scinde en deux branches : l'une accepte de participer à la mise en scène électorale et politique d'un multipartisme instrumentalisé par le pouvoir ; l'autre, renommée par la suite le « FRUD armé », rassemble les rebelles choisissant de poursuivre la lutte. Ses partisans tiennent un temps le maquis montagnard de l'extrême nord djiboutien, à la frontière des territoires éthiopien et érythréen dont ils reçoivent divers soutiens. Leur lutte armée demeure pourtant marginale, réduite à quelques affrontements. En 2001, un nouvel accord de paix prévoit l'intégration des rebelles dans l'armée djiboutienne, mais, là encore, les compensations proposées ne satisfont pas l'ensemble des rebelles afars, certains décidant de reprendre le combat. Depuis, le FRUD armé se maintient dans les régions de l'extrême nord du pays avec le soutien d'une partie de sa population, les jeunes les plus précarisés allant jusqu'à s'enrôler dans la rébellion, et, si son action se réduit à quelques escarmouches ou prises d'otages, il représente néanmoins un potentiel de nuisance non négligeable et une menace pour l'État djiboutien qui voit ses relations avec l'Érythrée se dégrader depuis un différend frontalier en 2008.

1. Abdoulkader HASSAN, *La Décentralisation en République de Djibouti*, Paris, Karthala, 2013, p. 18.

2. Les leaders du FRUD déposant les armes en 1994, Ougoureh Kifleh Ahmed et Ali Mohammed Daoud deviennent ministre de l'Agriculture puis de la Défense et député pour le premier, ministre de la Santé et des Affaires sociales puis ministre de l'Agriculture et député pour le second.

Au début du XXIe siècle, le traumatisme de la guerre civile, la défaite et l'humiliation des anciens chefs rebelles reconvertis dans la politique, les promesses de décentralisation non tenues et, surtout, le maintien d'une élite clanique captant les différentes rentes étatiques aiguisent le sentiment d'injustice chez les communautés afares du nord de Djibouti et, bien au-delà, dans l'ensemble de la périphérie d'un territoire qui ressemble de plus en plus à une cité-État. Djibouti Ville regroupe plus de 70 % de la population et des activités économiques délaissant son arrière-pays, afar comme somali. L'indice de pauvreté extrême dépasse dans ce dernier les 70 % quand il n'est que de 30 % pour la capitale[1] et le taux de chômage au nord du pays atteint plus de 60 % au début de la décennie 2010[2].

Cette inégalité territoriale se double d'un écart entre ceux qui sont « exclus du partage de la rente de l'État[3] » et ceux qui y ont accès. Cette dernière n'a d'ailleurs fait que croître pour atteindre plus de la moitié du PIB[4] : la République de Djibouti possède plusieurs terminaux portuaires parmi les plus développés d'Afrique et cinq puissances étrangères y louent des terrains militaires (France, États-Unis, Japon, Italie, Chine). Si le pays dispose de peu de ressources naturelles, à l'exception des énergies renouvelables, l'État tire l'essentiel de ses revenus de sa position stratégique et de la façon dont ses dirigeants négocient leur rapport à la fonction de « garde-barrière[5] » que la mondialisation lui assigne sur le plan économique, en servant de port(e) à l'Éthiopie enclavée, ou sécuritaire, dans une région en crise.

1. *Profil de la pauvreté en République de Djibouti*, Rapport émis par le ministère de l'Économie et des Finances, 2012, p. 19.

2. *Ibid.*, p. 36.

3. Tarik DAHOU, « Les marges transnationales et locales de l'État algérien », *Politique africaine*, n° 137, 2015, p. 7-25.

4. La Direction générale du Trésor (ministère de l'Économie et des Finances) précise que le gouvernement djiboutien tire plus de 75 % de son PIB du secteur tertiaire, majoritairement tourné vers les activités portuaires où transitent 95 % du fret éthiopien et de la location des bases militaires étrangères.

5. Frederick COOPER, *L'Afrique depuis 1940*, Paris, Payot, « Petite bibliothèque Payot », 2018 [2002], p. 290.

Le trafic de migrants au nord de Djibouti apparaît au début du XXIe siècle dans ce contexte de marginalisation de la population afare. Si le discours critique de la marge est bien antérieur à l'épopée des passeurs, la manière dont ceux-ci le mobilisent pour justifier leurs activités illicites laisse supposer que leurs motifs ne sont pas uniquement économiques mais bien politiques.

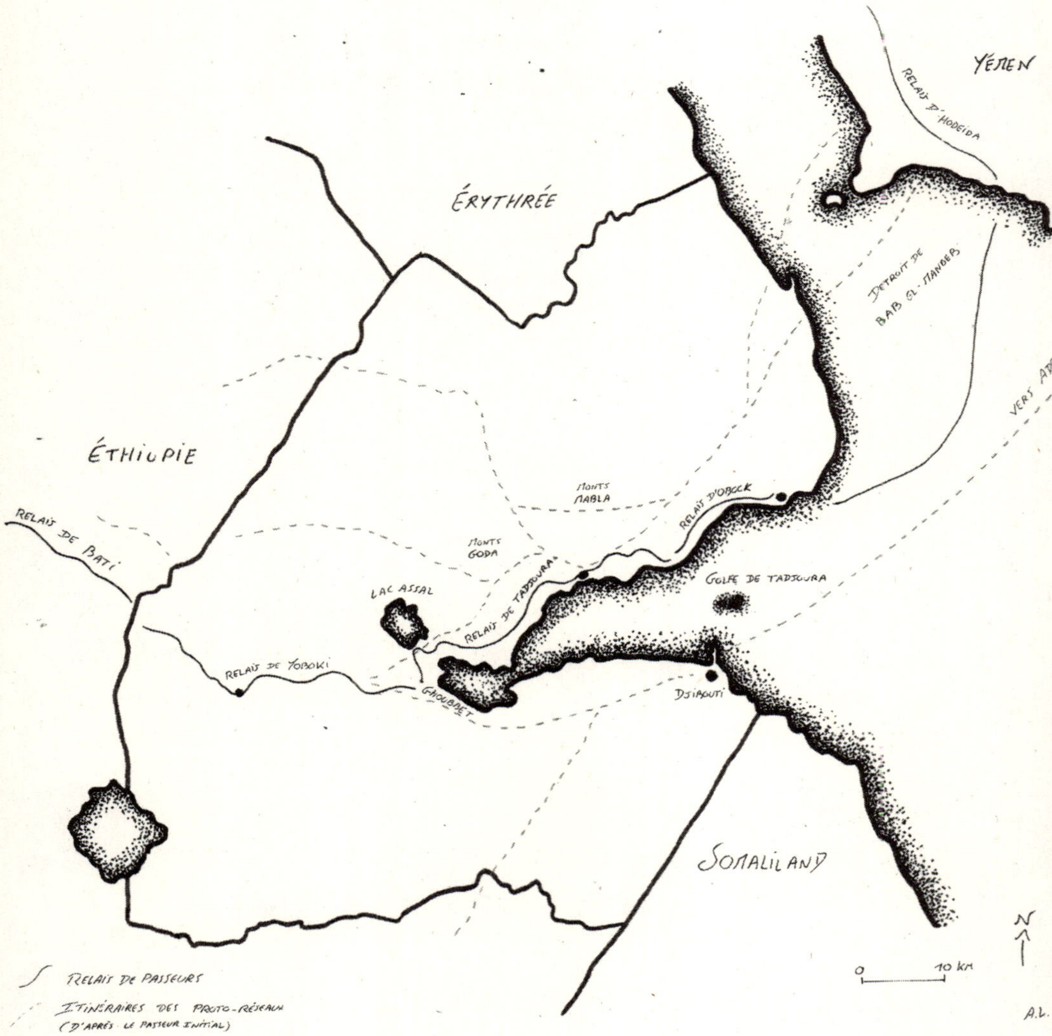

Des proto-réseaux au réseau unique

Chapitre 2

Une genèse du trafic de migrants (2007-2011)

> « Dès le début, quand [le Passeur initial] s'est mis à ce travail, il voyait que le pays était un pays marginalisé et que les jeunes n'arrivaient pas à subvenir aux besoins de leurs foyers. »
>
> « La somme était costaud. L'organisation était costaud. Le gars était costaud. Tout le monde travaillait. »
>
> SECOND DU PASSEUR INITIAL

La dernière mention écrite d'une caravane d'esclaves entre la Corne de l'Afrique et la péninsule Arabique date de la fin des années 1950. Près d'un demi-siècle sépare donc ce convoi de l'émergence d'un réseau transnational de passeurs en mer Rouge en 2007. Peut-on vraiment penser qu'aucun passage clandestin n'a eu lieu entre-temps ? Les grandes lignes de l'histoire migratoire de la région sont connues : la péninsule Arabique devient un pôle attractif à partir du choc pétrolier de la décennie 1970 et les migrants de la sous-région y abondent pour profiter des fruits de la croissance saoudienne. Toutefois, il est difficile de retracer l'évolution des voies et des modalités logistiques d'acheminement entre la route empruntée par la dernière caravane d'esclaves répertoriée et celle frayée par les premiers passeurs pour convoyer des migrants. Si le trafic emprunte le même itinéraire géographique que la traite, en est-il simplement la métamorphose moderne ? Si oui, à partir de quel moment un système fondé sur la razzia et la vente de captifs a-t-il muté en migration volontaire de migrants prêts à payer des intermédiaires pour être transportés dans les anciennes sociétés esclavagistes ? Faute de sources écrites ou de témoignages oraux, ces derniers se faisant de plus en plus rares, l'histoire locale des migrations demeure parcellaire. Des interactions ont-elles existé entre (anciens) traitants et nouveaux passeurs dans l'intervalle du demi-siècle écoulé ?

Faire passer des migrants clandestinement durant la seconde moitié du XXe siècle et dans les premières années du XXIe siècle nécessite un savoir géographique, un itinéraire sûr, des connexions et des contacts dans les différents territoires traversés dans un contexte politique particulier, celui des nouveaux États indépendants soucieux d'affirmer le contrôle de leurs frontières. Dans ces conditions, l'organisation de trafics illicites et la contrebande peuvent difficilement se structurer en véritables réseaux transnationaux et mobilisent plutôt des acteurs solitaires ou des petits groupes restreints, faiblement développés, que l'on pourrait qualifier de « proto-réseaux ». Sur la voie migratoire orientale, il s'agit le plus souvent de passeurs solitaires, indépendants, tels que des bergers effectuant leur transhumance, des habitants au chômage qui connaissent la région, des transporteurs faisant la route entre l'Éthiopie et les ports de la côte, Assab en Érythrée, Djibouti ou Bosaso en Somalie, ou encore des pêcheurs et des marins acceptant de faire la traversée maritime. Bien souvent, ces proto-réseaux ne se définissent pas comme des passeurs à proprement parler, leur activité étant davantage liée à un effet d'aubaine. Aussi, le prix du passage et l'itinéraire varient d'un acteur à un autre. Quant au nombre de migrants transportés, il demeure faible, restreint aux capacités de transport et aux circonstances.

À partir de 1993 et de l'indépendance de l'Érythrée apparaît une deuxième catégorie de proto-réseaux, plus professionnels. Ce sont des guides afars d'Éthiopie qui profitent de leurs connaissances géographiques des territoires afars limitrophes (Érythrée, Djibouti) et de leurs contacts pour conduire des migrants éthiopiens vers la ville portuaire d'Assab où ces derniers payent des pêcheurs locaux pour leur faire traverser la mer Rouge. Certains de ces pêcheurs avaient par ailleurs joué un rôle crucial durant la guerre d'indépendance de l'Érythrée face à l'Éthiopie (1961-1991) en apportant des armes et des vivres aux rebelles érythréens depuis le Yémen[1]. À la fin du conflit, une partie d'entre eux s'improvisent passeurs de migrants éthiopiens quelque temps. Cependant, les conflits entre l'Érythrée et le Yémen à propos des îles Hanish (1995-1998), puis celui entre l'Éthiopie et l'Érythrée (1998-2000) provoquent la clôture des frontières et un durcissement du régime érythréen.

Alors que la route d'Assab se referme, la voie somalienne s'ouvre à cette époque. Les migrants se rendent désormais dans les ports de la côte somalie, Berbera et Bosaso. Pour les atteindre, ils trouvent à s'embarquer dans les camions ou les voitures en partance dont ils rémunèrent parfois les chauffeurs comme ils le peuvent. Ils travaillent par la suite dans ces villes afin de payer le prix de la traversée maritime, aux alentours de 50 dollars, à des passeurs somalis. Le franchissement du golfe d'Aden, large de plus de 300 kilomètres, qui ne peut s'effectuer qu'en hiver du fait des vents violents l'été est en soi risqué et, de surcroît, les passeurs n'hésitent pas à dépouiller leurs passagers, voire à les jeter par-dessus bord lorsqu'ils approchent à quelques centaines de mètres des côtes yéménites de peur de se faire arrêter par les forces de l'ordre locales. Ne disposant pas des liens économiques tissés par les pêcheurs érythréens au Yémen, les passeurs somalis risquent jusqu'à vingt ans de prison[2].

L'interruption de la route d'Assab et les difficultés liées à la traversée des territoires somalis et du golfe d'Aden poussent bientôt les migrants à prendre un autre itinéraire, par Djibouti, pour embarquer au sud du détroit de Bab el-Mandeb. Si certains tentent l'embarquement en périphérie de Djibouti Ville, plus dangereux

1. Matthieu ARRAULT, « Pêche et pêcheurs à Massaoua (Érythrée) », mémoire de géographie dirigé par Daniel Balland, université Paris IV-Sorbonne, septembre 2001, p. 30.

2. Le réalisateur Daniel Grandclément a réalisé un documentaire, *Les Martyrs du golfe d'Aden*, en filmant une de ces traversées en 2008. Les informations obtenues auprès des premiers passeurs djiboutiens du début du XXIe siècle recoupent les siennes : un prix de passage de 40 ou 50 dollars, quinze ans de prison pour les passeurs somalis capturés au Yémen, les abus, les vols de bijoux ou d'argent dont sont victimes de leur part les migrants, etc.

car davantage surveillé, la majeure partie paye des Afars éthiopiens, dont les proto-réseaux empruntent le chemin peu peuplé du nord de Djibouti pour déboucher sur des plages discrètes distantes d'une trentaine de kilomètres de navigation du Yémen. Cependant, pour y arriver, ils sont contraints de traverser un terrain tantôt aride, tantôt montagneux : la région volcanique désertique du lac Assal et du Ghoubbet al-Kharab (le « gouffre des démons »)[1], les monts Goda peu contrôlés dans l'arrière-pays de Tadjoura, puis les monts Mabla, les landes désertiques qui s'étendent à perte de vue au nord d'Obock, enfin des plages isolées. Cet itinéraire, caractérisé par une géographie du vide, finit par reprendre peu à peu les étapes de l'ancien tracé de la route du trafic d'esclaves du siècle dernier. En 2006, alors qu'aucune filière n'est encore véritablement organisée, 11 000 migrants éthiopiens franchissent ainsi le détroit de Bab el-Mandeb.

L'année 2007 marque un tournant. Le nombre de migrants atteignant la côte yéménite depuis Djibouti frôle désormais les 30 000 personnes. Ce quasi-triplement en un an est permis par les premières connexions entre passeurs éthiopiens et djiboutiens, dont les relais formeront plus tard un réseau transnational. Pour comprendre comment celui-ci a commencé à se structurer, il faut se replacer dans le contexte des pionniers djiboutiens de Tadjoura. En 2007, les pêcheurs locaux font face à de mauvaises captures, entraînant une diminution de leurs bénéfices déjà faibles. Si cette activité occupe une place centrale dans l'économie de la cité, sa pratique est synonyme d'un fort déclassement dans une société de tradition nomade dont l'économie tend de plus en plus à la tertiarisation[2]. Démunis, ces pêcheurs par dépit doivent trouver des moyens de diversifier leurs revenus. L'un d'eux – appelons-le le Passeur initial – apprend par diverses connaissances l'existence de guides éthiopiens qui font transiter des migrants dans l'arrière-pays.

1. Il s'agit d'une des régions les plus chaudes du continent africain où la température frôle les 50 °C. De passage à Djibouti, Albert Londres décrit la région ainsi : « On y compte, dites-vous, quarante degrés à l'ombre ? Qu'est-ce que cela peut vous faire puisqu'il n'y a pas d'ombre » (*Pêcheurs de perles*, *op. cit.*, p. 153).

2. Alexandre LAURET, « Pêcher à Djibouti », *Pount*, n° 12, p. 197-214.

Bien qu'ils cherchent à tout prix à éviter la ville, lieu de l'administration de l'État, ils sont contraints de s'y rendre de temps en temps pour se ravitailler. Ils font alors stationner leurs convois d'une dizaine de migrants près de points d'eau ou à l'ombre de la végétation et s'absentent pendant plusieurs heures pour acheter de la nourriture à des contacts éthiopiens habitant Tadjoura. Afin d'empêcher que les migrants ne se dispersent, ils leur rappellent qu'ils sont en situation irrégulière et susceptibles d'être arrêtés et reconduits à la frontière s'ils sont attrapés par la police ou la gendarmerie. Une fois leurs courses achevées, les guides retournent aussitôt à leurs côtés pour poursuivre la route. C'est par hasard que le Passeur initial les découvre alors que l'un d'eux, chargé de vivres, quitte un commerce éthiopien de la ville. Il se renseigne auprès de la communauté éthiopienne de Tadjoura, observe leurs allers-retours et décide de les suivre pour leur proposer un marché.

Son raisonnement est le suivant : les migrants traversent des territoires qui appartiennent aux Afars de Tadjoura, ils ne devraient donc pas transiter par eux sans verser un droit de passage aux populations locales, détentrices, ne serait-ce que symboliquement, des terres. D'ailleurs, chemine-t-il, les Tadjouriens pourraient les aider, moyennant, plus qu'une simple indemnisation, une rémunération. Pour cela, il faut les convaincre d'avoir recours à eux – ou les y forcer. Le Passeur initial expose cette idée à ses proches, principalement des pêcheurs, des chômeurs et des personnes de sa *fi'ma*[1]. Il parvient à persuader plusieurs dizaines d'entre eux de l'aubaine. Ainsi soudé, le groupe part à la rencontre des proto-réseaux cachés dans les montagnes pour leur proposer ses services logistiques et sa protection. Les Tadjouriens font valoir leur parfaite connaissance du terrain, qui faciliterait le passage des migrants et réduirait le temps de transport en empruntant des itinéraires plus rapides, mais aussi la sécurité qu'ils leur offriraient pour parer aux difficiles conditions

1. La *fi'ma* est un regroupement de plusieurs personnes issues de la même génération qui se jurent fidélité et entraide, notamment pour les moments importants de la vie (financement et organisation des mariages ou des funérailles, paiement des amendes judiciaires, etc.).

climatiques de la région ou aux risques d'arrestation – sans oublier la menace qu'eux-mêmes constitueraient au cas où les guides éthiopiens refuseraient le marché : épaulés par les habitants des villages de l'arrière-pays, ils n'hésiteraient pas à établir des barrages pour les contraindre à faire demi-tour ou à se rapprocher des villes où ils seraient dénoncés à la police ou à la gendarmerie djiboutienne. Pour adoucir cette dernière note, le Passeur initial évoque les avantages que représentent les étapes de repos en ville, la possibilité pour les migrants d'appeler leurs proches en Éthiopie à une époque où les portables ne sont pas répandus dans la région, un meilleur accès à la nourriture ou à l'eau.

Les termes de ce contrat rappellent que, à l'instar du « droit de passage », la notion de protection repose sur un flou qui la rend difficilement discernable du racket[1]. Quels que soient le poids des menaces et la part des intérêts bien compris dans leur décision, à force de négociations, les guides éthiopiens acceptent. Les jeunes pêcheurs tadjouriens deviennent ainsi passeurs et, à peine l'accord conclu, détournent les convois de migrants des montagnes vers la route asphaltée qui relie le lac Assal à Tadjoura, puis à Obock à partir de son prolongement asphalté en 2009. Si cet itinéraire concrétise bien la mainmise des passeurs tadjouriens sur les convois, les guides éthiopiens ont également tout à gagner à ce partenariat logistique. La route offre de nombreux avantages, à commencer par un appui possible des populations des villages et des villes alentour, ainsi qu'un gain de temps important. Traverser le nord de Djibouti à pied prend au moins deux semaines, sans compter l'épuisement et les risques du voyage (insolation, malnutrition, déshydratation, maladie, etc.). À partir de la décennie 2010, la pénibilité de la marche sera forte-

1. Jatin Dua, *Captured at Sea : Piracy and Protection in the Indian Ocean*, Berkeley, University of California Press, 2019 p. 21. De manière plus générale, l'« économie de la protection » mise en place par les passeurs rappelle celle analysée par l'anthropologue Anton Blok à propos des intermédiaires de la mafia qui proposaient leurs services de protection aux paysans siciliens contre les menaces extérieures en échange d'un paiement proche du racket (Anton Blok, *The Mafia of a Sicilian Village 1860-1960 : A Study of Violent Peasant Entrepreneurs*, New York, Harper & Row, 1975).

ment réduite du fait de l'introduction des premiers véhicules pour le transport de migrants. Les convois traverseront alors le nord de Djibouti en seulement deux à trois nuits.

Pour l'heure, la traversée, l'hébergement et la protection des migrants nécessitent une contrepartie financière. Autrement dit, les guides éthiopiens doivent accepter les conditions tarifaires proposées par le Passeur initial et son groupe : 50 000 francs djiboutiens (250 euros) par migrant de passage à Tadjoura. Le détail des négociations manque, mais, à terme, les guides éthiopiens acceptent le prix fixé car ils y trouvent leur intérêt. Cette économie de protection leur permet de sous-traiter entièrement la logistique des convois sur le territoire djiboutien à ces passeurs qui disposent par ailleurs d'embarcations de pêche pouvant servir à la traversée maritime du détroit de Bab el-Mandeb. Ils peuvent dès lors rentrer en Éthiopie pour se concentrer sur le recrutement de nouveaux candidats à la migration. Ils s'installent à Bati et dans les environs, à Kombolcha, deux villes frontalières entre les basses et les hautes terres, pour y racoler des populations amharas et tigréennes. Essentiellement chrétiennes – Habeshas –, celles-ci sont leurs cibles de prédilection, car elles disposent de ressources économiques importantes du fait de leur intégration historique au sein de l'administration éthiopienne. Ces guides deviennent les premiers *dalals* éthiopiens du réseau et leur action consiste d'abord à recruter des rabatteurs qu'ils envoient dans les villes des régions fédérales de l'Amhara et du Tigré avec pour mission de vendre le rêve de la migration vers la péninsule Arabique en diffusant des histoires d'eldorado.

Le Passeur initial raconte[1]

Je vais faire un résumé des itinéraires et de comment on a débuté ce travail. Ces gens migraient depuis des décennies vers la péninsule. La base des migrations [là où les migrants traversaient la mer], c'était Assab, le port de l'Érythrée. Après le conflit [entre l'Éthiopie et l'Érythrée de 1998

1. Entretien réalisé avec l'aide de son Second qui facilitait nos échanges linguistiques (entretiens franco-afar).

à 2000], ils ont changé les itinéraires et ils ont débuté leur route vers le Ghoubbet [région du lac Assal]. Ils voyageaient du Ghoubbet, je ne sais pas quel point, là où il y a la tombe de Borel [Bernard Borel est un juge français assassiné mystérieusement en 1995 dans cette région], vous voyez où c'est ? Ils étaient par là. Ils allaient vers chez nous, vers nos montagnes.

Ce n'étaient pas des Tadjouriens qui faisaient ça, ce n'étaient pas des Djiboutiens. C'étaient des gens d'Éthiopie qui faisaient ça… Ils connaissaient les montagnes pour passer, ils avaient des contacts chez nous, ils se cachaient, loin de la ville. […] Comme les jeunes de Tadjoura n'avaient rien à faire, nous nous sommes introduits pour faciliter la tâche de ces immigrants : marcher moins, arriver plus rapidement à leur destination, qui était le Yémen. Avant, les migrants marchaient à pied, dans les collines, dans les montagnes, dans le nord ; de Galafi [poste frontière entre Djibouti et l'Éthiopie] jusqu'au nord : quinze jours de marche dans le désert pour arriver jusqu'à la mer. Personne ne leur a proposé de prendre la route. Ils accostaient à tous les points d'eau. C'est moi qui suis allé les chercher dans les collines, qui suis allé chercher les migrants, qui les ai saisis et qui leur ai imposé cette route.

Je suis allé les chercher en brousse. Je partais le matin jusqu'au soir. Comment je connaissais ? Je voyais deux, trois personnes, des Éthiopiens qui venaient à Tadjoura chercher du pain et manger. Je les suivais lorsqu'ils repartaient en brousse. J'étais un chercheur… […] Les passeurs éthiopiens avaient des liens avec les Éthiopiens ici, de Tadjoura. Il y avait des passeurs afars qui connaissaient ces gens… Une fois que j'ai saisi, que je les ai trouvés, je leur ai indiqué l'itinéraire, je leur ai imposé cet itinéraire et en communiquant [de convois de migrants en convois], ils ont vu que l'itinéraire n'était pas fatigant, moins fatigant pour ceux qui marchent, et il était plus simple, plus direct : on est passé de quinze jours de marche à quelques nuits. Ils ne se fatiguaient pas pour ce voyage : plus de montagne, plus de colline à franchir.

La première connexion des relais entre l'Éthiopie et Djibouti a lieu en 2007. Cette même année, l'itinéraire migratoire est complété par la création du relais d'Obock, la dernière étape de l'itinéraire djiboutien avant la traversée maritime et la jonction avec le Yémen. Les *dalals* éthiopiens ne sont pas d'emblée convaincus de l'intérêt de ce relais. Ils avaient coutume de passer, comme du temps de l'esclavage, par l'arrière-pays montagneux, dont la traversée, bien que plus dure, garantit une plus grande discrétion. Les passeurs tadjouriens font valoir les avantages d'une ville portuaire comme Obock, où ils disposent de nombreux contacts. Ils soulignent également que ne pas associer les Obockois à cette affaire serait perçu comme une trahison au sein de la communauté afare de Djibouti. Les habitants des deux villes du nord partagent à bien des égards une histoire similaire : la marginalisation politique, la guerre civile des années 1990, des conditions de vie précaires. Tadjouriens et Obockois développent conjointement un discours critique de la marge à l'encontre de l'État djiboutien et des élites corrompues de la capitale. Cet enjeu de cohésion communautaire laisse peu à peu la place à des arguments plus économiques. En réalité, les passeurs savent qu'ils ne peuvent pas embarquer eux-mêmes les migrants en territoire obockois car ce n'est pas le leur. Quant à le faire depuis Tadjoura, cela augmenterait les dépenses de carburant et les dangers liés à une traversée maritime plus longue. Intégrer les Obockois est la meilleure option. Alors qu'une loi contre le trafic de migrants est votée la même année[1], les passeurs multiplient les relais afin de réduire les risques de dénonciation : Yoboki, Assal, Obock, ainsi que des villages sur l'itinéraire. Plus le nombre de complices sur le territoire djiboutien augmentera, plus il y aura de personnes, de familles, de villages ou de quartiers compromis, et plus la loi sera difficile à appliquer.

Les passeurs de Tadjoura se déplacent à Obock pour entamer des négociations avec les pêcheurs locaux. Ils se connaissent déjà et partagent les mêmes difficultés. Si l'année 2007 a été mauvaise pour la pêche à Tadjoura, la situation a été pire à Obock. Les infrastructures y sont presque inexistantes – la nouvelle pêcherie sera inaugurée en 2015 avec l'arrivée des réfugiés du Yémen – et

1. La première loi visant à lutter contre les passeurs djiboutiens date de 2007 (loi n° 210/AN/07/5e L relative à la lutte contre le trafic des êtres humains). Toutefois, outre des vides législatifs, un manque de volonté et de capacité d'action, cette loi peine à s'appliquer. La deuxième loi de 2016 sera plus pénalisante.

la concurrence due à la pêche illégale des Yéménites le long de la côte djiboutienne prive les locaux de nombreuses ressources halieutiques. La diminution des captures les décourage d'aller en mer et, lorsque le Passeur initial leur propose de transporter des migrants dans leurs embarcations jusqu'au Yémen contre une bonne rémunération, ils acceptent sans hésiter. Ces pêcheurs sont déjà coutumiers des allers-retours entre les deux rivages. Ils ont l'habitude de se rendre de l'autre côté du détroit de Bab el-Mandeb pour y vendre leurs poissons à un meilleur prix qu'à Djibouti, pour la maintenance de leurs embarcations et pour divers achats de produits de contrebande somme toute bien banals mais moins chers qu'à Djibouti (carburant, électroménager, etc.). Enfin, ils disposent également de contacts parmi les pêcheurs et les marchands yéménites qui, après négociations avec les passeurs djiboutiens et les *dalals* éthiopiens, seraient prêts à prendre en charge les migrants au Yémen et, pour certains, à les conduire jusqu'en Arabie saoudite. Ces recrues deviennent de nouveaux intermédiaires pour construire les premiers relais sur la côte yéménite.

Les *dalals* yéménites demandent un prix de passage similaire à celui des passeurs djiboutiens, mais, au bout de quelques mois, ils s'estiment lésés face à leur nouvelle mission qui consiste à développer différents relais tout le long de la côte ouest yéménite pour atteindre la frontière saoudienne, proche d'Harad. Ils répondent malgré tout positivement aux sollicitations des *dalals* éthiopiens et des passeurs djiboutiens. Certains, dont le Second du Passeur initial, se rendent au Yémen au début de la décennie 2010, dans la ville portuaire d'Hodeïda, pour vérifier l'intégralité de l'itinéraire yéménite jusqu'à la frontière saoudienne. Ils n'y restent que quelques jours et les négociations entre *dalals* yéménites et *dalals* saoudiens sur l'organisation du franchissement de la frontière et la construction des relais saoudiens s'effectuent sans les passeurs djiboutiens, ces derniers considérant ces territoires comme trop éloignés de leur aire d'influence.

Le Second du Passeur initial raconte son voyage au Yémen

Je suis allé au Yémen à la place d[u Passeur initial]. Lui restait ici [à Tadjoura] pour gérer toute la logistique de l'organisation. Il m'a envoyé là-bas pour que je m'assure que tout se passe bien : la construction des relais, les relations et tout. Au début, nous avons communiqué avec des amis, des pêcheurs et des marchands que nous connaissions ou des contacts que les *dalals* avaient pour accueillir les migrants. C'était une personne qui habitait tel village, une personne qui habitait un autre village, qui connaissait les migrants. Ils les accueillaient parfois, et c'est tout. Nous, nous leur avons parlé, on leur a dit que nous pouvions tous devenir riches, il fallait construire un parcours, comme ici, des relais sur le Yémen pour emmener les migrants là où ils voulaient, là-bas, tu vois, chez les Saoudiens. [...]

J'ai vu une partie des routes au Yémen. La personne chez qui j'étais, un ami, il habitait juste à côté de Hodeïda. Lui, c'est comme ici, une fois que le migrant verse son argent, le *dalal* le ramène jusqu'à la frontière d'Arabie saoudite par voiture, mais je n'ai jamais vu ce chemin. Ils passent plutôt par la plage [plaine littorale de la Tihama], ils les récupèrent sur la plage des mains des Obockois. Les plages au Yémen, ce n'était pas comme chez nous, il y avait différentes plages, chaque passeur avait sa plage pour récupérer les migrants. Ils les attendent au bord de la mer et, de là, ils migrent une fois qu'ils ont versé l'argent [au *dalal* yéménite] depuis l'Éthiopie. Ils [les passeurs yéménites] les amènent jusqu'aux passeurs frontaliers qui sont en Arabie.

J'étais resté au Yémen pendant un mois. Les Arabes, ils ont des gens qui travaillent pour eux dans le système, il y avait beaucoup de personnes et ils voulaient payer beaucoup de monde : les autorités, la police, les habitants pour laisser passer les migrants, comme ici. C'est pour construire leurs relais. Ils ont exigé un prix, mais ce n'était pas bon, ils ne pouvaient pas demander tant. Il fallait partager l'argent entre tout le monde et nos amis, les premiers qui ont fait ça avec nous ; ils ont compris, ils ont vu le business et ils ont compris que beaucoup de personnes voulaient migrer alors ils étaient ok pour ne pas demander autant. Avec la guerre, il y a beaucoup de choses qui ont changé là-bas.

La connexion des relais de l'Éthiopie, de Djibouti et du Yémen s'accompagne d'une meilleure coordination entre les différents passeurs aboutissant à une augmentation du nombre de migrants transportés : il passe de 29 000 en 2007 à plus de 50 000 l'année suivante, plus de 70 000 en 2009 et dépasse la barre symbolique des 100 000 en 2011. Le succès de la traversée des premiers arrivants au Yémen, puis en Arabie saoudite, est relayé par leurs familles en Éthiopie, ce qui en pousse d'autres à recourir aux services proposés par les *dalals* éthiopiens.

Ces derniers s'assurent d'abord qu'elles ont les capacités financières de payer le prix demandé, entre 1 000 et 2 000 euros selon le lieu de départ en Éthiopie et le point d'arrivée en Arabie saoudite[1]. Si c'est le cas, le candidat à la migration est incorporé dans le prochain convoi en partance pour Djibouti. Il est ensuite guidé ou transporté sur le territoire afar d'Éthiopie, jusqu'au poste frontalier de Galafi, où le convoi est pris en charge par le réseau des passeurs djiboutiens. Ce passage de frontière ne représente pas une grande difficulté, les migrants sont guidés par les passeurs à travers le désert qui s'étend de part et d'autre de l'espace frontalier et que les douanes peinent à contrôler. Très vite, ce passage s'effectue en voiture : afin d'éviter le poste douanier de Galafi sur la route, les migrants sont déposés à quelques kilomètres de la frontière. Ils la traversent à pied, à quelques centaines de mètres du poste, puis réintègrent de nouveaux véhicules ou trouvent un nouveau guide qui les conduit à pied jusqu'au relais suivant, Yoboki. Au bout de deux jours de marche, ils atteignent le lac Assal où les passeurs de Tadjoura prennent le relais, épaulés par des passeurs secondaires des villages du district. Ensemble, ils acheminent les migrants de nuit le long de la côte jusqu'à leur ville. Lorsque le convoi arrive, les passeurs le font stationner le temps de percevoir le droit de passage depuis l'Éthiopie. Une fois le paiement effectué, d'abord en

1. Il semblerait que le prix payé par les migrants n'ait pas connu de grandes variations au cours de la décennie. Les passeurs djiboutiens l'arrondissent souvent à 300 000 francs djiboutiens (1 500 euros) pour l'intégralité de l'itinéraire.

main propre, puis par des applications téléphoniques de transfert de crédit, les passeurs de Tadjoura conduisent les migrants jusqu'à Dalaï, localité frontalière entre les districts de Tadjoura et d'Obock et les sultanats de Tadjoura et de Raheita. Là, les passeurs d'Obock – parfois de Dalaï – les récupèrent et les accompagnent jusqu'aux plages djiboutiennes[1]. Les migrants montent enfin sur des navires tantôt yéménites, tantôt djiboutiens pour traverser le détroit.

Le Passeur initial joue un rôle central dans l'organisation et la logistique de ce réseau transnational. Il est le seul à détenir l'ensemble des contacts téléphoniques de tous les relais djiboutiens et des principaux *dalals* éthiopiens et yéménites et il centralise autour de sa personne toutes les tâches « diplomatiques » importantes à effectuer. Par proximité culturelle, il entretient de bonnes relations avec les Afars d'Éthiopie et introduit lui-même certains d'entre eux dans des relais étrangers. À Djibouti, il devient l'architecte de la construction d'un réseau unique. Épaulé par son groupe de pêcheurs devenus passeurs, il place ses proches et ses hommes de confiance à Yoboki, Assal ou Obock et négocie la désignation de ses représentants dans les localités les plus lointaines, comme les postes frontières de Galafi ou de Balho. Il élabore un système où le migrant doit payer le prix du passage uniquement aux passeurs de Tadjoura, qui se chargent ensuite de redistribuer l'argent aux différents relais afars de Djibouti. Cette gestion lui permet de fédérer une véritable organisation territoriale pyramidale et sans concurrence externe – autrement dit, de bâtir un monopole[2]. Le contrôle que le Passeur initial exerce entraîne une redistribution

1. Si, pendant les premières années du réseau, de 2007 à 2013, les migrants embarquent depuis des plages proches de la ville, ils seront contraints, durant le reste de la décennie, d'atteindre des plages plus éloignées, celles avoisinant la localité de Gaherré, au sud de Khor Angar.

2. D'un point de vue purement économique, ce principe rappelle certaines thèses selon lesquelles le monopole d'un marché illicite et la capacité d'imposer ses prix dont jouit en conséquence l'organisation qui le détient permettent de dégager des bénéfices exceptionnellement élevés dus à la surfacturation d'un produit ou d'un service (Thomas SCHELLING, « Economics and criminal enterprise », *The Public Interest*, n° 7, 1967, p. 61-78).

inégalitaire de l'argent au sein du réseau. Sur les 50 000 francs djiboutiens perçus à Tadjoura, les passeurs d'Obock obtiennent 10 000 francs, voire 15 000 s'ils possèdent les bateaux permettant la traversée. Les relais secondaires touchent généralement 5 000 francs djiboutiens et les passeurs de l'arrière-pays, ceux issus des villages, touchent 10 000 francs par jour, et ce quel que soit l'effectif de migrants à faire transiter. Ce sont donc les passeurs de Tadjoura qui s'enrichissent le plus dans ce partage en gardant plus de la moitié du prix de passage pour leur propre relais.

Cette répartition n'est pourtant pas remise en cause au début de la décennie 2010. Elle convient à l'ensemble des passeurs du fait des conditions précaires dans lesquelles ils vivent habituellement. La plupart d'entre eux n'ayant jamais eu autant d'argent, trahir les passeurs de Tadjoura reviendrait à prendre le risque de tout perdre et de redevenir pauvres. Dans cette perspective, la générosité du Passeur initial ne fait aucun doute à leurs yeux : il ne limite pas le nombre de relais aux seules étapes essentielles (Yoboki, Tadjoura, Obock) pour maximiser ses propres gains, mais, au contraire, s'attache à créer des étapes intermédiaires pour s'assurer une participation massive de la population de l'arrière-pays. Chaque village sur l'itinéraire devient un relais secondaire, mobilisable en cas de problème ou d'effectifs trop importants à convoyer : Sagallou, Kalaf, Dalaï, etc. Malgré une certaine tolérance durant les premières années d'existence de l'organisation, le réseau est néanmoins confronté à des arrestations arbitraires par des policiers et des gendarmes cherchant à lui soutirer quelques pots-de-vin. Pour freiner ces pratiques, chaque village met en place un à deux guetteurs qui surveillent le passage des voitures la nuit et informent les passeurs lorsqu'un véhicule des forces de l'ordre patrouille.

En l'espace peut-être d'une année, le Passeur initial est parvenu à détourner les proto-réseaux pour structurer et centraliser autour de lui une véritable filière transnationale, connectant les *dalals* éthiopiens aux *dalals* yéménites par l'intermédiaire de la première génération de passeurs djiboutiens, à travers un système de relais organisés, de chaînes de communication, d'échelons hiérarchisés et de multiples auxiliaires, rabatteurs, recruteurs, lieutenants, guetteurs, soldats, sentinelles, hébergeurs, guides et autres complices qui lui assurent un monopole sur le trafic de migrants par l'ancienne route des esclaves traversant la mer Rouge.

Des proto-réseaux au réseau unique

« Cela a toujours existé. En 2002 ou en 2003,
on pouvait faire passer quelques migrants
en cachette. Il y a un ou deux passeurs
qui sont d'origine yéménite, ils faisaient le bateau
entre Djibouti et le Yémen. Ils faisaient passer
des personnes en cachette, pas beaucoup,
une trentaine, quarante peut-être. L'un d'eux était
un pêcheur, alors il avait un bateau pour aller
au Yémen. Il n'avait même pas besoin d'un chauffeur,
il naviguait. Il a été arrêté une fois au Yémen,
mais il avait de l'argent. L'argent,
c'est le plus important au Yémen.
Il a payé dès le début et les policiers l'ont libéré. »

Ancien lieutenant du Passeur initial,
Tadjoura, 2019.

« Quand j'ai commencé à travailler en 2004,
il n'y avait pas autant de clandestins [migrants]. Avant,
c'étaient à peine quelques soirs par mois, j'allais
directement les chercher en Éthiopie
et je les faisais monter sur le bateau, deux, trois
personnes, pas plus. Puis après,
il y en a eu beaucoup : tout le monde pouvait être
passeur, tous les Éthiopiens pouvaient migrer.
Il y a tout un réseau, des relais, d'autres passeurs.
Il n'y a pas besoin de trouver quelqu'un pour les faire
traverser la mer, tout est déjà prévu.
On pouvait travailler tous les soirs. »

Membre d'un proto-réseau devenu passeur,
Obock, 2019.

« Au début, il y avait des passeurs mais ce n'étaient pas
des passeurs comme nous : il n'y avait pas de réseau,
pas de véhicule, pas de contact avec le Yémen, rien !
Des petits, des indépendants… Ces gens étaient
dans l'anonymat. Personne ne savait cela,
ils n'étaient pas nombreux, ils n'avaient pas de force,
ils faisaient ça en cachette, tu vois. Il n'y avait que
des ambitieux qui se sont lancés dans ce commerce,
des gens sortis de nulle part, qui faisaient ça seuls,
de leur côté. Et ces gens-là, ils ont rencontré
une force majeure : [le Passeur initial] […].
Lui, il s'est lancé avec toute sa force, il avait un groupe
à lui, c'était un leader. Il est allé voir ces gens,
il y a eu des consultations entre eux. [Le Passeur initial]
et son groupe ont fait des descentes chez ces gens-là,
ils ont arrêté des groupes, ce n'était pas violent,
ils ont simplement négocié. Il leur a dit qu'ils avaient
besoin de quelqu'un pour les protéger,
assurer leur protection pendant le voyage…
Ils avaient besoin d'aide, d'un Tadjourien pour passer
le nord de Djibouti sans problème. Ils l'ont choisi :
ils ont vu qu'il avait un groupe fort, qu'il connaissait
la région, qu'il avait de bonnes idées. [Le Passeur
initial] leur a donné son nom : les petits indépendants
pouvaient passer avec son nom… Puis le Passeur initial
a pris le dessus : il a imposé sa vision, ses idées,
il est devenu le chef, quoi. Et de bouche à oreille,
ils ont pu changer leur vie du jour au lendemain,
le réseau a grossi, d'autres gens sont devenus passeurs.
Y avait de l'argent… »

Ancien lieutenant du Passeur initial,
Tadjoura, 2020.

« Quand les clandestins viennent de l'Éthiopie
jusqu'ici, à pied, ils se fatiguent beaucoup, ils sont
en mauvaise forme, ils ne trouvent pas de travail
là-bas à cause de ça. [Le Passeur initial], il était là.
Il a tout inventé. C'étaient des Afars de l'Éthiopie qui

faisaient les guides pour les clandestins,
mais ici, on est les Afars de Djibouti.
C'est chez nous, alors c'est à nous de les faire passer,
non ? On leur a expliqué ça... »
SECOND DU PASSEUR INITIAL, Tadjoura, 2019.

« Combien y a-t-il de populations en Éthiopie ?
Beaucoup... Il y a les Tigréens, les Oromos,
les Amharas... Lui [le Passeur initial], il cherchait
toujours les Tigréens et un peu les Amharas,
les Éthiopiens qui avaient du pouvoir, la famille
de Meles [Meles Zenawi, ancien Premier ministre
de l'Éthiopie de 1995 à 2012, sous-entendu,
les Tigréens]. C'est eux qui avaient beaucoup d'argent
pour migrer, les autres, les pauvres [les Oromos],
ils n'avaient pas d'argent, on n'en voulait pas,
des mauvais clients. »
ANCIEN SOLDAT DU PASSEUR INITIAL, Tadjoura, 2019.

« Avec [le Passeur initial], il n'y avait qu'un seul réseau.
C'était lui le chef du réseau.
Alors on travaillait tous avec et pour lui.
Il y avait beaucoup de personnes chaque nuit : 500,
600, et, les mauvais soirs, c'étaient 300, 200 personnes
par soir ! C'est beaucoup ! Il ne pouvait pas gérer tout
ça seul, alors on était là pour lui.
On était une dizaine, une quinzaine...
Je partais avec lui : je travaillais avec lui mais
on n'est pas de la même *fi'ma*. On était des amis
de la pêche. [Le Passeur initial] était un pêcheur,
comme moi, après il a fait son réseau et il m'a appelé,
je l'ai rejoint. Il avait besoin de personnes de confiance
pour ce travail, j'ai dit oui.
On a tous été là pour lui. On pêchait ensemble,
on transportait des migrants ensemble. »
ANCIEN PASSEUR-PÊCHEUR DU PASSEUR INITIAL, Tadjoura, 2018.

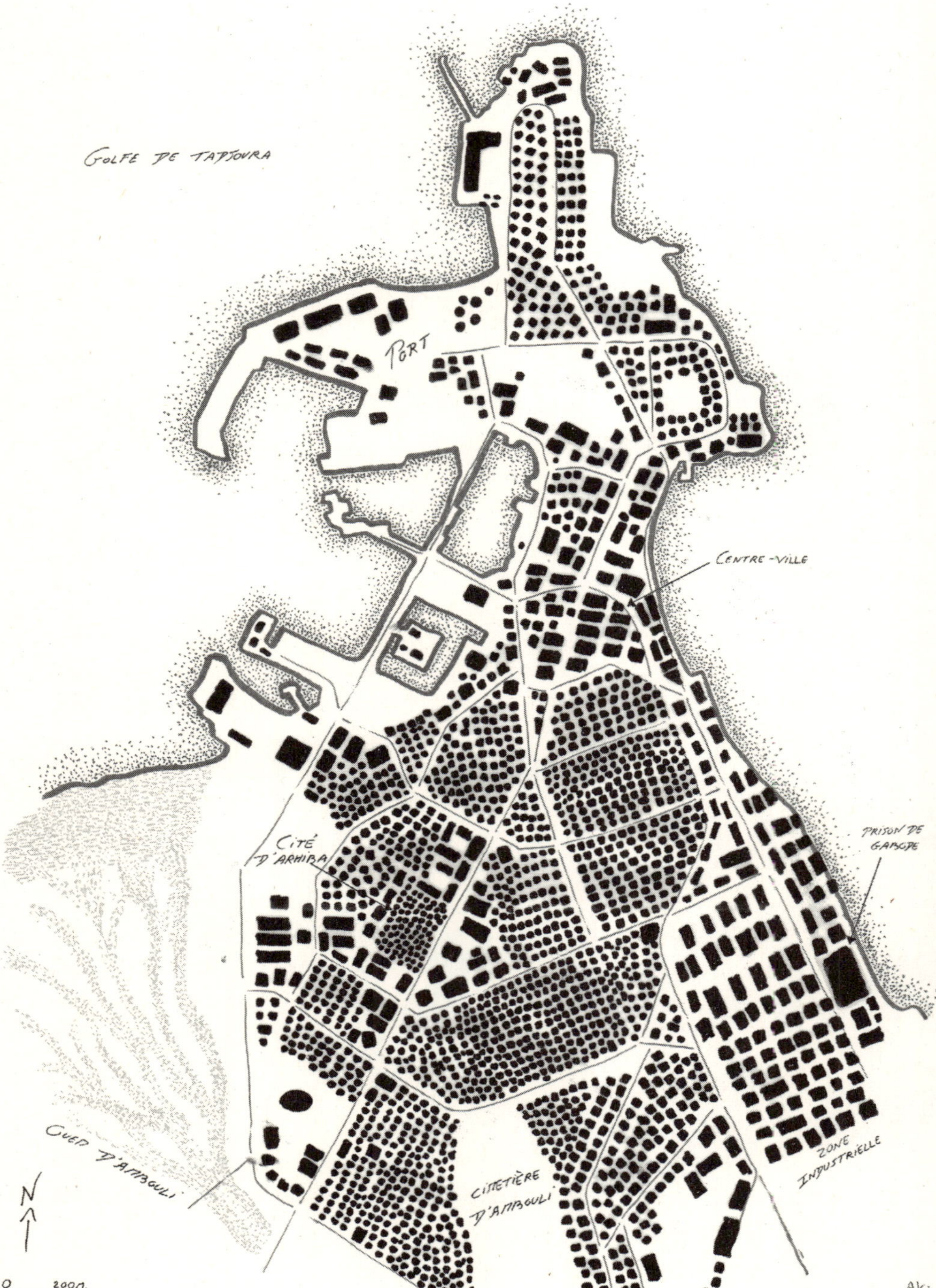

Djibouti Ville

Chapitre 3

L'âge d'or des passeurs djiboutiens (2011-2012)

> « L'argent, il a servi à tout et à rien. Certains se sont enrichis et [ont] ouvert des boutiques, d'autres ont tout consommé en khat, des millions et des millions de francs… »
>
> PASSEUR INITIAL

> « Beaucoup redistribuaient l'argent qu'ils gagnaient et le partageaient avec leurs voisins. C'était une sorte d'âge d'or pour nous, l'âge d'or de Tadjoura. »
>
> SECOND DU PASSEUR INITIAL

Pour les passeurs de Djibouti, le début de la décennie 2010 marque un apogée. En 2011, ce sont plus de 100 000 migrants qui traversent le détroit de Bab el-Mandeb, près de 110 000 l'année suivante. Dès 2013, cependant, le déclin s'amorce, avec seulement 60 000 personnes transportées. Durant ce bref âge d'or, l'argent inonde les rues de Tadjoura, d'Obock et de la capitale : les bénéfices des passeurs dépassent plusieurs dizaines, voire centaines de milliers d'euros chaque semaine au cours de l'année 2012. Ils sont alors les maîtres du jeu par rapport à leurs homologues étrangers, avec lesquels ils sont en concurrence pour faire prévaloir leurs positions au sein du réseau et déterminer le partage de l'argent payé par le migrant pour atteindre l'Arabie saoudite.

La clé de répartition des revenus générés par le trafic dépend des rapports de force entre passeurs et *dalals*. Le montant dont le migrant doit s'acquitter n'est jamais fixe ; il varie selon le lieu de départ en Éthiopie, le lieu d'arrivée en Arabie saoudite, l'issue du marchandage avec le recruteur, les aléas politiques des sociétés traversées, comme, par exemple, la guerre civile du Yémen à partir de 2014, l'effondrement du riyal yéménite et du birr éthiopien tout au long de la décennie 2010, les capacités de transport des différents relais, la saisonnalité et le rapport conjoncturel entre l'offre et la demande. Tout au long de la route, des imprévus (détournements, arnaques, communications téléphoniques, consommations diverses, etc.) peuvent également grever la somme initialement réunie par la famille. Si certains droits de passage imposés sont fixes comme à Djibouti, celui des *dalals* éthiopiens, yéménites et saoudiens fluctue davantage. Alors même que leur territoire ne représente qu'à peine 15 % de l'itinéraire global des quatre États à traverser, les passeurs djiboutiens sont parvenus à imposer à leurs homologues étrangers une répartition qui les privilégie. Pour comprendre comment ils se sont assuré cette position dominante, il faut revenir à la conception de la migration en vigueur chez les passeurs de Tadjoura au début de la décennie 2010.

D'après le Passeur initial, il existe deux catégories d'acteurs au sein du réseau : le *passeur* et le *propriétaire* des migrants. Le rôle du premier consiste simplement à faire passer les migrants d'un relais à un autre ; le second est le garant de ceux dont il assure la sécurité sur un territoire. Ce terme de propriétaire, utilisé en français par les passeurs eux-mêmes, marque une distinction entre de simples intermédiaires exécutant des ordres et ceux qui ont le pouvoir, c'est-à-dire à la fois la responsabilité du migrant et son argent en gestion. Les communications sont constantes entre les deux propriétaires, le *dalal* éthiopien avec qui le migrant a conclu la transaction avant le départ et le Passeur initial à Tadjoura qui a la charge de lui faire traverser en toute sécurité le territoire djiboutien. Le migrant passe ainsi les différents relais sans en payer aucun, jusqu'à atteindre celui de Tadjoura. Là, le migrant ou le propriétaire tadjourien appelle le *dalal* éthiopien pour réclamer le versement du prix de passage : un mot de passe déclenche alors le transfert des fonds *via* une chaîne d'intermédiaires de confiance. En retour, le propriétaire de Tadjoura assure le passage et la protection du migrant jusqu'au Yémen avant de redistribuer l'argent aux différents passeurs.

À partir de 2010, ce système traditionnel, le *hawala*, profite de la démocratisation de l'usage des portables, ainsi que du développement des agences de transfert monétaire et des « cabines téléphoniques internationales » qui se multiplient en Éthiopie comme à Djibouti. Pour le migrant, il s'agit d'une garantie de sécurité : le système des propriétaires vise à empêcher les arnaques, le vol et la séquestration par des passeurs solitaires ou des personnes dénuées de scrupules susceptibles de « détourner les migrants » – c'est-à-dire de les détrousser de leur argent liquide ou de leurs bijoux, comme le firent parfois les proto-réseaux et les passeurs de Bosaso, en Somalie, lors des traversées maritimes. Pour le propriétaire et les passeurs qui en dépendent, c'est une garantie de paiement : le droit de passage a été versé en amont au *dalal* éthiopien, ce qui permet d'éviter de transporter des migrants qui promettraient de les payer plus tard sans en avoir la capacité.

Le statut de propriétaire renforce l'hégémonie des passeurs de Tadjoura sur les relais secondaires et celle des passeurs djiboutiens sur leurs homologues étrangers, éthiopiens et yéménites, pour le partage de la rente migratoire. Dans la géopolitique du trafic, l'enjeu principal est d'imposer ses conditions aux *dalals*. Plus un propriétaire est en position de force pour y parvenir, plus son aire d'influence s'étend au-delà des frontières nationales. Le nombre de propriétaires est donc restreint, et leur aire d'influence limitée, à l'origine, à certains relais spécifiques dans chaque territoire national traversé : au commencement dans chaque région d'origine en Éthiopie (Tigré, Amhara), à Bati (point de regroupement des convois), puis à Tadjoura, enfin à Hodeïda, au Yémen. Si le *dalal* éthiopien se situe, d'une certaine façon, en dehors de la compétition du fait de sa position à l'origine de la route, la concurrence s'avère plus forte entre les Djiboutiens et les Yéménites. Les passeurs de

Tadjoura et d'Hodeïda jouent un rôle de barrage où le migrant doit appeler son *dalal* (ou sa famille) pour verser le droit de passage avant de pouvoir poursuivre son chemin. Or les patrons de réseau de chacune de ces villes tentent de faire prévaloir leurs droits à une meilleure part de la rente migratoire, au détriment de l'autre.

Les Tadjouriens estiment que la répartition doit les avantager, car les risques d'arrestation sont plus importants à Djibouti qu'au Yémen depuis la promulgation de la loi contre le trafic de migrants en 2007. Ils sont contraints, bon gré mal gré, d'utiliser la seule route asphaltée au nord du pays tout en traversant deux préfectures, Tadjoura et Obock, où leur activité ne passe pas inaperçue : ces villes accueillent de nombreuses casernes de la police, de la gendarmerie et de l'armée djiboutiennes. À l'inverse, les *dalals* yéménites n'ont selon eux qu'à s'acquitter d'une redevance auprès des forces de l'ordre pour faire transiter les convois jusqu'à la frontière saoudienne. Leurs homologues, de leur côté, mettent en avant les risques de la traversée : surchargées, leurs fragiles embarcations sont confrontées à des courants marins et des vents contraires particulièrement violents ; en cas de naufrage, ils ne touchent rien alors que les passeurs djiboutiens sont quand même payés malgré la perte du convoi.

Les arguments des uns et des autres se valent, mais la situation politique, locale et régionale, dans la Corne de l'Afrique permet au Passeur initial d'imposer son point de vue. Les *dalals* éthiopiens sont contraints de passer par le nord de Djibouti, car les routes alternatives sont impraticables. En guerre continue contre l'Éthiopie, puis contre Djibouti, l'Érythrée a fermé ses frontières. Le passage par la côte du Somaliland ou celle du Puntland nécessiterait de développer un nouvel itinéraire terrestre plus long et rallongerait le temps de la traversée maritime dans le golfe d'Aden[1]. Quant à l'Éthiopie, la situation politique s'y dégrade tout au long de la décennie 2010,

1. Il a existé des itinéraires secondaires passant par la côte du Somaliland et de la Somalie durant la décennie 2010, mais il s'agit ici d'autres réseaux migratoires éthiopiens ou somaliens moins développés.

notamment en raison du conflit entre les populations habeshas, affiliées à l'État fédéral, et les régions dissidentes sous le contrôle des Oromos ou des Somalis. Les territoires afars éthiopien et djiboutien sont par conséquent les plus fiables pour atteindre le rivage. Leur traversée nécessite cependant de recourir aux passeurs djiboutiens, et ces derniers, unis autour du Passeur initial, ont la capacité de bloquer les convois de migrants s'ils estiment que leurs intérêts sont lésés. Pour éviter que cette menace ne prenne forme, les *dalals* éthiopiens n'ont d'autre choix que de se plier aux exigences du Passeur initial concernant le prix d'acheminement, les modalités de transfert d'argent, l'organisation logistique ou le nombre de migrants à faire transiter. Au début de la décennie 2010, les passeurs djiboutiens dictent leurs conditions aux *dalals* éthiopiens et yéménites.

Le Second du Passeur initial détaille le système des « propriétaires » de migrants

C'est [le Passeur initial] qui avait placé tous les passeurs. À Yoboki, à Assal, même à l'intérieur de l'Éthiopie, c'est lui qui choisissait, c'étaient toujours des passeurs afars. Lui [désignant du doigt le Passeur initial], il avait prévu cet itinéraire dans toutes les régions afares pour faciliter le passage : tout devait passer par chez nous. La personne qui était au Tigré [le *dalal*], s'il voulait envoyer des migrants, il devait forcément parler avec nous. C'est comme ça que [le Passeur initial] est devenu le propriétaire des migrants. Je veux dire, c'étaient nous, les jeunes de Tadjoura, qui communiquions avec les Éthiopiens.

Le noyau de la distribution de l'argent des migrants était ici. La personne « propriétaire des passagers [les migrants] » était celui qui était en Éthiopie [le *dalal*]. C'est lui qui les envoie et c'était Tadjoura qui avait les communications. Une fois [les migrants] arrivés à Tadjoura, ces gens [les *dalals*] versaient l'argent et nous, on versait ensuite l'argent au passeur de Galafi, à celui de Yoboki, à celui d'Obock. Ensuite, les Obockois remettaient les gens [les migrants] au *dalal* du Yémen.

[Le Passeur initial] a refusé de travailler [selon la logique yéménite], car quand on prend le risque de faire passer des gens, on le prend à un bon prix. Faire passer les migrants est un travail illégal. Donc, quand tu fais un travail illégal, tu as plusieurs risques, mais ces risques, pour que tu les tentes, il faut que le prix soit suffisant, c'est-à-dire gagner une certaine somme qui te fait dire : « Ok, je prends le risque de faire passer. » Quand tu fais des choses illégales, il faut le faire dans le bon sens. [Le Passeur initial] le faisait dans le bon sens. […] [Le Passeur initial] connaissait le fond et les bases de ce travail : il connaissait la somme que ces gens déposaient [auprès des *dalals* éthiopiens], il connaissait le risque qu'encouraient toutes les personnes et il imposait aux gens du Yémen et d'Éthiopie une somme convenable.

[Le Passeur initial], c'était le propriétaire de ces gens-là. Il était le propriétaire de ces gens-là ! Il n'a jamais travaillé en tant que passeur, jamais. On ne recevait pas d'ordres. Nous, nous achetions [les migrants]. On avait une transaction de deux cents personnes avec l'Éthiopien. Il versait l'argent une fois fini [Tadjoura atteinte] ; on les faisait passer, mais pas avant qu'il ait versé l'argent. Nous n'étions pas des passeurs, nous étions des propriétaires.

L'âge d'or de Tadjoura est né de cette position dominante. Entre 2011 et 2012, plus de 210 000 migrants traversent le nord de Djibouti, moyennant le versement des sommes convenues par transfert téléphonique au Passeur initial, avant de franchir le détroit de Bab el-Mandeb. Les passeurs djiboutiens auraient gagné plus de 50 millions d'euros durant ces deux années, inondant de richesses leurs proches et les habitants du nord du pays. Certains soirs, ils empochent jusqu'à 30 millions de francs djiboutiens, plus de 150 000 euros, lorsqu'ils réceptionnent et font transiter six cents personnes. En moyenne, ils font passer deux cents à trois cents migrants chaque nuit, ce qui leur permet de toucher plusieurs dizaines de milliers d'euros de chiffre d'affaires quotidiennement. L'argent est ensuite divisé entre les différents relais du territoire, selon les charges, les pots-de-vin ou encore les investissements nécessaires pour améliorer les capacités logistiques du réseau, à commencer par l'achat de véhicules, principalement des minibus Toyota. L'âge d'or correspond également à une période de transformation technologique de l'organisation du trafic : les nouvelles applications facilitent les transferts d'argent et la voiture se démocratise à Tadjoura et à Obock. Les minibus, les Land Cruiser ou encore les pick-up sont achetés au Yémen ou offerts par les *dalals* yéménites qui les acheminent par conteneurs au port de Djibouti en vue de maintenir de bonnes relations avec leurs partenaires. Avec les véhicules, les passeurs marchent de moins en moins dans le désert et les convois de migrants traversent le territoire djiboutien en deux à trois nuits seulement contre plus d'une semaine auparavant. En réalité, l'âge d'or n'a pas supprimé l'emploi de guides à pied. Certains tronçons nécessitent toujours des marcheurs, par exemple dans les territoires reculés où les infrastructures font défaut et lors des barrages nocturnes de la police ou de la gendarmerie. Les passeurs sont alors prévenus par les guetteurs des différents villages, ils arrêtent leur véhicule et font appel à des guides pour franchir discrètement le barrage. Les convois peuvent finir l'étape à pied ou monter dans d'autres véhicules stationnés quelques centaines de mètres plus loin.

Grâce à ces moyens motorisés, le nombre de migrants transportés passe de quelques dizaines à plusieurs centaines chaque soir. Les bénéfices suivent, passant de quelques centaines de milliers de francs djiboutiens à plusieurs millions, voire dizaines de millions chaque semaine. Quand l'argent n'est pas dépensé en feuilles de khat ou en crédits téléphoniques, les passeurs l'utilisent pour acheter un véhicule ou un terrain, construire une maison ou élever d'un étage celle qu'ils possèdent, financer un mariage, ouvrir un commerce ou un restaurant, etc. Après les grands projets vient la consommation matérielle quotidienne poussée à outrance : embellir les intérieurs, offrir des cadeaux aux proches et aux amis, acheter des vêtements de luxe, des téléphones portables dernier cri, consommer encore plus de khat. Les marchandises étant limitées au nord de Djibouti, les passeurs les commandent à la capitale, en Éthiopie ou au Yémen. Des trocs s'organisent parfois avec les *dalals* yéménites, dans lesquels les migrants sont la monnaie d'échange : le droit de passage de dix d'entre eux contre une télévision, d'une trentaine contre une moto, d'une centaine contre une embarcation de pêche, de plusieurs centaines contre un véhicule selon le modèle choisi, etc. Ce système permet surtout de ne pas attirer l'attention des autorités, qui ne manqueraient pas de s'intéresser à certaines transactions, si, par exemple, un véhicule était payé en liquide dans une concession automobile de Djibouti Ville. Pour les mêmes raisons, l'épargne en banque est souvent inaccessible aux passeurs. La plupart n'envisagent de toute façon pas de mettre de l'argent de côté : ils pensent que la manne du trafic ne tarira jamais, car la migration clandestine vers la péninsule Arabique connaît un boom en Éthiopie.

Ces passeurs sont souvent issus des classes sociales les plus précaires. Si cette activité leur permet d'accéder à la consommation matérielle, symbole de réussite, leurs revenus dépassent dès les premiers mois de l'âge d'or leurs besoins personnels. Ils font alors largement bénéficier de l'argent du trafic la population du nord du pays, qui n'ignore rien de sa provenance : dans des villes comme Tadjoura ou Obock, dont la population ne dépasse pas les 15 000 habitants, avec l'apparition de migrants éthiopiens dans les rues, la multiplication des véhicules et leur utilisation nocturne, l'élévation des étages des maisons, les achats de terrains, le développement d'une nouvelle flotte d'embarcations malgré le nombre réduit de pêcheurs ou les distributions massives de khat (qui favorisent le développement de nouvelles filières de contrebande de cette drogue douce avec l'Éthiopie ou le Yémen), le trafic est un secret de Polichinelle, un « secret public[1] » préservé par un non-dit général.

À mesure que la fortune des passeurs se fait plus ostentatoire, les demandes de leur famille, de leurs amis, des habitants du quartier ou encore de la *fi'ma* affluent. Certains les sollicitent pour l'organisation d'un mariage, le financement d'études, le paiement de frais médicaux ou de factures d'électricité[2] ; d'autres requièrent

1. Michael Taussig, *Defacement : Public Secrecy and the Labor of the Negative*, Redwood City, Stanford University Press, 1999.

2. Le coût de l'électricité à Djibouti est l'un des plus élevés du continent. L'État l'importe depuis l'Éthiopie avant de le distribuer à un prix jugé exorbitant par la population.

simplement de l'entraide quotidienne, la participation à des projets économiques comme l'ouverture d'un commerce, l'achat d'un véhicule, des pots-de-vin pour la police, la gendarmerie ou les pouvoirs publics. Les passeurs dépensent ainsi plusieurs milliers d'euros chaque jour pour faire plaisir à tout le monde. Leur manière d'abreuver la communauté de khat lors de cérémonies ou de grands *mabraz*, ces salons dédiés à la mastication collective de la plante psychotrope, rappelle notamment certaines pratiques d'évergétisme où le bienfaiteur était autrefois célébré comme un héros.

Ces dons créent des liens de dépendance, de complicité ou de clientélisme, réduisant les risques de dénonciation et façonnant une image positive du trafic de migrants auprès de la population, voire, pour certains, le justifiant. Avec l'âge d'or se forge collectivement un discours politique qui légitime l'activité des passeurs en tant que réponse à la marginalisation des Afars du Nord par l'État djiboutien. Dans ce contexte, chaque intervention régalienne, à l'image des barrages nocturnes de la police, est perçue comme une volonté du gouvernement de s'opposer à leur prospérité naissante. L'État est pourtant lui-même impliqué : les distributeurs officiels de khat – la Société générale d'importation de khat (SOGIK) ou les revendeurs accrédités par une licence –, tout comme l'unique opérateur téléphonique du pays sont affiliés à l'administration, elle-même aux mains de l'élite politique clanique qui s'enrichit grâce à l'essor de ces secteurs. Les fonctionnaires locaux vont eux-mêmes rencontrer les passeurs pour leur demander de l'aide lorsque leurs salaires tardent à être versés – ce qui arrive bien souvent pour ceux qui dépendent du ministère de l'Éducation ou de celui de la Santé. Quant aux policiers et aux gendarmes, leurs barrages nocturnes en 2012 servent davantage à réclamer des pots-de-vin qu'à lutter contre le trafic.

L'âge d'or raconté par ceux qui l'ont vécu

« [Le Passeur initial] avait tellement d'argent,
qu'il pouvait tout changer à Tadjoura ! En une soirée,
il faisait des millions et des millions, et après, ce n'était

pas quelqu'un qui avait sa main dans sa poche,
il distribuait tout ! C'était trop ! Dès que quelqu'un
avait besoin, il donnait. Si tu voyais les gens,
tout le monde le cherchait :
"Où est [le Passeur initial] ? Où est-il ?" »
PASSEUR, Tadjoura, 2019.

« C'était en 2012 ou 2013, je sais plus. Tout le monde
avait des sacs entiers d'argent à cette époque.
Moi, j'avais une équipe de foot locale. On n'avait rien !
On avait besoin de tout ! Des maillots, des ballons,
des équipements sportifs. Alors je suis allé voir
un des passeurs que je connaissais. J'ai commencé
à lui expliquer que je voulais de l'argent pour notre
équipe de foot. Il m'a tout de suite stoppé
et m'a demandé combien je voulais. En même temps,
il a sorti un sac avec que de l'argent dedans !
Y avait des francs djiboutiens, des dollars,
beaucoup de birrs [éthiopiens]. Cela se comptait
en millions. Il a sorti de l'argent,
presque 300 000 francs djiboutiens [1 500 euros]
et me les a donnés. Il m'a dit : "Est-ce que
cela te convient ou tu veux plus ?" J'ai pris l'argent
et je suis parti. On a tout acheté. »
HABITANT D'OBOCK, 2018.

« On fonctionnait comme une vraie administration,
mais en mieux. Moi, personnellement, je prenais tout
l'argent que je voulais. Sinon, les gens qui travaillaient
avec nous, ils subvenaient tous à leurs besoins.
Il n'y avait pas de salaire, pas de prix fixe des revenus,
rien de tout ça. Les gens qui travaillaient avec nous,
quotidiennement, ils prenaient du khat. S'ils avaient
besoin de plus, ils prenaient : pour construire
une maison, pour payer le loyer, une voiture.
On subvenait à tous leurs besoins : les factures
d'électricité surtout. Il y avait beaucoup d'argent,
50 000 francs djiboutiens par personne, on gagnait. Ce

qui faisait 250 dollars par tête. Par tête,
par jour, on faisait passer 600, 700 personnes…
[150 000-175 000 dollars par nuit]. »
ANCIEN LIEUTENANT DU PASSEUR INITIAL,
un soir à Tadjoura, 2019.

« Pour les naissances, on faisait toujours un geste :
on donnait 20 000 ou 40 000 francs djiboutiens
[100-200 euros] pour le nouveau-né. [Le Passeur initial]
était quelqu'un de très généreux
et de très pieux aussi. Il prie beaucoup
alors les naissances, les décès, c'était important,
il fallait donner […]. Il donnait tout ce que les citoyens
[de Tadjoura] voulaient : une moto, une voiture.
Une voiture d'occasion à 4 500 000 francs
[22 500 euros] ?, on se faisait ça en deux soirs :
le premier, 200 personnes ; le lendemain,
150 personnes – on lui achetait sa voiture.
C'était fait. Puis il l'abandonnait au bout
de quelques mois à un ami à lui. »
PASSEUR, Tadjoura, 2019.

« Je n'attendais pas mon salaire pour l'Eïd. J'attendais
le khat que les passeurs me donnaient avec l'argent
des clandestins. J'attendais les cadeaux
qu'ils me faisaient chaque année. Ce n'étaient pas
vraiment des cadeaux, c'étaient des dons de moto,
de voiture, de téléphone, de choses précieuses.
C'était comme une prime pour nous,
on avait des cadeaux. »
POLICIER, 2019.

« On échangeait de tout ! On pouvait échanger 200
ou 300 migrants contre une Toyota toute neuve !
Elle arrivait au port de Djibouti. C'étaient les *dalals*
du Yémen qui nous les envoyaient. Ils prenaient tout
en charge : le transport, les taxes, le conteneur, etc.
Tout était gratuit pour nous ! C'étaient des modèles

tout neufs, tout récents. Bien sûr, ça servait aux *dalals*
du Yémen car, avec ça, on pouvait transporter
des gens plus facilement et plus rapidement. C'était
une belle voiture toute neuve. On fonçait avec… »
PASSEUR, Tadjoura, 2019.

« [Le Passeur initial] se faisait souvent interpeller,
partout, tout le temps. Toi, par exemple, tu es un ami
à lui, il te donne un peu d'argent. Lorsque tu broutes
du khat, tu vas tout raconter à tes amis : "[Le Passeur
initial] m'a donné ça, 20 000 francs, 100 000 francs
djiboutiens, beaucoup d'argent !" Les gens vont dire :
"Ah ?… [Le Passeur initial] donne tout ça ?"
Alors ton ami va aller demander de l'argent
[au Passeur initial] et toutes les personnes qui khatent
avec toi et qui ont entendu ton histoire,
ils vont tous venir le voir. »
ANCIEN SOLDAT DU RÉSEAU UNIQUE, Tadjoura, 2019.

« Avant, on était tous riches ! Il y avait beaucoup
d'argent. La moto que tu vois là, je l'ai achetée
avec l'argent des clandestins. J'ai acheté beaucoup
de choses avec cet argent, j'avais sept motos !
C'était quand je travaillais pour eux [les passeurs],
j'avais un ami, un passeur au Yémen, un Arabe.
[…] Il me disait à chaque fois : "Tu veux quoi ?"
Je lui disais : "Je veux une moto." Si j'envoyais trois
personnes [migrants] comme ça, il m'envoyait
une moto. Deux motos ont été attrapées
par les gardes-côtes en 2012 […]. Et les autres,
après deux mois, trois mois, je les donnais à mes amis
ou des gendarmes qui me disaient : "Je n'ai pas
de moto, je veux une moto." Je disais :
"Attends, j'ai une moto toute neuve pour toi." »
ANCIEN PASSEUR, 2019, cafétéria de Djibouti.

« Quand je gagnais de l'argent avec ce travail,
j'étais souvent à Djibouti, pour quelques jours à peine.

Je traînais tous les soirs au *Casanova*, à l'*Ambassador*
ou au *Safari* [boîtes de nuit], parfois les trois
dans la même soirée. On faisait de grosses soirées !
On dépensait 200 000, 300 000 francs djiboutiens
[1 000-1 500 euros] en une soirée ! On payait tout :
l'alcool, la nourriture, les filles, les prostituées !
Moi, ce que j'aimais surtout boire, c'étaient des bières
et du gin. Ça nous arrivait d'aller au *Kempinski*
[palace de luxe]. On broutait tous les jours du khat,
des gros paquets de khat ! On buvait tout le temps…
c'est important pour avoir des idées.
Cette vie me manque, l'alcool me manque. »

ANCIEN PASSEUR, Obock, 2019.

« Je dépensais beaucoup en khat par semaine, 20 000,
30 000 francs par semaine de khat [100-150 euros].
Mais, au fond, je me disais toujours : un jour,
tout va disparaître. Tout notre système va disparaître,
alors il faut que je rende tout ça rentable.
Il faut que je fasse une maison pour rendre cela
durable. […] Avec l'argent que j'avais gagné,
je me suis construit une maison, c'était en 2015,
une maison de trois chambres sur le terrain
que mon père m'a laissé. C'est là, dans la cour,
que j'héberge les migrants. »

PASSEUR-HÉBERGEUR.

« Quand on fait ce métier, on n'a pas vraiment peur,
on ne voit que le profit, l'argent. C'était la belle
époque, hein. C'était de l'argent super facile.
D'un côté, cela me manque, oui. Si aujourd'hui,
j'avais la même occasion, c'était toute la ville que j'aurais
transformée. J'étais jeune quand j'étais passeur.
Là, maintenant, avec le temps, avec mon expérience,
les compétences… Tu vois, à l'époque, je ne savais
pas comment investir, je ne savais pas ce qui était
important dans la vie. Si j'avais le même capital,
je changerais beaucoup de choses. »

ANCIEN LIEUTENANT DU PASSEUR INITIAL.

L'enrichissement des passeurs et leur statut de bienfaiteurs rendent attractif le trafic de migrants au nord de Djibouti. De nombreux Tadjouriens ou Obockois proposent leurs services au Passeur initial, louant par exemple leur maison, un terrain en dehors de la ville ou simplement une cour pour héberger les migrants en transit le temps d'une nuit. D'autres sont recrutés directement pour répondre aux besoins accrus que génère l'essor de l'activité. Ils sont jeunes, souvent la vingtaine, en échec scolaire ou venant à peine de terminer leurs études. Ils formeront la seconde génération de passeurs, actifs à partir de 2011 et de 2012. Attirés par l'argent facile que le train de vie de leurs aînés leur fait miroiter, ils effectuent toutes les tâches pénibles que ces derniers ne veulent plus faire : surveiller les « casernes » la nuit, guider à pied les migrants dans le désert lorsque c'est nécessaire, conduire les voitures, etc. Les services de cette main-d'œuvre serviable et obéissante sont grassement rémunérés, chacun recevant plusieurs centaines de milliers de francs djiboutiens après à peine quelques semaines de travail.

Contrairement à la première génération de passeurs, marqués par la guerre civile et par l'expérience de la précarité, ces jeunes sont davantage soumis aux influences culturelles occidentales véhiculées par les médias, les films ou la musique. Ils ne se soucient guère de bâtir une maison, encore moins de répartir équitablement l'argent du trafic auprès de la population. Ils veulent simplement profiter de la vie et, pour eux, cela signifie flamber leur argent dans les loisirs et les plaisirs nocturnes. Ils se retrouvent chaque fin de semaine à la capitale, le plus souvent dans l'ancien centre-ville colonial où se concentrent magasins, restaurants, bars et discothèques, inondant la cité de l'argent du trafic.

La découverte de la capitale par les jeunes passeurs

Je n'étais jamais allé dans une boîte de nuit à Djibouti. Je pensais toujours [que] c'était pour les Français, les militaires qui avaient beaucoup d'argent et qui passaient beaucoup de temps à boire. C'est comme ça que je voyais les choses avec les amis à Obock. Je me souviens, quand j'étais petit, mes parents me disaient toujours : « Oui, tu iras à la capitale, mais attention, il y a beaucoup de choses qui ne sont pas pour nous. » Ma mère parlait des boîtes et des bars pour les Français. C'est contraire à l'islam et tout. J'ai répondu : « D'accord, d'accord, je n'irai pas. » Quand j'étais au lycée, il y avait le grand moment des clandestins. Tous les jeunes gagnaient de l'argent avec. J'y suis allé aussi et, en quelques soirs, je gagnais 300 000, 400 000 francs djiboutiens. C'est la première fois où je suis allé à Djibouti pour dépenser de l'argent avec les autres passeurs et les amis du lycée. C'était fou ! On pouvait tout acheter ! Quand j'avais beaucoup d'argent, je pouvais dépenser jusqu'à 30 000 ou 40 000 francs djiboutiens [150-200 euros] de khat par jour pour moi, pour les amis. S'il n'y a pas de migrants, les passeurs vont devenir comme la sécheresse, comme le désert de Djibouti.

J'ai tout découvert là-bas ! J'ai goûté la pizza, l'alcool, les femmes, tout ! On a fait toutes les boîtes, tous les restaurants avec l'argent des clandestins ! Tu connais le *Scotch* ? L'*Ambassador* ? Il y avait aussi le *New Delhi*, mais là il y avait beaucoup de militaires. L'*Ambassador*, il n'y a pas de militaires, c'était l'une de mes boîtes préférées. Tout le monde me connaissait là-bas. Dès que j'entrais dans une boîte, je commandais une bouteille de whisky et une bouteille de vodka pour la table. Tous les amis venaient, il y avait également les femmes éthiopiennes qui étaient dans les boîtes, elles venaient s'asseoir avec nous. Bien sûr, c'étaient des prostituées, mais moi, je n'aime pas trop les prostituées d'un soir… Les filles, j'aime les avoir un premier soir, un deuxième soir, un troisième, un quatrième, alors je leur donnais beaucoup d'argent pour qu'elles me restent fidèles. Il faut en prendre soin. Après, elle envoie son argent à sa famille en Éthiopie pour qu'un autre parte en Arabie saoudite. C'est tout un cercle… Je lui faisais beaucoup de cadeaux, j'étais un grand romantique !

On faisait toujours ça. On allait travailler la semaine avec les clandestins et le week-end on prenait la vedette [du khat] ou alors la voiture pour aller à Djibouti. J'avais le numéro de la fille du bar et je lui disais qu'elle devait être là pour moi ce soir. Je réservais une chambre au *Ménélik* sur la grande place, mais des fois on allait dans d'autres hôtels. Les gens ne veulent pas que tu viennes avec une prostituée, mais quand tu donnes beaucoup d'argent, ils font semblant, ils ne voient pas la femme ou ils l'appellent « madame » comme si on était mariés. C'était comme ça. On donnait de l'argent à tout le monde. On avait tous une femme comme ça qui nous attendait. Il y avait des passeurs qui changeaient toutes les semaines, et d'autres, ils avaient une femme comme moi. Un jour, un autre passeur a voulu ma prostituée, on s'est battus dans la boîte. Je lui ai dit : « Tu ne touches pas celle-là, elle n'est pas pour toi. » Il m'a dit : « Je gagne plus d'argent que toi, je veux la femme. » Et on s'est battus dans la boîte. J'ai gagné, car les gens de la boîte me connaissaient. La femme a dit [qu']elle voulait être avec moi. Je la traitais bien. C'était une bagarre avec l'alcool. On est repartis après à Obock et on a travaillé ensemble avec les clandestins. [...] La prostituée... je l'ai revue pendant plusieurs mois. Elle était toujours à l'*Ambassador* et, un jour, j'ai arrêté le travail des clandestins. J'ai eu des problèmes avec la police sur la route. Je n'avais plus d'argent et je ne pouvais pas revenir à Djibouti. C'était une vie mauvaise, tout ça, l'alcool, l'argent, le khat, les femmes... Maintenant, je reste au nord. Je n'ai pas d'argent, je n'aime pas marcher en ville sans pouvoir acheter comme avant. Djibouti, c'est pour ceux qui ont de l'argent !

ANCIEN PASSEUR, chez lui à Obock, 2018.

Les premiers passeurs, plus âgés, ne voient pas forcément d'un très bon œil la façon dont leurs nouvelles recrues dilapident l'argent à la capitale au lieu d'aider financièrement les populations de Tadjoura ou d'Obock. Chaque soir, ces jeunes dépensent plusieurs milliers d'euros sans compter. Dans les bars et les restaurants luxueux, ils rivalisent d'étalage avec la jeunesse dorée du régime djiboutien et les expatriés occidentaux. Et plus ils flambent, plus ils comptent d'amis qui les accompagnent dans leurs virées nocturnes. Convaincus comme leurs aînés que la manne du trafic est inépuisable, ils construisent leurs légendes nocturnes sur la surconsommation et l'art du gaspillage, certifiant autant leur richesse que leur générosité auprès de leurs proches, des serveuses ou des prostituées. En quelques soirs, ils fidélisent les habitués des lieux et deviennent les nouvelles célébrités de la nuit. Avec l'accès à la capitale, ils découvrent la liberté et le plaisir, l'alcool et l'ivresse, la sexualité et les relations affectives auprès des Éthiopiennes présentes dans les discothèques qu'ils fréquentent assidûment.

Au contact de ces dernières, certains jeunes passeurs apprennent les langues des migrants, principalement l'amharique, dont la connaissance leur permettra de gravir les échelons de l'organisation et, par la suite, leur donnera l'idée de s'émanciper du réseau unique pour se mettre à leur compte. Pour l'heure, l'abondance de l'argent du trafic conduit à sa dévalorisation. Les jeunes passeurs rentrent de leurs week-ends heureux de leurs excès et de la réputation que ceux-ci leur ont value, mais les poches vides. Ils retournent à leurs tâches subalternes au sein de la filière en rêvant de la fin de semaine suivante à Djibouti Ville et de ses plaisirs nocturnes. Ces allers-retours durent jusqu'à la fin de l'âge d'or, en 2013, leur laissant un arrière-goût amer.

Dernières confidences d'un ancien passeur dans un bar de Djibouti

Je me rappelle bien cette époque. Le matin, je sortais de chez moi à 9 heures, j'avais le nom et le code des maisons où sont les migrants, les clients. Chaque maison a son nom et son code pour les héberger. Je prends les contrats, un taxi et je pars récupérer l'argent aux différents points, pour les transferts d'argent, je veux dire. Il y avait des banques, des agences de transfert, des petits transferts sur le marché noir, tout un tas d'endroits où je récupère l'argent des migrants ou des passeurs. Je parcours la ville comme ça, en taxi avec mon sac. À la fin de la tournée, j'avais dans les 1 million, 2 millions au moins [5 000-10 000 euros], comme ça, en une matinée, tout cet argent dans un sac pourri. C'était de l'argent facile. De l'argent qui coulait comme une rivière. On en avait tout le temps, alors on s'amusait avec, on le dépensait : tu baises, tu broutes [du khat], tu bois, tu manges, tu invites tout le monde, tu fais la fête. Tu as toutes les louanges qui sont citées en ton honneur. Tu as tes amis qui sont par terre, qui te regardent avec des yeux qui brillent... Tout le monde t'obéit. Tout le monde t'adore. Tout le monde t'aime. Ils t'aiment plus que toi tu t'aimes. Après, les éloges, n'en parlons même pas. Et lorsqu'on s'adresse à toi... c'est par intérêt, de l'hypocrisie, car les vrais amis ne peuvent pas dire des choses comme ça. Les gens qui te respectent ne peuvent pas dire des choses aussi basses, aussi peu dignes pour eux. Ils te disent des choses comme : « Tu es le plus grand, président ! Tu es le plus beau ! » C'était dans les fables qu'on apprenait à l'école, La Fontaine : « Tout flatteur vit aux dépens de celui qui l'écoute. » C'est l'argent. Et tu penses que l'argent ne va jamais disparaître ! C'est comme si tu avais trouvé la lampe magique d'Aladin. Mais un jour, ça s'épuise.

À cette époque, je ne pensais pas que cela pouvait s'épuiser, vraiment, et quand cela est arrivé, oh… waouh… il n'y avait plus personne. Je n'étais plus président, je n'étais plus beau, je n'étais plus fort, je n'étais plus le plus grand. Il n'y avait personne ! Il ne me restait qu'un ami, un seul ami, oui, qui est resté à la fin. Du jour au lendemain, tu passes de dizaines et de dizaines de personnes à une seule personne. Voilà l'héritage de cette époque. J'étais devenu comme malade. Je ne savais plus rien faire. C'est lui qui me ramenait le goûter. La journée, j'attendais sa nourriture. Je n'avais même pas vingt ans et à la fin, quand j'ai tout perdu, j'étais devenu dépendant. J'avais toujours de l'argent et là, d'un coup, je n'avais plus rien, j'avais tout perdu. Je ne savais même plus comment on demandait de l'aide à des amis ou à la famille. Tu vois ? Je ne savais même plus comment demander quelque chose à ma famille. Avant, je donnais de l'argent et je disais : « Voilà, je veux ça, fais-le ! » Et la personne le faisait comme un esclave, comme si j'étais son maître. Mon ami m'a beaucoup aidé. Après ça, j'ai retenté deux, trois fois des coups avec les clandestins, mais cela n'a pas duré. Ce n'était plus la même époque.

Depuis, j'ai beaucoup appris, j'ai beaucoup changé. Aujourd'hui, je travaille sur comment on peut vraiment devenir indépendant, indépendant comme être hors du système, être hors du matériel. Les gens veulent ça, ce qui est matériel, ça montre qu'ils ont réussi. S'ils ont des choses, ils sont heureux. S'ils n'ont rien, ils seront malheureux. Moi, je veux être hors de ça. Tout cet argent, des millions, des millions par jour, comme ça, sans faire grand-chose, cela rend fou. Je gagne, je gagne. Je perds, je perds. Je me contente de peu, cela me va aussi. J'ai plein d'idées maintenant pour que je puisse vivre ma vie tranquille comme ça. L'argent va avec l'ignorance.

ANCIEN PASSEUR, restaurant de Djibouti, 2020.

Premier interlude

Passeurs d'histoires

L'histoire m'a été contée lors d'une séance de khat un soir de l'année 2019 à Tadjoura[1]. Les passeurs avec qui je me trouvais attendaient une communication du relais d'Assal pour aller chercher leur convoi de migrants. Sans nouvelles, ils tuaient le temps comme ils pouvaient, tantôt sur leurs téléphones portables, tantôt en regardant les émissions de la chaîne nationale à la télévision. Un des lieutenants du réseau, un « passeur d'histoires » comme je les appelle, a alors pris la parole pour me demander si je connaissais la véritable histoire du Passeur initial, celle qui n'est pas racontée dans la rue ou dans les *mabraz*. Sans attendre ma réponse, l'homme a débuté son récit : il commence en 2007, lors d'une rixe opposant un Afar djiboutien à un migrant éthiopien qui travaille à Tadjoura. Les raisons de leur différend ne sont pas connues du narrateur, mais très vite le ton monte, la bagarre éclate et, à force de frapper, l'Éthiopien finit par porter un coup mortel au Tadjourien. C'était un homme de la *fi'ma* de celui qui deviendra le Passeur initial et ce dernier, comme beaucoup d'autres jeunes, appelle à manifester dans les rues de Tadjoura. Convergeant vers le centre-ville, des groupes se forment, défilent et s'en prennent violemment aux Éthiopiens qu'ils croisent sur leur chemin. Sous l'impulsion du Passeur initial qui ne l'est pas encore, les jeunes ciblent les boutiques dans lesquelles les

1. Cet interlude reprend des éléments que j'ai développés dans « Histoires et récits du trafic de migrants : le *soft power* des passeurs djiboutiens », *Revue européenne des migrations internationales*, vol. 39, n° 4, 2023, p. 43-65.

Éthiopiens travaillent, tabassent les personnes qui s'y trouvent et bousculent ceux qui tentent de s'échapper. La police djiboutienne est forcée d'intervenir pour calmer les émeutiers, ce qui échoue visiblement puisque des affrontements éclatent également avec les « fédéraux », comme les nomme ce passeur d'histoires. Les jeunes Tadjouriens finissent par perdre la bataille. Si certains arrivent à fuir *in extremis*, d'autres sont arrêtés puis déférés à Gabode, la « célèbre » prison centrale de Djibouti Ville. Le Passeur initial fait bien sûr partie du fourgon.

Dans l'intimité de leur geôle obscure, le jeune rebelle rencontre un vieil homme qui a eu vent des récents affrontements à Tadjoura. Dès les premières heures, les deux détenus se lient d'amitié, partageant leur temps et leur nourriture. À ce point de son récit, le passeur d'histoires doute : l'aïeul était-il un Afar ? Un Somali ? Un membre d'un proto-réseau ? Un Éthiopien ? Un ancien trafiquant ? Le débat est lancé avec les autres passeurs présents dans la pièce, sans trouver de réponse. Quoi qu'il en soit, vient un jour où le vieux prisonnier entretient son compagnon d'infortune des migrants qui traversent le nord du pays : « Est-ce que tu savais que les Éthiopiens passent dans les collines de Tadjoura ? Dans la brousse ? Sais-tu que tu pourrais devenir riche ? » Ce préambule débouche sur un pacte : contre la promesse de recevoir en retour de l'argent et des cadeaux à sa sortie, le vieil homme propose à l'initié de lui détailler ses plans d'organisation d'une filière migratoire qu'il n'y aurait plus qu'à mettre en œuvre. Intrigué, le jeune pêcheur écoute son mentor lui exposer pendant plusieurs heures, peut-être même plusieurs jours, les rouages du commerce des migrants, le prix que ces hommes et ces femmes seraient prêts à payer pour être transportés vers la péninsule Arabique et la façon de construire un réseau. « Le vieil ami lui a expliqué plein de choses, lui a montré plein de choses, il a donné plein d'idées pour l'aider. » À l'issue de son instruction, le Passeur initial établit son « code de la migration » qui comprend toute l'architecture du futur réseau unique. Un mois après son incarcération, il est libéré et rentre à Tadjoura. Là, il réunit ses proches et leur promet la richesse. Séduits par le projet qu'il leur expose, ses amis pêcheurs comme ceux de sa *fi'ma* décident de le suivre dans les montagnes, en « brousse » ou dans le désert pour s'imposer comme intermédiaires auprès des proto-réseaux qui transitent alors dans le nord du pays. Depuis, le Passeur initial est devenu riche et, malgré les années, le vieil homme n'est jamais réapparu pour réclamer son dû. Le passeur d'histoires hésite à terminer son récit ainsi, avant d'ajouter que personne d'autre à Tadjoura ne l'a rencontré ni n'a jamais percé le secret de son identité. Aucun des passeurs arrêtés par la suite puis conduits à la prison de Gabode ne l'a retrouvé ; il aurait tout simplement disparu.

De nombreuses légendes circulent à propos du Passeur initial et de la genèse du trafic de migrants au nord de Djibouti. Si j'ai choisi celle-ci, c'est bien sûr en raison de sa tonalité faustienne. Le motif du pacte avec le diable mis en scène par Goethe connaît bien des variantes folkloriques à travers le monde, à l'instar de la légende du bluesman américain Robert Johnson recevant ses dons de guitariste d'une mystérieuse apparition. Il prend ici la forme de la transmission d'un savoir secret autant qu'interdit par un vieil homme dont la disparition laisse planer le doute sur son existence ou sa nature humaine. Mêlant des éléments potentiellement fantastiques à des événements qui ont eu réellement lieu, comme la mort d'un Afar au cours d'une rixe contre un Éthiopien et les représailles violentes des émeutiers tadjouriens, cette histoire s'est imposée comme un des mythes fondateurs du trafic de migrants au nord du pays, à côté d'autres récits mêlant imaginaire, fiction et réalité autour de la figure du hors-la-loi incarnée par un pêcheur démuni qui échappe à sa condition en développant un commerce illégal florissant.

Le Passeur initial n'est pas le seul héros des passeurs d'histoires. De nombreux récits, contés par leurs protagonistes ou par d'autres, mettent en scène les exploits et les aventures individuelles ou collectives des hommes du réseau qui flirtent en permanence avec le danger et la mort au cours de leur travail nocturne : les risques d'accidents de la route, les naufrages sur des embarcations surchargées, les arrestations et les courses-poursuites avec les gendarmes ou les policiers, les barrages et les affrontements avec des villageois ou d'autres passeurs, les vols de migrants et les règlements de compte qu'ils entraînent ou encore les tromperies des *dalals* éthiopiens ou yéménites. Pour échapper à ces dangers, se tirer d'affaire ou sortir victorieux d'une épreuve, ils doivent en permanence faire preuve de ruse et de bravoure. Chaque semaine, leurs tribulations nourrissent un recueil d'aventures et d'intrigues à conter. On pourrait penser que leur chronique reste confinée à la sphère du réseau pour éviter d'ébruiter les détails d'une activité illicite et potentiellement perçue comme criminelle, or ce n'est pas le cas. Ces histoires circulent au contraire bien au-delà, leur auditoire les transformant à sa guise pour en enjoliver, en omettre ou en amplifier certains traits.

Leur anthologie forme l'épopée des passeurs, construite à partir de chaînes de transmission orales, constituant ce que l'on pourrait nommer des « archives précaires », dont la beauté et la fragilité reposent sur le fait que les versions de ces histoires ne sont pas établies ni fixées dans le temps. Elles évoluent au gré des personnes qui les racontent, de leur mémoire, et de l'effet recherché sur l'assistance. Si certains conteurs en embellissent des épisodes, d'autres préfèrent passer sous silence des situations gênantes ou pénibles, comme les scènes humiliantes d'un naufrage ou d'une arrestation – à moins que ces péripéties ne servent par la suite à valoriser un retournement de situation ou le courage des protagonistes. L'oralité produit un matériau modulable et soumis à la charge émotionnelle et symbolique que charrient des récits où se mêlent vécu, mythification, théâtralité et discours politique subalterne. Leur construction n'en exerce pas moins une influence concrète sur le réel en façonnant un imaginaire collectif. La manière dont les passeurs (se) racontent modifie leur perception par la communauté et contribue à faire accepter leur activité.

En contant leurs aventures nocturnes pendant les séances de khat qu'ils organisent pour redistribuer l'argent aux populations du nord du pays, ils deviennent des héros populaires. À mesure que la parole se libère, les effets de la plante euphorisante favorisent la disparition de la frontière entre la réalité et la fiction. Tout en racontant les dangers qu'ils encourent et la peur qu'ils affrontent chaque nuit, ils les contrebalancent en romançant la façon dont leur audace personnelle ou la fraternité des autres membres du réseau leur permettent de s'en sortir. Devant un public majoritairement défavorisé qu'ils fidélisent à la fois par leurs largesses et par le feuilleton de leurs exploits, ils assoient ainsi leur nouvelle position de dominants tout comme leur réputation.

Dans le contexte du durcissement du régime autoritaire djiboutien où une oligarchie clanique privatise les ressources de l'État, il en faut peu pour que la gloire des passeurs revête une dimension politique aux yeux de chômeurs, de jeunes désœuvrés ou en échec scolaire, ou encore de professions déclassées comme les pêcheurs ou les bergers. Parmi les histoires transmises, ce public aime tout particulièrement celles mettant en scène des courses-poursuites avec les « fédéraux » ou celles qui tournent en dérision la loi, les fonctionnaires ou les institutions de l'État. Sous une forme burlesque, qui se différencie en cela de la résistance frontale incarnée par les rebelles du FRUD, elles acquièrent une portée contestataire à l'égard du pouvoir.

Dans une histoire entendue dans un café, des gendarmes établissent un barrage nocturne, le passeur l'apprend par un guetteur et décide de se moquer des gendarmes qui essayent de l'arrêter en les mettant sur une fausse piste ; ils tournent en rond toute la nuit dans l'immensité du désert djiboutien tandis que le passeur, qui s'est enfui depuis plusieurs heures déjà, dort tranquillement dans son lit. Dans une autre, racontée lors d'une séance de khat à Tadjoura, le passeur cache ses convois de migrants dans la maison d'un cousin député, lui faisant croire que ce sont ses employés de maison. L'homme politique, trop occupé à « khater » tous les après-midi et à dormir le reste du temps, ne se rend pas compte que ses domestiques changent régulièrement de visage, qu'ils n'ont pas la même voix et que, selon les jours, il y a plus de femmes, d'hommes, voire d'adolescents. Dans une troisième histoire, un ministre djiboutien intervient dans un meeting au stade d'Obock pour une campagne politique du Rassemblement populaire pour le progrès (RPP), le parti au pouvoir depuis l'indépendance. Bien qu'il sache pertinemment que les Obockois vont refuser de s'y rendre, il doit trouver une solution pour qu'il y ait foule et le temps presse, car l'événement sera retransmis à la télévision nationale dans quelques heures. Il y va de son honneur au gouvernement. Il tente de payer quelques notables locaux, mais sans succès. Il lui vient alors une idée de génie. Il va trouver un ami, patron d'un réseau à Obock, et lui demande de remplir le stade de ses migrants. Arborant des T-shirts et des banderoles aux couleurs du RPP fournis par le politicien, ceux-ci reçoivent la consigne de l'applaudir à chaque fin de phrase. Les journalistes présents filment ainsi un stade rempli de « faux Djiboutiens ». Le passeur d'histoires termine son récit en expliquant que le ministre aurait demandé de remplacer les Obockois par les migrants sur les listes électorales pour les prochaines élections. Enfin, dans une dernière histoire rapportée par un fonctionnaire dans un café à Djibouti, un passeur échappe de justesse à une arrestation nocturne par la gendarmerie. Il s'enfuit en laissant son convoi et son véhicule sur place, ce dernier étant tout de suite saisi par les autorités. Il se rend ensuite à Djibouti Ville pour réclamer sa restitution directement auprès d'un officier. Le gradé lui dit : « Alors c'est toi le passeur ?! Tu viens récupérer ta voiture ? Tu n'as pas peur de venir ici, chez moi ?! », ce à quoi le passeur répond : « Les Issas, ils ont Djib-live [un média d'actualité affilié au pouvoir central], nous, les Afars, on a Djib-clandestins, à chacun son business, on sera tous contents. » Surpris par une telle audace, l'officier explose de rire et accepte de lui rendre le véhicule sans l'arrêter. Le passeur transporte des migrants le soir même.

Toutes ces anecdotes participent à la construction d'un folklore local et d'une mythologie du peuple fondée sur la désobéissance et la dérision en contexte autoritaire[1]. Leur véracité importe moins que leur impact sur la société qui ne fait quant à lui aucun doute.

---

1. Michel Hastings, « Albert Cossery, une éthique de la défection », *Littérature*, n° 207, p. 5-18.

En cela, elles jouent un rôle fondamental de *soft power* du trafic. À travers leurs pratiques illégales, leurs actions d'éclat, leur manière de défier et de ridiculiser un État corrompu, la revanche sociale qu'ils prennent sur les dominants et la redistribution de richesse qu'ils opèrent en faveur des dominés, les passeurs créent un espace symbolique de résistance dont les populations se saisissent pour contester le pouvoir central tout en réactualisant l'image enjolivée du hors-la-loi au grand cœur – un simulacre de « bandit social » selon la thèse de l'historien Eric Hobsbawm[1]. À mesure que leur légende grandit, l'étiquette criminelle accolée à ces hommes disparaît pour laisser place à l'étendard de justiciers. La résistance populaire qu'ils incarnent demeure toutefois symbolique dans le sens où elle n'influence pas réellement les rapports de force établis ni durablement les conditions socio-économiques de leurs laudateurs.

Les passeurs sont conscients de l'importance de ces histoires dans la construction de leur aura[2]. S'ils n'hésitent pas à renforcer certains traits épiques ou héroïques de leurs péripéties nocturnes pour susciter l'admiration, ils savent aussi que leur réussite économique est le véritable socle du prestige dont ils bénéficient. Leurs histoires racontent avant tout l'ascension sociale d'un groupe d'hommes qui, partis de rien, ont su s'émanciper de leurs conditions initiales précaires, qu'il s'agisse de la pauvreté, d'un mauvais lignage ou d'une marginalisation quelconque, pour devenir des entrepreneurs à succès, dont la puissance ne cesse de grandir. Aux yeux de ceux dont ils ont partagé le sort, ils ont acquis un « pouvoir mérité », défini par Maurice Godelier comme celui que confèrent des exploits personnels aux « grands hommes » qui en sont capables, à l'inverse des individus qui héritent d'une position de pouvoir sans démontrer leur mérite et figent ainsi l'ordre social[3]. Le pouvoir conquis par

1. Eric J. Hobsbawm, *Les Bandits*, trad. Jean-Paul Rospars, Paris, La Découverte, 2008.

2. Lucia Michelutti et David Picherit, « Le bandit et ses mythes : la production collective du charisme violent », *Terrain*, n° 74, 2021, p. 4-21.

3. Maurice Godelier, *La Production des Grands Hommes*, Paris, Flammarion, 2009, p. 131.

les passeurs est certifié par leur accès à la « culture matérielle du succès[1] », qui va de l'achat d'une voiture, d'une villa ou d'un terrain aux dons massifs de khat et d'argent, et les positionne comme des acteurs à courtiser. Ces hommes incarnent les nouvelles figures de la réussite fondée sur une économie morale de la ruse et de l'illicite dans le contexte djiboutien, et plus généralement africain, de la crise du modèle classique de l'élite décevante représentée par le fonctionnaire ou l'intellectuel durant la seconde moitié du XXe siècle[2].

Les passeurs deviennent dès lors des modèles à suivre. Les Tadjouriens et les Obockois sont séduits par les perspectives d'enrichissement qu'ils leur font miroiter. Cet attrait est une aubaine pour le réseau qui, en manque de main-d'œuvre, cherche à susciter des vocations. Avec l'âge d'or, les passeurs d'histoires se font résolument propagandistes et favorisent le basculement de beaucoup dans une activité qui est de moins en moins perçue comme criminelle et de plus en plus comme un vecteur honorable d'élévation.

Le rendez-vous avec la postérité du Passeur initial

Qu'importe ce qu'il s'est passé, il faut que tu comprennes, le Passeur initial, c'était déjà un leader quand il s'est lancé dans ce business. Il s'est lancé avec son *leadership*, avec ses valeurs, avec son autorité. C'est son autorité qui l'a propulsé, car tout le monde le respecte ici. Quand on dit le Passeur initial, tout le monde s'incline, tout le monde sait ce qu'il a fait pour nous, pour Tadjoura. Il a une place dans le cœur de chacun. En une soirée, 10, 20 millions de francs djibout', et il redistribuait comme ça. À Djibouti, ceux qui mangent les millions de l'État, ceux qui volent l'argent du peuple, l'argent des Djiboutiens, ceux qui ne payent pas les factures d'électricité parce qu'ils connaissent machin, ceux qui disent : « Il ne faut pas boire ! », alors que leurs enfants sont en boîte tous les soirs

1. Michael Rowlands, « The consumption of an African modernity », *in* Mary Jo Arnoldi et Kris L. Hardin (dir.), *African Material Culture*, Bloomington, Indiana University Press, 1996, p. 188-213.
2. Richard Banégas et Jean-Pierre Warnier, « Nouvelles figures de la réussite et du pouvoir », *Politique africaine*, vol. 2, n° 82, 2001, p. 5-23.

avec l'argent des Djiboutiens, tous ceux-là qui disent que le travail des clandestins est mal, ces gens-là ne connaissent pas le Passeur initial. Ils n'ont jamais parlé avec lui, ils n'ont jamais vu cet homme. Quelqu'un qui a gagné 10, 20 millions de francs djibout' et qui redistribue comme ça… sans rien demander en échange. Jamais quelqu'un de l'État ne ferait ça. On a mis les plus grands voleurs au gouvernement djiboutien.

Le Passeur initial a montré à tout le monde ici ce qu'était une parole, l'honneur, ce qu'étaient les valeurs… Il nous a enseigné la générosité, d'être proche ensemble. Aujourd'hui, il n'a rien, tu as vu comme il est ? Il khate un peu, ce sont ses anciens passeurs qui lui donnent du khat, ce sont les Tadjouriens qui lui donnent du khat pour le remercier de tout ce qu'il a fait pour nous. Il aura toujours du khat, tous les jours, car on sera là pour lui. Le Passeur initial… même la police, même la gendarmerie l'appellent « Monsieur ».

TADJOURIEN, 2019.

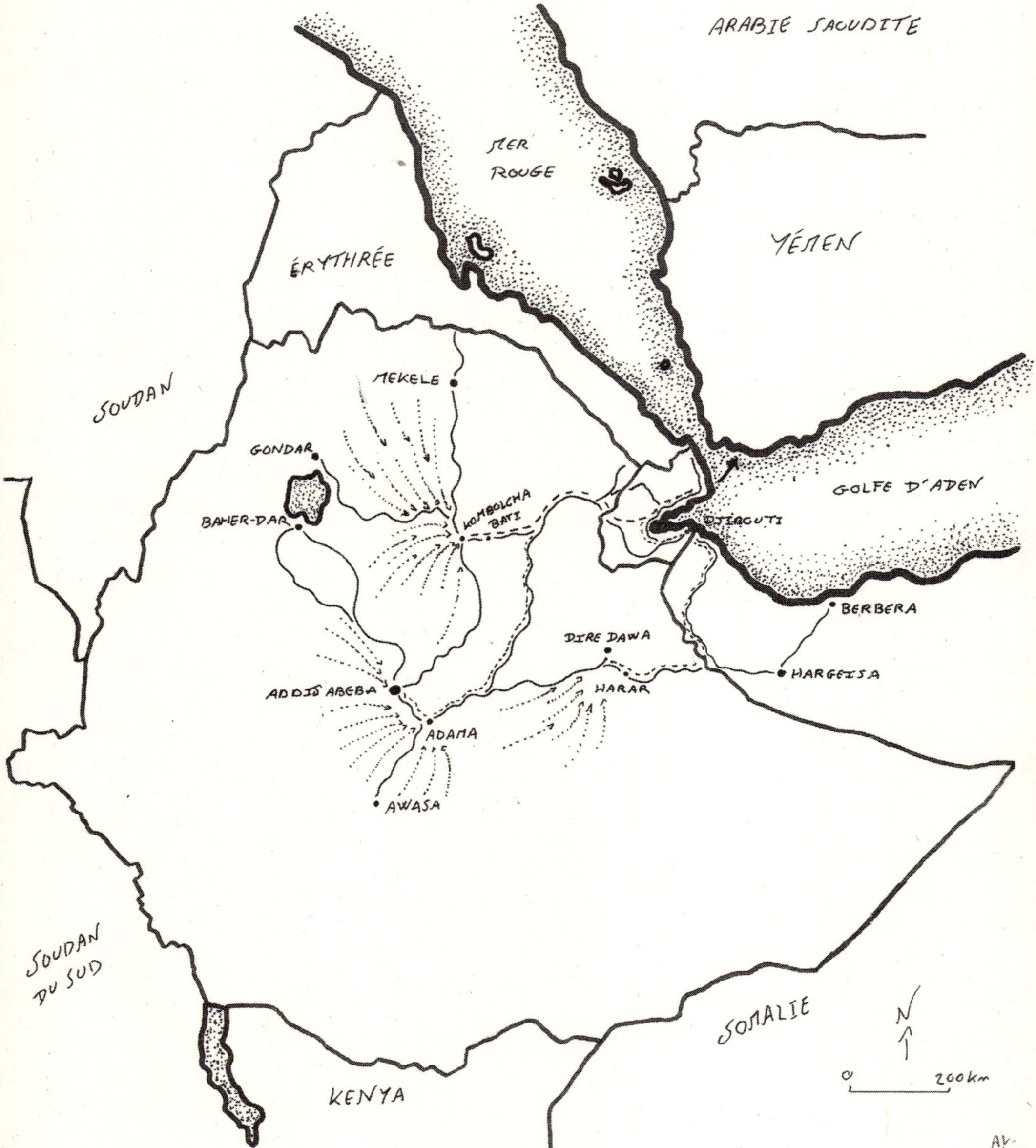

Les migrations éthiopiennes

Chapitre 4

La libéralisation du trafic (2013-2015)

> « Le soleil se lève et se couche. Le pouvoir, c'est comme le soleil : un jour, on l'a et, un jour, on le perd. La réussite, c'est de savoir le lâcher, d'accepter de le perdre. Le Passeur initial a eu cette classe-là. »
>
> ANCIEN LIEUTENANT DU PASSEUR INITIAL

L'âge d'or porte en lui-même les racines du chaos futur[1]. Alors que les passeurs djiboutiens vivent dans l'abondance, ils ne se rendent pas compte de l'évolution de la situation migratoire en Éthiopie ni des premières difficultés rencontrées par les *dalals* pour maintenir leur hégémonie. Or ces difficultés vont se répercuter sur l'ensemble des relais du trafic de migrants, notamment à Djibouti, où le réseau unique va devoir tenter, tant bien que mal, de s'adapter. Parallèlement, les passeurs tadjouriens sont eux-mêmes pris dans leur propre tourmente : leur enrichissement soudain a aiguisé les appétits et beaucoup se rêvent désormais à la tête de leur propre réseau, au point pour certains de défier l'autorité du Passeur initial.

Les premiers migrants installés en Arabie saoudite ou de retour de la péninsule popularisent une image de réussite socio-économique dans une Éthiopie où la surpopulation des campagnes engendre des conflits fonciers, la pauvreté et l'exode rural. La migration s'impose de plus en plus comme un exutoire, bien au-delà des régions habeshas.

1. Georges CANGUILHEM, *Le Normal et le Pathologique*, Paris, PUF, 2020 [1966], p. 229.

L'eldorado saoudien fait rêver de nouvelles populations vivant dans les régions oromos, éloignées du territoire sur lequel les premiers *dalals* éthiopiens exercent leur contrôle. Ces derniers tentent bien de s'y implanter, mais leur méconnaissance spatiale, culturelle et linguistique ne leur permet pas de s'imposer face à la concurrence que représente l'émergence de *dalals* locaux. Dans un premier temps, selon les témoignages des passeurs djiboutiens, les *dalals* historiques – les anciens proto-réseaux – semblent relativiser leur échec. En effet, si les Oromos représentent un marché migratoire potentiel de plus de 30 millions d'habitants, ils sont bien moins fortunés que les populations habeshas et, souvent, ils ne peuvent pas s'acquitter de la somme demandée pour migrer jusqu'en Arabie saoudite. Pourtant, dès l'année 2012, de nouvelles plaques tournantes migratoires apparaissent en marge de l'itinéraire principal. La ville d'Adama, anciennement Nazareth, devient le point de ralliement et de départ des Éthiopiens de la capitale, Addis-Abeba, et de son aire urbaine tentaculaire qui s'étend sur plus d'une centaine de kilomètres. À l'est, la ville de Dire Dawa, à mi-chemin entre la capitale et la frontière djiboutienne, draine les populations oromos et somalies des plateaux du Harar. Si ces deux plaques tournantes migratoires sont moins réputées que celle de Bati, elles se développent rapidement, prenant de plus en plus d'ampleur à partir de l'année 2013 et tout au long du reste de la décennie du fait des persécutions infligées aux Oromos par l'État fédéral éthiopien. N'étant pas ou peu affiliées aux réseaux historiques, ces nouvelles plaques tournantes déploient leur propre itinéraire vers Djibouti, ainsi que leurs propres réseaux d'intermédiaires et chamboulent de fait l'équilibre historique construit entre *dalals* et passeurs.

Pour assurer la rentabilité de leur commerce migratoire, les *dalals* recrutent des rabatteurs allant de place de marché en place de marché dans les zones rurales pour « vendre la migration ». Ces conteurs de bonne aventure décrivent les succès économiques de migrants éthiopiens ayant fait fortune au Yémen ou en Arabie saoudite. Certaines de ces histoires sont vraies et les recruteurs n'hésitent pas à citer telle ou telle personne qui aurait ouvert un commerce ou construit une villa dans telle ou telle ville. D'autres sont inventées pour entretenir le mythe d'une réussite garantie. L'affaire conclue entre le rabatteur et le candidat à la migration, ce dernier est mis en contact avec le *dalal* – ou ses seconds – chargé d'organiser son départ et de veiller à sa sécurité au cours du voyage. Une fois que le *dalal* s'est assuré de la solvabilité du candidat, la famille de celui-ci a la possibilité de transférer la somme convenue au réseau ou de la verser par tranches à chaque passage de frontière aux différents « propriétaires » installés dans les États successivement traversés. Ce modèle général connaît des variantes selon les accords négociés, les marchandages et les pratiques locales. Dans tous les cas, il repose sur la confiance et la réputation acquises par les *dalals* au fur et à mesure de l'arrivée saine et sauve des convois au Yémen et en Arabie saoudite. Si les premiers *dalals* accomplissent leur travail avec une certaine rigueur, les nouvelles générations connaissent davantage de difficultés à mesure que l'essor du secteur s'accélère. Leur réseau est à construire et les cas de faux *dalals*, d'arnaques ou de vols se multiplient. Des personnes se prétendent rabatteurs, encaissent l'argent des migrants sous forme d'acompte puis disparaissent ou fournissent des indications géographiques vagues de l'itinéraire à suivre.

L'expansion du marché migratoire en Éthiopie entraîne la diversification des offres de voyage et la nécessité pour ces nouveaux acteurs d'ouvrir d'autres routes. Si certains tissent des alliances avec les *dalals* historiques ou sont recrutés par eux pour s'implanter dans les régions non encore quadrillées, d'autres doivent construire leur propre réseau en entrant en contact avec des intermédiaires djiboutiens, puis yéménites. Pour ce faire, ces apprentis *dalals* ou des hommes de confiance se font passer pour des migrants en s'engageant dans les convois déjà constitués par d'autres filières : il arrive ainsi souvent que ceux transitant à Djibouti contiennent des agents camouflés, dont la mission est de reconnaître l'itinéraire et de nouer des relations à chaque relais traversé. Toutefois, en prenant la route, ces agents embarqués ne recueillent pas uniquement des contacts pour monter leur affaire ; ils subissent la condition du migrant et encourent les risques de la traversée. Autrement dit, la migration devient pour ces hommes un rite de passage, qui les forme de l'intérieur aux réalités du trafic et leur permet d'acquérir l'expérience nécessaire pour l'entreprendre en connaissance de cause. À leur façon, ces nouveaux *dalals* reprennent à leur compte le couple mobilité spatiale/mobilité sociale qui permet de partir pour mieux rester en développant de nouvelles opportunités économiques et en incarnant, finalement, les modèles de réussite qu'ils vendent aux migrants.

Des appels téléphoniques depuis l'Éthiopie

« Quand le réseau s'est développé partout en Éthiopie, ils ont fait d'autres branches où tout le monde pouvait participer, où tout le monde envoyait ses migrants. Avant, la technologie n'était pas comme maintenant. Il n'y avait que ceux qui se connaissaient qui pouvaient travailler ensemble. Aujourd'hui, il y a WhatsApp, Internet. Il n'y a plus de problèmes de communication ou de transfert d'argent. Il y a eu des nouvelles branches grâce à la technologie : celle du Nord, celle du Sud, d'autres régions. Le patron reste chez lui, mais il a des gars qui bougent. Lui peut communiquer avec le Yémen et l'Éthiopie. Alors il tisse des [nouveaux] liens comme ça avec les autres. Il l'appelle ici : "Je veux travailler avec toi." Ainsi de suite, les gens se sont connectés. »

ANCIEN PATRON DE RÉSEAU, Djibouti Ville, 2020.

« Il y avait des passeurs qui venaient comme ça, dans les groupes qu'on transportait [en voiture] ou à pied. Ils se déguisaient en migrants, ils ressemblaient aux migrants, on ne pouvait pas faire la différence. Ils étaient comme eux. Il y a toujours des migrants qui posent des questions, tu vois ? Ils posent des questions et nous, on pensait que c'était juste pour savoir, parce qu'ils avaient peur de la route, de la police, de la mer, de plein de trucs.

Mais il y avait ceux qui posaient les questions pour savoir et construire leur réseau. Plusieurs jours après, tu reçois un coup de fil, c'est eux qui t'appellent depuis l'Éthiopie, ils te proposent un business. À toi de voir… »

L'AFFRANCHI, Tadjoura, 2019.

« Un jour, j'ai reçu un appel de quelqu'un qui m'a appelé du Yémen ; il avait construit son propre réseau. À ce moment-là, je travaillais pour le Passeur initial. Le *dalal* au téléphone m'a dit : "Travaille pour moi sur ce réseau et tu auras plus d'argent pour toi tout seul." J'ai répondu oui. Je voulais de l'argent. J'ai travaillé pour lui quelques années, deux ans, deux ans et demi, quelque chose comme ça. Puis un jour, il m'a appelé, j'ai reçu un autre coup de fil, et il m'a dit : "C'est fini, je rentre." Il est rentré en Éthiopie, et moi je me retrouvais avec un réseau mort. C'était fini pour moi aussi. »

ANCIEN PATRON DE RÉSEAU, Tadjoura, 2018.

À Djibouti, l'année 2013 s'ouvre sur les premières tensions au sein du réseau unique. L'apparition de nouveaux *dalals* proposant des itinéraires différents et un prix de passage moins élevé entraîne de nombreux débats entre passeurs. Si certains craignent une diminution de la rente financière et l'instabilité consécutive à la trahison des *dalals* historiques dans l'éventualité d'une alliance avec leurs concurrents, d'autres font valoir le potentiel démographique et donc économique que représente l'immense marché migratoire oromo. Une entente est trouvée permettant de maintenir l'unité : les passeurs djiboutiens acceptent de faire affaire avec d'autres réseaux éthiopiens s'ils obtiennent d'eux le maintien d'un prix fixe de 50 000 francs djiboutiens par migrant à Tadjoura. Les négociations n'aboutissent pas toujours et les *dalals* qui refusent ces conditions cherchent à contourner le réseau tadjourien par les stratégies d'infiltration évoquées plus haut. Ignorant encore la ruse, les passeurs djiboutiens concentrent pour l'heure leurs efforts sur le développement de nouveaux relais. Les premiers convois envoyés du sud et de l'est de l'Éthiopie atteignent Djibouti par la frontière sud. Depuis Dire Dawa, les migrants les moins fortunés empruntent l'ancien chemin de fer djibouto-éthiopien jusqu'à son terminus, la ville de Dewele, à 6 kilomètres de la frontière. Ensuite, ils suivent à pied l'ancien tracé du rail jusqu'à la capitale djiboutienne. D'autres, plus fortunés, ont recours à des véhicules qui passent par le Somaliland pour atteindre Djibouti par le poste frontalier de Loyada, à une vingtaine de kilomètres au sud de la capitale.

Le réseau tadjourien s'adapte tant bien que mal à ces nouveaux points d'entrée situés en territoire somali, loin du pays afar et des postes frontaliers plus fiables de Galafi et de Balho. Ces nouveaux itinéraires positionnent surtout Djibouti Ville comme une étape obligatoire où les passeurs doivent donc parvenir à s'implanter. Il faut accueillir les migrants qui arrivent à pied, depuis le train éthiopien, ou en allant les chercher directement à la frontière avec le Somaliland. Il s'agit ensuite de pouvoir les héberger en ville pendant quelques jours afin de s'assurer qu'ils puissent payer la somme requise, avant de les transporter à Tadjoura où ils verseront l'argent pour continuer leur route. Or toutes ces opérations nécessitent le développement d'une branche logistique à Djibouti Ville, ce qui apparaît complexe. Si les jeunes peuvent facilement y dépenser leur fortune le week-end, y organiser une activité illicite est plus délicat. Les Afars y sont en minorité, la capitale étant le lieu du pouvoir central avec lequel les relations de clientélisme sont plus difficiles à nouer pour de simples passeurs. Toutefois, le Passeur initial peut s'appuyer à la fois sur le quartier populaire d'Arhiba et sur les jeunes membres de son réseau lassés de leur dur labeur au nord et séduits par les charmes de la ville.

Le quartier d'Arhiba est l'un des lieux les plus adéquats de la capitale pour y héberger des migrants. Surpeuplé, il est habité en majorité par des Afars et les passeurs y ont de nombreuses attaches familiales ou amicales. Lieu de contestations et de manifestations politiques, il est perçu comme dangereux par les forces de l'ordre qui, par conséquent, évitent de trop s'y déployer. De plus, de nombreux migrants éthiopiens, travailleurs sans papiers, y sont déjà installés depuis plusieurs années, ce qui offre un camouflage aux convois de passage. Quant aux jeunes passeurs, ils s'avèrent être les plus disponibles pour mettre en place la logistique nécessaire. Ils désertent de plus en plus le nord de Djibouti qu'ils trouvent ennuyeux depuis que leurs virées de fin de semaine leur ont permis de goûter au mode de vie urbain. Quand ils ne dorment pas en bonne compagnie à l'hôtel, ils logent chez de la famille ou des amis à Arhiba où ils retrouvent de jeunes Afars, également en échec scolaire ou sur le point de le devenir, qu'ils recrutent.

Il ne reste aux passeurs qu'à organiser le transport entre la capitale et le nord du pays. Il leur est impossible d'avoir recours aux méthodes privilégiées par le réseau en territoire afar. La route est fortement surveillée par la police et la gendarmerie du fait des nombreux camions transitant entre l'Éthiopie et le port de Djibouti. Il faut donc établir des contacts avec des transports collectifs plus ou moins officialisés, qui relient la capitale aux deux villes du Nord. Contre rémunération, ces minibus en viennent ainsi à transporter quotidiennement quelques migrants au milieu des Djiboutiens. Si les forces de l'ordre ne décèlent pas le stratagème au début, elles finissent par le comprendre et exigent bientôt des pots-de-vin aux chauffeurs aux barrages routiers.

Toutes ces adaptations poussent les membres du réseau djiboutien à courir de plus en plus de risques. L'intégration plus ou moins forcée de Djibouti Ville dans l'itinéraire du trafic fait évoluer leur rapport au territoire : les passeurs n'ont plus entièrement le contrôle, les risques d'arrestation sont plus nombreux, les pertes de migrants sont plus importantes et, enfin, le Passeur initial et ses proches sont obligés de s'en remettre à de jeunes passeurs, souvent inexpérimentés, moins sérieux et au mode de vie dissolu. Témoin de ces difficultés, la rumeur du transport irrégulier de migrants se répand très rapidement au sein des équipes mobiles des forces de l'ordre et le nombre de contrôles effectués augmente fortement entre la capitale et le lac Assal. Les transports collectifs sont arrêtés à chaque barrage et doivent s'acquitter d'une taxe – parfois même quand il n'y a aucun migrant. Cependant, malgré ces désagréments et les risques encourus à Djibouti par les passeurs, l'appât du gain l'emporte.

Une aventure au sud de la frontière djiboutienne

Une fois, ça a été la galère, la vraie. C'était du côté du Somaliland, à la frontière sud de Djibouti, vers Loyada, tu connais ? C'est à une vingtaine de kilomètres d'ici. C'est la seule fois où je me suis rendu au Somaliland pour régler un problème. J'étais à Djibouti à ce moment-là pour le réseau, je travaillais pour le Passeur initial. Il y avait un problème, les migrants qui passaient par là-bas [par le Somaliland] étaient tombés dans une embuscade avec leurs passeurs. Les [douaniers] somaliens les ont stoppés à la frontière et là, ils leur ont volé l'argent de poche et, après, direction la prison. C'est ça, le sud ; passer par le sud, c'était risqué, ce n'est pas comme par les territoires afars.

Comme j'étais en poste à Djibouti, c'était à moi de m'occuper de ça. Je devais libérer le réseau : je pars au Somaliland vers midi, j'arrive à la frontière, les douaniers m'ont empêché de passer. Ils m'ont dit que je ne pouvais pas entrer et tout ça. Je reste bloqué quelques minutes et là, au loin, j'ai vu un vieux qui piétinait ; le gars passait comme ça, en brousse, sans passer par le poste douanier. Je l'ai suivi dans la brousse. Je suis rentré au Somaliland comme ça : j'ai parlé un peu avec lui, je lui ai dit que j'étais étudiant et que je voulais visiter le pays. Il a dit au gars de la frontière : « Cet enfant est mon fils. Il vient me voir, il faut le laisser passer. » C'était un vieux du village d'à côté, alors ils [les douaniers] l'ont écouté.

Il me restait le plus dur, chercher mon contact pour les migrants et les passeurs. C'est une personne assez connue là-bas, mais les gens ne savent pas qu'elle travaille avec les clandestins. Je demande au vieux de la frontière s'il la connaît, son nom et, oui, il m'emmène la voir dans son village. J'arrive devant le contact et je lui dis : « C'est moi le passeur, je suis ton contact à Djibouti. » Elle ne voulait pas me croire. Elle a pris le numéro de son passeur, elle a appelé et mon téléphone a sonné. Voilà, j'étais en contact avec elle. La femme m'a indiqué où était mon passeur et mes migrants arrêtés par la police somalilandaise. Ils avaient été tabassés comme pas possible. Je lui ai dit que j'étais justement là pour les récupérer, pour le convoi de migrants qui devaient passer la frontière, aller à Djibouti, à Tadjoura et tout ça. Fallait refaire marcher la machine. C'était coincé, comme un engrenage qui saute.

J'avais de l'argent, je suis allé les faire sortir de prison, j'ai payé l'amende et j'ai récupéré le convoi ; je l'ai envoyé dans la nuit. Mon contact m'a beaucoup aidé pour ça, elle connaissait tout le monde, elle était respectée et elle a dit [aux policiers] que c'était une affaire qui concernait uniquement Djibouti. C'est grâce à elle [que] j'ai pu envoyer le convoi dans la nuit. Moi, je suis resté et j'ai passé la nuit chez elle au Somaliland. Le lendemain, quand j'ai voulu rentrer, je ne pouvais plus. Je suis allé à la frontière le matin, je voulais faire comme la veille, passer par la brousse, mais j'étais seul avec ma chemise et mon sac à dos. Le douanier n'a pas voulu me laisser passer. Il m'a dit : « Viens, viens ici, tu pars où ? » Je lui ai dit que je partais à Djibouti : « Comment ça ? Tu pars à Djibouti ? » Je lui ai dit que j'étais venu hier après-midi pour brouter du khat, il est moins cher ici, et j'ai voulu rentrer mais je ne savais pas que la frontière fermait à 6 heures, donc j'avais passé la nuit ici. Je lui ai dit que je rentrais à Djibouti : « Voilà, regardez mes affaires, je n'ai pas d'argent, je suis étudiant ; tenez, ma carte d'étudiant, je dois aller en cours à l'université. » Il ne m'a pas cru. Il m'a dit que j'étais un trafiquant, j'ai répondu que c'était faux et j'ai même juré ! Il m'a dit : « Je connais les trafiquants comme toi : si tu ne me donnes pas 200 000 francs [1 000 euros], tu ne peux pas rentrer chez toi. On sait que tu es un trafiquant et que tu as de l'argent. » Il m'a arrêté, il m'a mis à la cabane des soldats pour attendre l'argent.

J'ai demandé à appeler ma famille au village. Il a voulu que je laisse mes affaires ici. Je l'ai fait. Je suis parti chez mon contact. C'était une personne importante, très respectée comme je t'ai dit. Je suis allé la voir et je lui ai dit qu'on m'avait arrêté : « Qui t'a arrêté ?! » Elle s'est mise en colère, elle est partie tout de suite vers la frontière. Quand on est arrivé, il y avait le responsable du poste qui était là, il était heureux de la voir. Il lui a demandé comment elle allait, elle a répondu : « Y a mon neveu qui est venu me voir hier et là, il vient de me dire qu'on l'arrête et qu'il ne peut pas rentrer ! » L'officier n'était pas content du tout, il a engueulé ses soldats : « Mais laissez-le ! Laissez le petit rentrer à Djibouti ! Il doit aller à l'université ! Vous voulez priver l'Afrique de cerveaux ?! » Ils m'ont tout de suite laissé passer, je suis parti sans pouvoir dire au revoir ni remercier mon contact. J'étais stressé, je voulais quitter le Somaliland. De l'autre côté de la frontière, c'étaient des Afars en poste, alors ils m'ont tout de suite laissé passer. Je leur ai dit : « J'étais parti hier soir pour le khat du Somaliland, l'effet du khat m'a pris la tête et après la frontière était fermée. Maintenant, je veux rentrer à Djibouti. » J'ai montré ma carte d'étudiant et je suis rentré comme ça. Entre-temps, les migrants étaient arrivés à la capitale dans la nuit.

Le plus important, c'était de libérer la voie. Plus les passeurs arrêtés étaient coincés là-bas, plus la facture allait être salée. Il ne fallait pas perdre de temps. Les migrants ont programmé leur argent depuis le départ. Ils ne pouvaient pas rester comme ça. Je suis parti là-bas juste pour les libérer, j'ai suivi un plan pas possible. J'ai été payé quand ils sont passés… De cette aventure, j'ai pu m'acheter un T-shirt et un jean. C'est tout, rien de plus. Pour quarante migrants. J'avais un ami qui était sur le coup avec moi, au relais suivant. Lui, il n'a pas eu les mêmes problèmes. À la fin, il a eu l'argent, il s'est barré à Addis-Abeba pour fêter ça. Il m'a envoyé plein de photos des bars, des boîtes et des filles ; et moi, je n'ai pu m'acheter qu'un jean et un T-shirt… La belle époque.

Ancien lieutenant du Passeur initial, dans un bar de Djibouti, 2020.

C'est dans cette période de transformation du réseau que la présence des *dalals* camouflés au sein des convois commence à menacer la stabilité du réseau unique. Leurs prises de contact auprès des passeurs djiboutiens incitent ces derniers à s'émanciper du réseau unique. La fin de l'âge d'or illustre ainsi paradoxalement une période de grandes espérances pour ceux, nombreux, qui désirent s'établir à leur compte. Parmi ces hommes, ce sont les jeunes qui, gagnant peu à peu en expérience, aspirent le plus à l'autonomie et aux richesses qu'elle semble promettre. L'unité du réseau unique se délite d'autant plus que la première génération de passeurs est de moins en moins présente sur le terrain et finit par perdre de sa légitimité aux yeux des nouvelles recrues. Après avoir enseigné aux jeunes les rudiments du trafic, les anciens leur ont délégué l'ensemble des tâches nocturnes pénibles et fatigantes tandis qu'ils restaient à Tadjoura, supervisant de loin la logistique et la gestion du trafic. Face à cette répartition du pouvoir, du travail et de l'argent, les jeunes passeurs s'estiment déconsidérés, exploités et lésés. Le Passeur initial prend conscience de ces tensions et, pour dissiper le mécontentement naissant, décide de scinder la filière en ce qui s'apparente à des filiales. Il choisit parmi ses lieutenants quatre passeurs (cinq d'après l'extrait ci-dessous) selon leurs mérites et leur attribue à chacun ce qu'ils appellent une « attache » du réseau, afin qu'ils maintiennent l'activité à son plus haut rendement. Parmi ces hommes, on retrouve des fidèles de la première heure et des jeunes de la nouvelle génération qui ont su gagner sa confiance.

De la division du réseau à la trahison : la transgression de R.

R. c'est lui qui a ouvert la porte à la confrontation. C'est lui qui a montré qu'on pouvait chier dans la main de celui qui nous donne à manger. C'était le premier gars à qui le Passeur initial a donné une chance. Il lui a distribué une attache de son réseau. Au début, c'était à lui et à un cousin du Passeur initial. Après il y en a eu d'autres : moi, l'Affranchi, A., mais R., c'est le premier gars à l'avoir trahi. Après, on a tous été baisés par l'Affranchi plus tard. [...] Dès que R. a eu son attache, il a fait comme si de rien n'était, il s'est associé avec un autre en Éthiopie. Il a préféré faire équipe avec lui plutôt qu'avec les Tadjouriens. C'était le premier à faire ça. Par exemple, toi et moi, on est amis, on fait du commerce ensemble, mais si moi, je m'associe avec une autre personne, je lui donne de la valeur, je deviens ton concurrent. C'est comme ça, il a préféré faire du chiffre avec l'Éthiopien plutôt que de rester fidèle au Passeur initial. C'est devenu son ennemi. Voilà. R., c'était le premier à transgresser, à passer outre l'interdit du Passeur initial ; il a voulu faire son propre commerce, il ne voulait plus répondre aux ordres. Cela a duré un peu, puis il s'est éteint. Le Passeur initial a préféré s'appuyer sur d'autres personnes, sur moi, sur l'Affranchi. Il a donné les clés du réseau à d'autres personnes, mais c'était trop tard, tu vois ?

Avec R., il y avait eu quelque chose : il avait transgressé et c'était un choc pour nous. Il avait donné de la valeur à la trahison, à la transgression, quoi. Il avait ouvert la porte à beaucoup de choses chez nous. Après, les attaches qu'on recevait tous, on avait le choix. À un moment donné, le Passeur initial avait toute la jeunesse tadjourienne avec lui. Il y avait ceux qui avaient roulé avec lui dès le début et il y avait des arrivistes qui ont fait surface. C'est mon avis, mon opinion : ces gens-là, les arrivistes, ils sont arrivés ici, ils ont essayé de trouver une place de confiance près du Passeur initial. L'homme leur donnait quelques miettes, et ils en voulaient toujours plus. Mais R., c'était un fidèle de la première heure, un gars qui avait tout construit avec le Passeur initial, mais il voulait être son propre chef, faire son propre business et c'est comme ça, on a vu qu'un fidèle, un proche du Passeur initial pouvait le trahir. R., c'est l'héritage qu'il nous a laissé : la trahison et la liberté d'entreprendre[1].

LIEUTENANT DU PASSEUR INITIAL AYANT REÇU UNE « ATTACHE ».

En réalité, dès l'âge d'or, en 2012, le Passeur initial et certains de ses proches commencent à ressentir une certaine lassitude. L'augmentation du nombre des convois, les fonctions d'organisation qu'ils concentrent entre leurs mains et les contraintes sociales du statut que le succès leur a valu les éreintent. Le partage du réseau permet donc d'alléger la pression qu'ils subissent. Sa réorganisation est pourtant jugée bancale par ses membres pour deux raisons. Premièrement, si le partage calme temporairement les attentes des lieutenants à qui une « attache » a été dévolue et celles des passeurs qui ont été promus dans leur sillage, il amplifie la frustration des autres. Deuxièmement, si ces nouveaux patrons gèrent désormais directement la logistique, les effectifs ou encore les relations avec les différents relais du territoire djiboutien, le Passeur initial garde la main sur les communications avec les *dalals* étrangers et un contrôle sur les transactions. Plus précisément, il laisse à ses responsables de filiale la possibilité de redistribuer l'argent du trafic comme ils l'entendent, mais peut exiger, sans justification, qu'ils le lui remettent. S'affrontent ici deux visions : au souci du Passeur initial et de ses proches de redistribuer massivement l'argent à la communauté s'opposent des volontés d'accaparement personnel. Aussi, pour imposer sa conception, le Passeur initial n'hésite pas à user de son droit d'ingérence. Sous la pression, il finit toutefois par transmettre les contacts téléphoniques des *dalals* éthiopiens et yéménites. En vain. Au fil des mois de l'année

1. Ce n'est qu'en mars 2022 que j'ai su où je pouvais trouver R. pour avoir son point de vue sur l'histoire. Je connaissais l'homme de vue et j'avais souvent parlé avec lui. J'ignorais néanmoins quel rôle il avait joué dans l'épopée des passeurs et il était malheureusement trop tard pour recueillir son témoignage.

2013, les revendications se durcissent face à un chef de plus en plus contesté.

C'est dans ce contexte tendu que les nouveaux *dalals* éthiopiens avancent leurs pions. Leurs agents embarqués prennent peu à peu conscience des divisions internes du réseau djiboutien et entreprennent de circonvenir les passeurs tentés par la sécession. La situation de monopole institutionnalisée par le réseau unique vacille au moment où les *dalals* contactent les nouveaux patrons de filiales pour changer d'intermédiaires de transit. Le Passeur initial se rend bien compte de ces manœuvres et du danger qu'elles représentent : l'éclatement du réseau et la libéralisation du marché. S'il tente de renforcer sa tutelle en ordonnant le maintien des conditions du trafic, notamment le prix du passage, il se heurte aux ambitions personnelles, aux querelles d'ego et à l'appât du gain. Dans une mise en abyme, le conflit se répète à l'échelle de chaque « attache », les nouveaux patrons étant confrontés à la jalousie de ceux qui aspirent à le devenir. Les premiers gardent précieusement les numéros des *dalals* transmis par le Passeur initial afin d'accaparer le plus de migrants. Les seconds mettent tout en œuvre pour créer leur propre réseau. Parmi ceux qui n'ont pas été débauchés par les espions camouflés au sein des convois, certains partent en Éthiopie à la recherche de *dalals* pour leur proposer d'être leurs intermédiaires à Djibouti. Apparaissent alors des ébauches de réseaux aux mains de passeurs solitaires ou de lieutenants qui jouent double jeu en maintenant parallèlement leur position au sein de la filière historique. Face au délitement de son monopole et à la captation de ses convois, le Passeur initial comprend que la fin approche.

Une économie de marché commence à prendre forme. Le système, dont la stabilité était fondée sur les avantages collectifs du réseau unique, se fracture au gré des nouvelles relations qui se nouent entre les passeurs djiboutiens dissidents et leurs homologues éthiopiens. Le nombre de réseaux secondaires plus ou moins autonomes frôle la dizaine au cours de l'année 2014. La concurrence qui s'instaure entre eux conduit leurs patrons à diminuer le prix de la prestation pour conquérir des parts de marché et, par une inversion du rapport de force antérieur, permet aux *dalals* d'imposer leurs conditions. Le droit de passage perçu à Tadjoura commence à décroître en quelques soirs seulement, passant de 50 000 francs djiboutiens par migrant à 45 000, puis 40 000, 35 000, etc. Au bout de quelques mois, en 2015, il se stabilisera autour de 10 000 francs djiboutiens, à peine 50 euros, soit cinq fois moins qu'à l'origine.

Las, le Passeur initial observe l'effondrement du réseau unique avec détachement. Les *dalals* historiques avec qui il faisait affaire depuis 2007 se détournent de lui, préférant traiter avec des intermédiaires plus accommodants. Les *dalals* yéménites profitent également de la situation pour imposer à leur tour leurs conditions de passage à partir de 2015, comme on le verra prochainement. Pour l'heure, la libéralisation du marché satisfait les appétits des passeurs ambitieux, en dépit des désagréments de la chute des prix. Face à cette dernière, le Passeur initial se retire du trafic de migrants, mettant fin *de facto* au réseau historique qui ne se maintenait plus que difficilement. Il quitte l'épopée avec son Second et ses fidèles, laissant la place aux jeunes.

Le morcellement du réseau unique

« La distribution des tâches et du réseau était
en quelque sorte une récompense. Ils n'étaient pas
nombreux à l'avoir. Je veux dire, quand [le Passeur
initial] a distribué, ils n'étaient pas nombreux.
Cela a été divisé en quatre parties, trois ou quatre
parties. C'étaient les meilleurs qui avaient été choisis.
Moi, je suis resté avec lui [le Passeur initial].
Je ne voulais pas une partie du réseau. Lui non plus,
il ne voulait pas m'en donner une. Il voulait que je reste
avec lui. On était ensemble depuis le début.
C'est à partir de ce moment-là que les gens
ont commencé à mettre le nez dans son travail. »

SECOND DU PASSEUR INITIAL, plage à Tadjoura, 2019.

« Il avait déjà fait ses affaires depuis plusieurs années.
Il s'était reposé parce qu'il pensait que toutes
ces choses-là resteraient : le trafic, les migrants,

l'argent. Le gars, en une seule soirée, il pouvait
faire 10 millions, 20 millions de francs djibout'
[50 000-100 000 euros], et le gars le distribuait comme
ça, sans garder 1 franc pour lui. Tout ce que ce gars
cherchait, c'était la richesse qu'il pouvait avoir dans
le cœur de l'autre, une place dans le cœur de l'autre.
Cela a marché pour lui, et ces gens-là,
ils ont essayé de profiter de cette générosité-là.
Donc, pour qu'ils puissent avoir une place, ils devaient
s'opposer [au Passeur initial]. Il était comme la Lune,
alors leur seule possibilité était d'être une étoile,
au-dessus de la Lune. Donc tu n'es plus sur la Terre. »
ANCIEN LIEUTENANT AYANT REÇU UNE « ATTACHE », Djibouti Ville, 2020.

« [Le Passeur initial], on ne l'a pas renversé,
il nous a laissé la main. Il nous a juste passé la main.
Il ne voulait plus continuer. C'étaient des personnes
comme moi, les nouveaux chefs, on s'imposait
quand on voulait quelque chose. On utilisait la force,
pas la voie diplomatique. Quand on a eu assez
de moyens, de savoirs, on a voulu s'assumer d'une autre
manière. C'est comme ça que nous avons pu avoir
le pouvoir. […] On a reçu des coups de fil de l'Éthiopie
et tout s'est fait comme ça… Dans ce travail,
tout le monde a été responsable, et c'est comme ça
qu'on a eu ce qu'on voulait. [Le Passeur initial]
et ses hommes, ceux qui lui sont restés fidèles,
ils ont laissé la main, les autres étaient seuls,
seuls responsables du réseau et de leurs actes. »
PATRON DE RÉSEAU, Tadjoura, 2019.

« Les gens viennent toujours voir [le Passeur initial]
pour savoir s'il a encore du travail à donner.
Il a distribué son réseau de passeurs à cinq,
six personnes. C'était son premier écartement voulu
du réseau, prendre un peu de recul,
puis il a été supprimé totalement,
ça, ce n'était pas voulu. Il a joué, il a perdu. »
ANCIEN PASSEUR, Tadjoura, 2019.

VERS OBOCK
RN 14
ELANO
MARSAKI
GABLASSAN
BADAF
OUED MARSAKI
NOUVEAU PORT
OUED MAGALÉ
GOLFE DE TADJOURA
EN PROVENANCE DU GHOUBBET
RN 9
ITINÉRAIRE DES RÉSEAUX
N
0
200 m.

Tadjoura

Chapitre 5

Une contre-histoire de la chute du réseau unique

> « Ali Sabieh, Manda, lac Assal, petit à petit, [le Passeur initial] a tout perdu : les postes frontières, Ali Sabieh, c'était trop loin. En 2015, ça a été sa dernière année. »
>
> PASSEUR

> « Tout le monde lui avait tourné le dos, sauf quelques personnes. La nature humaine, l'ignorance... Si ces hommes avaient des principes, des valeurs, leur morale ne leur permettrait pas de faire ça. Ils n'agiraient pas comme ça. Ils auraient montré plus de cœur et de respect. »
>
> ANCIEN LIEUTENANT DU RÉSEAU UNIQUE

Le chapitre précédent évoquait la libéralisation du trafic et l'effondrement du réseau unique, somme toute pacifiquement, depuis le point de vue des fidèles du Passeur initial. Dans la version des événements que donnent de leur côté les séditieux et dont je vais maintenant retracer la contre-histoire, le navrement résigné laisse place à la violence, à la rancœur et aux conflits quasi œdipiens entre le Passeur initial et un de ses jeunes bras droits, l'Affranchi – comme il s'est lui-même qualifié une fois lors d'un entretien –, aidé par les lieutenants à qui le chef à l'autorité contestée a distribué le réseau à partir de 2013.

Pour comprendre la nature des affrontements entre passeurs, il faut les replacer dans le système de valeurs et la structure de pouvoirs auquel ils se réfèrent. Malgré les formes de l'État moderne héritées de l'époque coloniale, les sociétés afares ont su maintenir leurs institutions coutumières précoloniales, les sultanats, pour préserver leurs traditions. Reconnu par l'État djiboutien, le sultanat de Tadjoura dans lequel se déroule cette épopée correspond plus ou moins aux limites administratives du district éponyme et, comme celles de Goba'ad et de Raheita, ses autorités coutumières peuvent incarner des contre-pouvoirs politiques au pouvoir central. L'opposition entre les deux ne doit cependant pas être durcie. Comme l'écrit Jean-Pierre Warnier, si elle était constante durant la période coloniale et les premières années d'indépendance, elle tend désormais à se résorber dans une « puissante synergie[1] ». Il arrive ainsi fréquemment que les élites traditionnelles s'imposent en parallèle ou à l'intérieur de l'État et de l'administration[2]. Aussi, dans le cadre djiboutien, les sultanats représentent souvent des instances de médiation lorsque le gouvernement doit gérer un désaccord qui l'opposerait à la population locale.

Au sein de cette société coutumière, le sultan (*dardàr*[3]) et le vizir (*banòyta*) sont les figures les plus respectées. Les conditions d'accession à ces positions sont strictes. Au sein des sept tribus[4] afares de Tadjoura, seule la tribu noble des Adàli dispose d'un tel privilège et seulement deux fractions (sur douze) peuvent prétendre occuper ces fonctions : les familles Burhanto et Dinitté. Ces titres

1. Jean-Pierre Warnier, « Chefs de l'Ouest et formation de l'État au Cameroun », *in* Claude-Hélène Perrot et François-Xavier Fauvelle-Aymar, *Le Retour des rois. Les autorités traditionnelles et l'État en Afrique contemporaine*, Paris, Karthala, 2003, p. 318.

2. C.-H. Perrot et F.-X. Fauvelle-Aymar, *Le Retour des rois, op. cit.*, p. 9.

3. Le mot « sultan » est une traduction française du terme *dardàr*, lui-même emprunté au persan *sardar* : « qui tient tête » (Didier Morin, *Dictionnaire historique afar (1288-1982)*, Paris, Karthala, 2015, p. 181).

4. Bien que le terme de « tribu » soit chargé d'une certaine connotation historique négative, c'est celui qu'emploient la plupart des Afars pour catégoriser les composantes de leur peuple. Les Somalis, eux, préfèrent parler de « clan ».

étant interchangeables, lorsque le sultan burhanto décède, son vizir dinitté le remplace et l'héritier burhanto devient le nouveau vizir, et ainsi de suite. L'élite coutumière héréditaire des Adàli gouverne donc un ensemble de sept tribus et, en son sein, deux familles se partagent la régence. Comme une tribu est construite sur des mécanismes d'entraide et de solidarité entre ses membres, la situation conduit *de facto* à des rapports inégalitaires entre tribus, les Adàli entretenant un rapport privilégié avec l'administration djiboutienne du fait de sa position au sein du sultanat. Ces avantages se traduisent par l'accès facilité à certains postes administratifs, à certaines ressources de l'État ou à des passe-droits dont les autres tribus ne disposent pas.

Bien que l'activité soit illégale, le trafic de migrants n'échappe pas à ces catégorisations hiérarchiques. Le Passeur initial est un Adàli ; il fait partie, ne serait-ce que symboliquement, de l'élite coutumière. Quant aux autres passeurs, ils sont issus des autres tribus et, pour une majorité, appartiennent aux *irok oba*, catégorie et terme péjoratifs qui désignent les « gens de la brousse ». C'est dans ce contexte d'inégalité tribale que le Passeur initial tire une certaine légitimité de son lignage noble pour asseoir son pouvoir au sein du réseau. S'il n'y a pas forcément de liens explicites entre l'homme et le sultan ou son vizir, sa simple appartenance lui confère une aura et, en tant que gestionnaire de l'argent du trafic, il offre à sa tribu un pouvoir supplémentaire du fait du devoir de solidarité auquel il est prioritairement astreint à son égard. Par conséquent, les inégalités entre tribus se reproduisent dans les relations entre passeurs au sein du réseau djiboutien et dans les principes de redistribution de l'argent à la population. Loin de déstabiliser les liens de dépendance et les rapports de domination, le réseau unique les renforce, figeant l'ordre social.

L'ombre du « tribalisme » et la colère des *irok oba*

« Il y a quelques décennies, Tadjoura se limitait
à Badaf, à la pêcherie de Tadjoura, et on n'avait
que deux quartiers : Galahato et Sharahito.
Toutes les personnes qui n'habitaient pas ces deux
quartiers étaient des étrangers, des gens de la brousse.
Les urbains disaient que les gens de la brousse
étaient inférieurs à eux : des *irok oba*. Il y avait
de la ségrégation. Les nouveaux patrons,
certains venaient des nouveaux quartiers : Elamo,
et tout. D'autres avaient un parent d'origine
éthiopienne, ce qui était pire encore.
C'était comme ça avant, maintenant cela a changé,
un peu. Quand on te dit que ta mère est éthiopienne
ou somalie, tu es exclu à l'extrême, pire qu'un *irok oba*.
Le trafic pour ces patrons, cela leur a permis
de s'affranchir de ça. Les gens les respectaient.
Ils ne pouvaient plus se moquer d'eux
car ils allaient leur demander de l'argent. »
ANCIEN PATRON DE RÉSEAU, bar de Djibouti Ville, 2020.

« [Le Passeur initial], c'était le tribalisme. La tribu
du sultan, les Burhanto. [Le Passeur initial] donnait
la priorité aux personnes de sa tribu pour l'argent.
Il y avait beaucoup de jeunes comme nous
qui passions toute la nuit à travailler, tout ça
pour que l'argent aille dans les poches des Burhanto.
Tout l'argent que [le Passeur initial] gagnait,
c'était grâce aux jeunes, à moi, à tel passeur,
à [l'Affranchi]… On travaillait tous les jours et l'argent
partait pour des personnes qui ne travaillaient
même pas et qui pouvaient nous regarder de haut
en disant qu'on était des passeurs et pas eux. »
LIEUTENANT DE RÉSEAU, séance de khat, 2019.

« [Le Passeur initial], en une soirée, il pouvait donner
1 million [de francs djiboutiens, 5 000 euros]

pour sa tribu ! Comme ça ! Là, son cousin l'appelle d'une boîte de nuit à Djibouti Ville : "Cousin ! Je n'ai plus d'argent ! Tout le monde rigole de moi ! Mais je suis ton cousin, non ?! Fais quelque chose !", et il hurlait au téléphone. [Le Passeur initial] réagit, l'honneur est en jeu : on lui accorde 200 000 [1 000 euros]. On lui envoie. Et qui lui envoie ? C'est l'Affranchi. C'est lui qui doit dire : "[Le Passeur initial] a dit de lui envoyer 200 000, alors envoie-lui le crédit." Et [l'Affranchi], il ne pouvait rien avoir. Mais son cousin [au Passeur initial], est-ce qu'il travaillait la nuit ? Non. »

HOMME DE MAIN DE L'AFFRANCHI, Tadjoura, 2019.

« Le problème du [Passeur initial], c'est qu'il est tombé dans le tribalisme. [Le Passeur initial] finissait par distribuer tout son argent à des personnes de sa tribu qui travaillaient à Djibouti Ville, au port de Djibouti, à des personnes qui travaillaient pour l'État… [les Adàli]. Il accueillait des gens de la capitale qui venaient pour le week-end ou quelques jours. [Le Passeur initial] leur donnait de l'argent trop facilement : 200 000 francs djiboutiens [1 000 euros], mais nous, tous ceux qui travaillaient pour lui, tous les *dalals*, il ne nous donnait pas beaucoup d'argent ; on travaillait beaucoup, les fonctionnaires de l'État ne travaillaient pas beaucoup, ils touchaient leur salaire et, en plus, [le Passeur initial] leur donnait de l'argent, gratuitement ! Nous, nous étions tous les soirs au travail, mais nous n'étions pas de sa tribu. »

LIEUTENANT DE RÉSEAU, Tadjoura, 2019.

« [Le Passeur initial] prenait toujours l'argent de [l'Affranchi]. Un jour, [l'Affranchi] s'est dit que s'il ne renversait pas [le Passeur initial], c'est que tout ce travail, tout l'argent gagné ne servirait à rien. Ce serait à chaque fois remis à zéro sur le compteur. Alors, il a essayé au début, cela n'a pas marché. Ils l'ont frappé, lui et ses hommes, et nous, on n'a rien fait. On était tous choqués. Ce jour-là, tout a changé. Quand [le Passeur initial] nous a appelés [pour le travail], plus personne ne répondait. Il s'est retrouvé tout seul, [le Passeur initial]. Quand tu vois que ton régime a changé, qu'un soir, tu décides de rentrer chez toi et que tu regardes dans ton coffre, qu'il est vide, tu as compris ton erreur. Il n'avait plus rien ! Rien ! Et [l'Affranchi] le savait, il savait tout ! Il savait où partait l'argent, où [le Passeur initial] donnait, à qui, pourquoi, aux Adàli, et [l'Affranchi] savait qu'il n'avait plus rien. »

LIEUTENANT DE RÉSEAU.

La fin de l'âge d'or correspond à une privatisation de plus en plus visible de la rente du trafic par les Adàli au moment où les bénéfices de l'activité commencent à stagner du fait des ajustements du réseau à l'évolution du contexte migratoire éthiopien et de la diminution du nombre de migrants de passage à Tadjoura (63 000 pour l'année 2013). Plutôt qu'un véritable détournement, il s'agit d'un déséquilibre : la part distribuée à la population baisse alors que celle réservée à l'élite se maintient, voire s'accroît. Si, au temps de l'âge d'or, tout le monde pouvait s'enrichir ou, du moins, percevoir de l'argent du trafic, à partir de 2013, selon les passeurs contestataires, seule une caste de privilégiés continue d'en tirer profit. Un fossé se creuse entre ceux qui s'épuisent à la tâche et une noblesse coutumière, plus ou moins intégrée à l'administration de l'État, qui juge indigne d'elle de travailler dans le trafic et en accapare pourtant les bénéfices. La captation de la rente pose ainsi les fondements d'une contestation politique de la part des *irok oba*.

Le sultan au secours du Passeur initial

Un jour, le sultan s'est énervé. D'un coup, il a dénoncé des passeurs de Tadjoura ! Mais il n'a pas dénoncé [le Passeur initial]. Ils sont de la même tribu. Il ne pouvait pas. Ils sont cousins éloignés et, dans leur famille, ils se protègent. [Le Passeur initial] lui donnait régulièrement de l'argent, beaucoup d'argent, pour ses affaires, ses voyages en Éthiopie ou à Djibouti. Quand son cousin a commencé à perdre de plus en plus d'influence face aux autres passeurs, le sultan a dénoncé deux-trois personnes, des grands *dalals* [patrons de réseau], pas des petits. C'étaient eux qui avaient repris le commerce, des réseaux différents, des quartiers différents. Je ne sais pas trop comment cela s'est passé, mais ils ont été condamnés à deux ans de prison. Un a accepté de faire un an par respect du sultan, un autre a fait un mois de prison et il est sorti après. Il y avait le décès d'une personne de sa famille. Les autres avaient tous de bons avocats. Je me souviens qu'ils avaient demandé pour quels crimes ils avaient été mis en examen pour deux ans sans jugement. On leur a répondu « affaire d'État », mais, en réalité, ils ont compris que c'étaient deux ans de sécurité pour [le Passeur initial], pour refaire son commerce. Mais c'étaient des bons passeurs, ils étaient invisibles. Il n'y avait aucune preuve de leur activité nocturne. Cela nous a montré que le sultan était plus proche de l'État et du gouvernement que des Afars. C'est là qu'on s'était dit que c'était du tribalisme.

ANCIEN LIEUTENANT DE RÉSEAU ayant été présent
lors des arrestations, Tadjoura, 2019.

Pour se libérer de la tutelle tribale des Adàli qui accaparent les fruits de leur travail, les passeurs contestataires cherchent donc à développer leur propre activité. Pour calmer les revendications, le Passeur initial distribue comme on l'a vu certaines « attaches » de son réseau à quelques lieutenants, mais, en gardant la main sur la gestion de l'argent et le contrôle des communications avec les *dalals* étrangers, il ne leur laisse en réalité aucune autonomie. Selon certains, durant cette période, entre 2013 et 2014, le réseau unique prend même un virage autoritaire, ce qui ne fait qu'aiguiser les frustrations, ainsi que les tensions entre nouveaux patrons faussement indépendants et passeurs s'estimant lésés.

Face aux lieutenants plus âgés fidèles au Passeur initial, la nouvelle génération tente de s'imposer. Parmi ces jeunes, l'Affranchi, prend bientôt le *leadership* de l'opposition. À la tête d'une « attache », l'homme suggère de développer une version *low-cost* du trafic en l'ouvrant aux populations oromos, certes moins riches que les Habeshas, mais plus nombreuses. Ce projet suppose d'ajuster l'itinéraire et l'organisation du réseau, notamment de revoir à la baisse le prix du passage, baisse qui serait compensée par l'augmentation du nombre de migrants à faire transiter. Se heurtant à un refus, l'Affranchi décide de passer outre la voie hiérarchique et communique directement avec des *dalals* en Éthiopie pour leur proposer de faire affaire. En s'émancipant ainsi de la tutelle du Passeur initial, l'Affranchi renonce simultanément à sa protection. Percevant l'action de son jeune lieutenant comme une trahison, le chef historique décide de lui reprendre son « attache » et de le priver de ses contacts ou de son aide pour développer son activité.

L'histoire du point de vue de l'Affranchi

On s'est pris la tête. Comme j'avais travaillé dans l'armée d[u Passeur initial], j'avais déjà de l'expérience et j'avais préparé mon business, mon plan de travail pour améliorer le réseau. Et la façon dont je travaillais était différente de celle d[u Passeur initial]. Ils [ses lieutenants] lui ont dit : « Ce gars, il va aller loin, il faut l'arrêter dès maintenant sinon on va tout perdre. » Comme [le Passeur initial] m'avait donné ses réseaux pour que je m'en occupe à sa place, il m'a tout repris. Il m'a laissé à terre. Après, je me suis débrouillé moi-même. Comme je n'avais rien, j'ai tout recommencé. Il y avait des migrants qui venaient comme ça, dans les groupes qu'on transportait ou à pied. Il s'agissait des passeurs éthiopiens déguisés en migrants qui faisaient la route. Ils cherchaient de bonnes personnes [à Tadjoura et à Obock] pour créer de nouveaux réseaux. Un de ces passeurs est venu me voir : je l'avais déjà fait passer une fois, quand il était déguisé en migrant et il m'a contacté après. [...]

Ce passeur déguisé en migrant, c'était un Éthiopien, un Oromo. Il m'a vu [quand] je le transportais en voiture. La deuxième fois, il est venu à la frontière de Guélilé [au sud de Djibouti]. Il a demandé mon numéro et il m'a appelé de là-bas. Il avait onze personnes à faire passer. J'ai pris ces onze personnes, on a beaucoup marché et je les ai emmenées jusqu'à Tadjoura. J'ai eu plein de problèmes avec lui quand je les ai amenées à Tadjoura : les autres passeurs n'ont pas du tout apprécié mon [nouveau] réseau. [...] On a eu quelques problèmes : on a frappé mon passeur éthiopien. Ils l'ont menacé : « Il ne faut pas travailler avec lui une deuxième fois, si tu veux travailler, c'est avec nous. Tu ne dois pas faire passer avec lui. » Ils l'ont frappé pour montrer qu'ils étaient plus forts que moi. Ils l'ont tabassé. Un passeur regarde celui qui prend la responsabilité, celui qui le défend et tout ça, mais j'ai eu beaucoup de chance : j'ai pu passer mes onze migrants avec lui car j'avais eu de l'aide.

Il y avait un ami à moi [R.]. C'était un des lieutenants d[u Passeur initial], de la même tribu que lui, mais il a eu un problème avec lui, comme moi. C'était un rescapé. Il était contre [le Passeur initial]. [...] J'avais trouvé un allié. On s'est mis ensemble, je lui ai dit : « J'ai ça, ça et ça, on va manger ensemble. Tu vas avoir ce que moi je trouve. » On a commencé, on a fait passer quelques personnes avec l'Éthiopien [le passeur oromo]. Le monsieur, on l'a bien accueilli, on a pris ses gens [migrants] et on les a fait voyager. L'Éthiopien est parti, il est revenu deux jours plus tard et il a ramené quarante personnes, quarante personnes et deux guides. Il est reparti et revenu : quatre passeurs, cent quatre-vingts personnes et comme ça, petit à petit, ça a augmenté. Lorsque qu'on a eu un peu de force dans notre réseau, on a renversé [le Passeur initial].

L'Affranchi reconstruit son réseau. Contacté par un passeur oromo, il se rend à plusieurs reprises en Éthiopie, obtient des contacts parmi les *dalals* oromos, les invite à plusieurs reprises à transiter avec lui par le nord de Djibouti pour leur montrer l'intérêt d'un tel itinéraire. Avec des hommes qui lui sont restés fidèles, il transporte son premier convoi d'Oromos, onze personnes, sur le sol djiboutien, lançant le premier réseau indépendant de Djibouti en dehors du réseau unique. Face à une telle audace, le Passeur initial n'hésite pas : la trahison de l'Affranchi exige une punition. Ses hommes s'attaquent physiquement au convoi, au passeur éthiopien présent et à l'Affranchi, qui en réchappe *in extremis*. Le Passeur initial voulait faire un exemple, qui dissuaderait toute velléité d'autonomie. Cette réponse violente a cependant de tout autres effets. Jamais aucun passeur n'avait osé frapper un des siens et, en rompant cet interdit, le clan ne se rend pas encore compte qu'il vient d'instaurer de nouvelles règles du jeu.

Paradoxalement, la violence devient libératrice. Ce n'est pas un régime de terreur qui s'installe mais bien le champ des possibles qui s'élargit. En réponse à la bastonnade, l'Affranchi détourne les convois de migrants éthiopiens du Passeur initial ou des autres filiales. Les patrons de ces dernières l'imitent rapidement. L'Affranchi puis d'autres, suivant ses méthodes, se rendent sur les lieux où les convois patientent avant d'être récupérés par le relais suivant ; là, ils se présentent comme les passeurs attendus et volent la cargaison de migrants afin d'obtenir les contacts des *dalals* éthiopiens. À peine rentrés à Tadjoura, ils appellent ces derniers et se font passer pour les intermédiaires à qui il faut verser l'argent. Lorsque le Passeur initial s'en rend compte, il tente à nouveau de restaurer son autorité par la force, mais en vain. À mesure que les passeurs djiboutiens dissidents multiplient les contacts avec des *dalals* éthiopiens ou yéménites, le processus de libéralisation du trafic devient irréversible.

L'Affranchi tire profit de l'instabilité. Il fédère les passeurs contestataires, ceux qui ont déjà pris leur liberté, ceux qui aspirent à se mettre à leur compte et ceux que le réseau unique a mis au ban en raison de leur indocilité et dont le nombre ne fait qu'augmenter. Tous prônent la liberté d'entreprendre. Les échanges et les rencontres entre le clan des fidèles et celui des dissidents deviennent de plus en plus houleux et il n'est pas rare qu'ils se terminent par des heurts. Le Passeur initial est quant à lui conscient que la concurrence par le « vol de migrants » et la négociation à la baisse du prix de passage signifient la perte de souveraineté des passeurs djiboutiens sur l'échiquier géopolitique du trafic en mer Rouge.

L'histoire du point de vue de l'Affranchi (suite)

À ce moment-là, il y avait plein de gens qui étaient contre lui [le Passeur Initial]. Il y avait des passeurs qui voulaient travailler chacun à leur façon, comme ils voulaient, sans recevoir des ordres. Il y avait d'autres passeurs qui ne voulaient plus du monopole du [Passeur initial]. Il y avait plein de Tadjouriens qui voulaient travailler comme nous, devenir passeur et gagner de l'argent. C'était pareil à Obock : la plupart des passeurs avaient été mis en place par [le Passeur initial], mais ils voulaient travailler comme ils voulaient. Tous étaient contre [le Passeur initial].

Plein de passeurs venaient me voir pour me demander conseil. Je leur ai donné des conseils, des idées, de comment on fait ce travail, quelles techniques, comment on fait passer. Un jour, tous ces gens [les passeurs de Tadjoura], je les ai ramenés chez moi, je les ai mis ensemble. Je leur ai dit : « Je ne vous ai pas appelés pour que vous travailliez avec moi, j'ai appelé personne pour qu'il travaille avec moi. Je vous ai appelés pour qu'on puisse tous travailler librement. » À tous ces gens, je leur ai dit : « Vous voulez travailler librement ? Vous ne voulez plus de monopole ? Nous sommes tous libres de travailler comme nous voulons ! Nous sommes tous libres ! »

Je les ai appelés pour leur donner du moral, pour bouger, pour combattre ensemble et faire tomber [le Passeur initial]. [...] D'après lui, j'avais fait plein de calculs, j'avais caché beaucoup de choses et j'avais utilisé les autres passeurs contre lui. Les gens ne pensaient pas ça de moi, ils savaient la vérité : moi, j'ai travaillé durement sous [le Passeur initial], je lui ai fait gagner beaucoup d'argent et il m'avait tout pris. Il m'avait renvoyé à la case départ, il ne voulait pas que je travaille comme je voulais. Il ne voulait pas que les gens travaillent librement. Ça a été la guerre entre nous.

Vient enfin l'année 2015, celle du renversement du Passeur initial et de l'effondrement du réseau unique. Les bagarres nocturnes entre passeurs se multiplient et, à la diminution de plus en plus importante du prix de passage concédée par les réseaux dissidents aux *dalals* étrangers, le réseau historique répond par une surenchère de violence. Les hommes du Passeur initial improvisent des barrages à l'entrée des villages ou de la ville de Tadjoura pour en interdire l'accès aux convois qui échappent à leur contrôle. S'ensuivent des négociations qui laissent très vite place à des affrontements. Ces scènes se reproduisent d'une nuit à l'autre, engendrant des règlements de compte entre groupes. Dans les récits des témoins, les événements demeurent flous : les effectifs des belligérants, la fréquence des heurts, leur durée, l'intensité de la violence déployée. Tous s'accordent néanmoins sur un fait. C'est lors d'un de ces affrontements que la situation a basculé. Cette nuit-là, l'Affranchi réunit l'ensemble des insoumis pour forcer – « une dernière fois » – le barrage du Passeur initial. Passeurs contestataires et dissidents, fidèles du Passeur initial et migrants des deux camps recrutés pour servir de force de frappe s'affrontent jusqu'à ce que le barrage cède, puis les différents réseaux se dispersent en ville, cachant chacun leur convoi comme ils le peuvent au sein de leurs quartiers respectifs avant l'intervention des forces de l'ordre.

Trois témoignages de l'affrontement

« La guerre entre [l'Affranchi] et [le Passeur initial] était en 2015. C'était lorsqu'on travaillait avec [le Passeur initial]. [L'Affranchi] avait construit son réseau. [Le Passeur initial] a dit que rien ne passerait ce soir, du lac Assal jusqu'à Obock. Il voulait que personne ne passe. [L'Affranchi] et R. voulaient continuer à faire passer. Ils nous ont parlé, à moi et à d'autres passeurs. Ils nous ont dit : "Regardez ce que vous avez à gagner et rejoignez-nous ! Nous, on va faire passer nos migrants !" Ils nous ont dit que la route n'appartenait à personne. Ils passeraient sans ou avec la bagarre. "Si vous avez à dire quelque chose, à nous réclamer quelque chose, on vous écoute, mais sinon laissez-nous passer", a dit [l'Affranchi]. Il était avec R. et son groupe, le quartier Elamo, là où y a la station Rubis. Ils avaient tous les deux de bons groupes, ils avaient des migrants aussi. Nous les avons rejoints avec mon chef. Et ce soir, ils sont, nous sommes passés. On était là et on s'est bien battus. »

Passeur, membre de la coalition menée par l'Affranchi, Tadjoura, 2019.

« [L'Affranchi] voulait ouvrir la route. Ils ont prévenu qu'ils le feraient. Ils sont partis au lac Assal pour récupérer leurs migrants. Dès qu'ils sont venus à Tadjoura pour les faire passer à Obock, ils ont été bloqués par les hommes d[u Passeur initial]. À ce moment-là, il y avait une ambulance qui revenait de la brousse et qui devait aller à l'hôpital de Tadjoura. Les amis [du Passeur initial], son groupe, ont essayé de bloquer l'entrée de la ville. Ils ont caillassé les passeurs et l'ambulance. Ils nous ont attaqués les premiers ; on a riposté, on s'est précipités sur eux pour passer. On avait des cailloux et des bâtons nous aussi. Les gars de l'hôpital étaient de notre côté. Ils étaient beaucoup en face, mais on était plus nombreux qu'eux car on avait beaucoup de clans de passeurs. [Le Passeur initial] et son groupe ont perdu. Il a perdu, tout perdu, tout le monde est passé en ville et on s'est tous dispersés comme si rien ne s'était passé. Moi, je suis allé vers Badaf, [l'Affranchi] vers Elamo, on s'est tous dispersés. Il y avait encore des gars qui voulaient se battre pour [le Passeur initial], qui voulaient leur revanche, ils ont essayé de nous attaquer, mais on avait pris une bonne avance. Ils ne nous ont pas retrouvés. »

Passeur, membre de la coalition menée par l'Affranchi, Tadjoura, 2019.

« Ces gens-là ont malmené les autres : ils ont pu arriver à leurs fins et, si on en revient à la descente, c'était à côté de Kalaf. On était partis pour [le Passeur initial], pour récupérer ses migrants.
Une fois qu'on est arrivés là-bas, c'était la compagnie de [l'Affranchi], je m'en souviens, j'y ai participé.
Il y avait beaucoup de monde. Dès qu'on est arrivés, c'est parti. [L'Affranchi] ne donne pas de coups.
Il va rassembler les autres. Il va leur donner des instructions, et ce sont les autres qui ne pèsent

pas qui vont se confronter avec leurs visages,
qui vont prendre tous les risques. Si, moi, je te donne
un coup, tu vois mon visage, et si tu m'en donnes un,
je vois que c'est Alexandre qui m'en donne un.
Tu vois un peu ? Le gars, il manipulait les autres
passeurs qui étaient avec lui, des hommes de main,
son groupe, des Afars, des locaux, mais aussi
des Éthiopiens : des migrants oromos.
Ils sont venus avec de grands bâtons, avec des battes :
ils ont tabassé tout le monde. Par chance, [le Passeur
initial] et moi, on n'a pas été touchés. J'étais vraiment
étonné : le gars [l'Affranchi], à chaque fois qu'il voyait
[le Passeur initial], il se manifestait, il prenait
du pouvoir. Le vieux disait : "C'est un gamin,
il se trompe", mais malgré la sagesse du vieux,
il ne se rendait pas compte qu'il perdait du terrain
à chaque fois et que tout l'édifice se fracturait.
[L'Affranchi] s'imposait de plus en plus sur le terrain.
Il le voulait coûte que coûte. C'est ce qu'il a fait
à la fin : il l'a renversé. Il s'est fait beaucoup d'amis,
et à la fin, il les a baisés. »

ANCIEN LIEUTENANT, resté fidèle au Passeur initial,
Djibouti, 2020.

Cette bataille décisive met fin à l'hégémonie du Passeur initial. Ce dernier se retire, laissant ses contacts à des lieutenants qui lui sont restés fidèles tandis que les réseaux autonomes font transiter leurs convois librement, selon leurs propres conditions. Quelques heurts de faible ampleur reprennent les nuits suivantes, principalement des règlements de compte. Ni le Passeur initial ni ses seconds n'y prennent part. Certains anciens lieutenants deviennent de nouveaux patrons, entrant en contact avec les *dalals* historiques, d'autres arrêtent l'activité. De nombreux passeurs sont recrutés dans les nouveaux réseaux ou ceux hérités des « attaches » distribuées quelques mois ou années plus tôt par le Passeur initial. La chute de ce dernier ne symbolise pas uniquement le renversement d'un homme et la faillite de son entreprise, mais également le revers d'une élite tribale et la fin de l'équilibre social que le trafic, durant l'âge d'or, contribuait à stabiliser. La revanche des passeurs issus des tribus subalternes, les *irok oba*, aboutit cependant à déplacer le centre nerveux du trafic, qui ne gravite désormais plus autour du sultanat de Tadjoura. Pris dans leurs intrigues djiboutiennes, trop occupés à conquérir leur indépendance, les passeurs ont compris trop tard ce qui se passait de l'autre côté de la mer, au Yémen.

L'histoire du point de vue de l'Affranchi (fin)

[Le Passeur initial], une fois que je l'ai battu, que je l'ai renversé et que j'ai brisé son monopole, je n'ai pas pris son réseau. Je n'ai rien pris de lui. J'ai fait mon propre business, mon propre réseau avec mes idées et mes plans. Après, comme il était dans le business, qu'il connaissait beaucoup de choses sur les migrations, qu'il était plus âgé que moi et que c'était lui qui avait eu l'idée [à l'origine] de tout le réseau, je ne l'ai pas ignoré, je veux dire que je ne l'ai pas traîné par terre. Je lui ai proposé qu'il bosse pour moi, je lui ai donné une partie de mon réseau [un poste davantage d'apparat – une rente]. Je l'ai épargné. Il y a plein de gens [passeurs] qui lui ont tourné le dos. Moi, je lui ai tendu la main.

Les deux routes du Yémen

Chapitre 6

Le revanche des *dalals* yéménites (2015)

> « J'ai commencé à travailler il y a quatre ans, en 2015. Avant, c'était Tadjoura qui gouvernait, maintenant, c'est le Yémen qui a le pouvoir. J'ai connu la fin de la bonne période où Tadjoura dominait. Avant, il y avait un Passeur initial chez nous ; maintenant, il est au Yémen. Chacun a son rôle, la fortune tourne... »
>
> Lieutenant de réseau

> « De la torture ?... Je dirais plutôt une pression. »
>
> Ancien lieutenant

En précipitant la chute du réseau unique, les passeurs contestataires ont bousculé toute l'organisation transnationale du trafic de migrants en mer Rouge, entraînant des conséquences dans les autres pays. De l'autre côté de la mer, au Yémen, les *dalals* voient dans la désunion de leurs interlocuteurs djiboutiens l'occasion d'inverser en leur faveur le rapport de force établi au début de la décennie 2010. Ils n'étaient alors pas parvenus à faire valoir les risques de la traversée maritime du détroit de Bab el-Mandeb et, dans les négociations entourant la répartition des droits de passage sur l'ensemble de l'itinéraire, ils avaient cédé à la pression des Tadjouriens. Le changement de donne va leur permettre de revendiquer à leur place le statut de propriétaires des migrants, afin de contrôler leur argent.

Dès les premières tensions au sein du réseau unique à partir de 2013 et 2014, les *dalals* yéménites entraperçoivent la possibilité de supplanter les passeurs djiboutiens. Pour y parvenir, ils vont être aidés involontairement par les *dalals* éthiopiens qui ne cessent de jouer de la concurrence entre réseaux. Si les dissensions qu'ils attisent leur permettent de négocier à leur avantage le prix du passage, les Éthiopiens se rendent cependant compte que les affrontements que cela génère entraînent un risque pour le transport et la sécurité des convois. Les migrants sont parfois retenus à Tadjoura, les effectifs transmis au Yémen demeurent incomplets et les détournements de convois compliquent la traversée de Djibouti. Ce chaos naissant pousse les Éthiopiens à entretenir de plus en plus de communications avec leurs homologues yéménites pour s'assurer de la bonne réception des « cargaisons ». Des alliances entre l'Éthiopie et le Yémen se renforcent ou se créent par ce biais. Reprenant le modèle des espions embarqués à Djibouti, des *dalals* éthiopiens voyagent incognito pour s'assurer de la fiabilité des passeurs et des relais, traversent le détroit de Bab el-Mandeb et se dévoilent au Yémen afin d'entamer des pourparlers. Ils ne peuvent cependant pas faire jouer la concurrence comme ils l'ont fait à Djibouti : la dégradation de la situation sécuritaire de l'autre côté de la mer Rouge donne aux *dalals* yéménites une position d'emblée dominante dans les négociations face à leurs homologues éthiopiens.

Le Yémen connaît effectivement une histoire tumultueuse et tragique tout au long de la décennie 2010[1]. Dès l'année 2011, le pays est secoué par les révolutions du Printemps arabe. Si les premières manifestations émanent de la jeunesse estudiantine des grands centres urbains comme Sanaa, Taïz ou Aden, celle-ci est très vite dépassée par d'autres corps contestataires plus virulents : extrémistes et fanatiques religieux, nationalistes

1. Le livre de Laurent Bonnefoy (*Le Yémen : de l'Arabie heureuse à la guerre*, Paris, Fayard, 2017) et celui dirigé par Franck Mermier (*Yémen. Écrire la guerre*, Paris, Classiques Garnier, 2018) sont des ouvrages de référence pour comprendre l'histoire complexe du Yémen au XXe et au XXIe siècle.

et sécessionnistes (indépendantistes du Yémen du Sud), militaires dissidents ou encore Houthis, une minorité zaïdite du nord du pays. Le président Ali Abdallah Saleh est contraint de quitter le pouvoir en 2012 après avoir régné pendant plus de quarante années, d'abord au Yémen du Nord, puis lors de l'unification du Yémen en 1990. Son vice-président, Abdrabbo Mansour Hadi, est le seul candidat à sa succession ; il le remplace donc et entreprend diverses réformes politiques et territoriales en concertation avec les différents camps politiques sortis plus ou moins forts des troubles. S'estimant marginalisée, la minorité houthiste prend les armes et conquiert la capitale, Sanaa, en septembre 2014. C'est le début de la guerre civile yéménite qui durera tout au long de la décennie. La conquête territoriale des Houthis est fulgurante, peu freinée par une armée yéménite défaillante et dont une partie est restée fidèle à Ali Abdallah Saleh. Ce dernier l'empêche d'intervenir pour ralentir l'avancée rebelle avant de faire alliance avec les Houthis pour se venger de son ancien vice-président. En quelques mois, les Houthis prennent le contrôle des principaux centres urbains du pays : le port d'Hodeïda et la façade maritime donnant sur la mer Rouge, les villes montagneuses d'Ibb et de Taïz, et s'apprêtent à prendre la deuxième ville du pays, la cité portuaire d'Aden, où le gouvernement en exil s'est replié, au début du printemps 2015.

Face à cette menace, les États de la région réagissent : la coalition menée par l'Arabie saoudite et les Émirats arabes unis sous mandat des Nations unies entre en scène avec son opération « Tempête décisive ». La bataille d'Aden (avril-juillet 2015) est la première défaite des Houthis. Entreprise dès la fin du mois d'avril 2015, la seconde opération de la coalition, « Restaurer l'espoir », permet de libérer une partie de la côte de l'emprise des Houthis, notamment les régions avoisinant le détroit de Bab el-Mandeb. Elle marque cependant le début de l'enlisement des Saoudiens et des Émiratis dans une guerre qui dure désormais depuis plus de dix ans et provoque l'une des plus grandes crises humanitaires du début du XXIe siècle. Les combats qui s'ensuivent, les 25 000 raids aériens[1] et la frénésie des bombardements saoudiens causent la mort d'au moins 150 000 Yéménites, sans compter les 200 000 morts « indirects » liés au blocus militaire saoudien, à la famine, à la malnutrition, au manque d'accès aux soins ou encore aux épidémies de choléra qui se propagent.

C'est dans ce contexte violent et d'instabilité croissante qu'évoluent les *dalals* yéménites et, de cette situation, ils tirent profit pour imposer leurs conditions de passage et incarner potentiellement, dès le début de la guerre, le relais le plus puissant du trafic de migrants. De fait, les Éthiopiens ne peuvent pas contourner le territoire yéménite pour atteindre l'Arabie saoudite. Et les migrants ne sauraient y débarquer sans bénéficier de la protection des *dalals* locaux, sinon au risque d'être capturés par certains belligérants (Houthis, Al-Qaïda, etc.), réduits au travail forcé, torturés ou tués, etc. Dans ce climat d'insécurité aiguë, les *dalals* yéménites n'hésitent pas eux-mêmes à recourir à la torture de migrants. L'effondrement de l'État leur permet d'être armés et de se rendre maîtres de certains villages ou territoires côtiers sur lesquels débarquent les convois. Ils représentent ainsi un pouvoir ou contre-pouvoir local sur lequel des milices ou des groupes paramilitaires s'appuient pour le contrôle de la côte et des flux migratoires – et à qui les trafiquants vont parfois jusqu'à fournir des travailleurs forcés. Pour toutes ces raisons, à peine libérés des conditions dictées par les passeurs djiboutiens, les *dalals* éthiopiens sont contraints d'accepter celles exigées par les Yéménites et de leur céder une plus grande part de la rente migratoire : certains passeurs djiboutiens l'estiment de 200 à 300 euros par migrant quand d'autres l'évaluent à plus de 500 euros pour l'entièreté du territoire yéménite[2].

1. Ariane Lavrilleux, « Armement. Guerre au Yémen “made in France” (enquête) », *Orient XXI*, 29 septembre 2022.

2. Force est de constater que ces estimations sont l'objet de tous les fantasmes de la part des passeurs djiboutiens. En revanche, le prix demandé lors des séances de torture avoisine les 1 000 euros (estimation confirmée par certains agents locaux des Nations unies).

En 2015, au moment où le réseau unique djiboutien s'effondre complètement, la guerre civile au Yémen est à son paroxysme et la sûreté des convois demeure difficile à assurer à la suite des affrontements à Aden et dans la région du détroit de Bab el-Mandeb, jusqu'à la cité portuaire de Mokha. Effrayés par les bombardements saoudiens, certains *dalals* éthiopiens préfèrent emprunter l'itinéraire plus long et coûteux qui consiste à passer par le Somaliland, puis à franchir le golfe d'Aden pour atteindre le Yémen par la vallée de l'Hadramaout et passer par les montagnes en traversant les gouvernorats de Dhamar et de Sanaa. D'autres sont contraints de restreindre, voire de suspendre leurs activités en attendant que la situation se calme sur la côte yéménite proche du détroit. À l'été 2015, les négociations entre *dalals* éthiopiens et yéménites reprennent pour permettre le maintien de la traversée de la mer et du pays par cette voie. Depuis les plages du détroit de Bab el-Mandeb, les passeurs locaux réajustent leur logistique selon leurs préférences et leurs contacts en fonction des deux chemins possibles pour atteindre la frontière saoudienne fermée du fait de la guerre mais perméable à la corruption et aux trafics illicites : la première route, historique, emprunte la plaine littorale de la Tihama, traverse les villes de Mokha et d'Hodeïda avant d'arriver à Hadad, la dernière localité avant la frontière saoudienne ; la seconde emprunte la route d'Aden avant de cheminer par les montagnes pour arriver dans le gouvernorat de Saada – le fief des Houthis – à l'extrême nord du pays. Si les principaux *dalals* siégeaient un temps à Hodeïda, la guerre du Yémen a rebattu les cartes et les informations concernant leur organisation depuis sont parcellaires : on trouverait différents réseaux yéménites – au moins deux – contrôlant chacun leurs plages de prédilection pour débarquer les migrants et entretenant des contacts politiques ou militaires dans les différents gouvernorats traversés par les deux itinéraires.

Alors que les passeurs djiboutiens sont fragmentés en petits réseaux concurrents, les Yéménites en profitent pour leur rafler le statut de propriétaire des migrants, transformant par conséquent le schéma migratoire entre les relais. Si le candidat au départ confie toujours son argent à son courtier éthiopien, ce dernier ne le verse plus aux passeurs à Tadjoura. Le migrant traverse le territoire djiboutien et, une fois arrivé au Yémen, il appelle son *dalal* éthiopien qui, s'étant assuré de l'acheminement sain et sauf de son client, verse l'argent à son homologue yéménite. Le migrant continue ensuite sa route vers l'Arabie saoudite tandis que le Yéménite redistribue leurs parts aux différents intermédiaires djiboutiens, à Yoboki, à Tadjoura et à Obock, les trois villes étant devenues indépendantes. Autrement dit, en devenant les propriétaires des migrants, les Yéménites assurent leur mainmise sur les réseaux et les passeurs djiboutiens, ces derniers ne recevant bien souvent leur argent que plusieurs jours après avoir fait passer les convois. La chute du réseau unique n'a pas seulement entraîné la diminution du prix de passage, mais bien le renversement du système, au sein duquel les Yéménites disposent désormais de tous les leviers pour dicter leurs conditions.

Un renversement commandité depuis le Yémen ? (Retour sur la nuit de l'affrontement)

« Tout ça, on l'a compris trop tard. On l'a compris quand c'était déjà fini pour [le Passeur initial]. Ce jour-là, on a compris qu'on avait été les plus idiots, les abrutis de la farce, tu comprends ? On se battait pour quelques migrants à Tadjoura et eux [les *dalals* yéménites], ils étaient devenus les maîtres. »

PASSEUR DISSIDENT, Tadjoura, 2018.

« [Le Passeur initial] avait dit aux passeurs yéménites que personne ne passerait ce soir-là. C'était pour faire pression face aux *dalals* du Yémen. Il voulait montrer aux Yéménites que c'était Tadjoura qui avait le pouvoir, que si les migrants voulaient atteindre le Yémen, ils devaient passer par chez nous. Il n'y avait pas d'autres routes. Si les clandestins veulent arriver au Yémen, c'est selon les conditions d[u Passeur initial], pas selon celles des passeurs

du Yémen. Là-bas, ils essayaient d'appeler
les Tadjouriens pour faire passer les clandestins. »
LIEUTENANT DU PASSEUR INITIAL, Tadjoura, 2019.

« Il y a beaucoup de concurrence. Moi, je travaille
pour 10 000 francs par migrant. Le *dalal* au Yémen
appelle un autre, ton voisin à Tadjoura
qui lui propose : "Moi je travaille à 7 000, 6 000 francs."
Donc le *dalal* au Yémen change et toi,
si tu veux récupérer ton travail, tu baisses tes prix.
C'est comme ça que le réseau est devenu faible.
C'est fini, il n'y a plus d'argent à se faire. »
ANCIEN PATRON DE RÉSEAU, un soir à Tadjoura, 2018.

Djibouti devient un simple territoire de transit et les passeurs des transporteurs ne touchant que 5 000 à 10 000 francs djiboutiens (25 à 50 euros) sur les 300 000 à 450 000 qu'un migrant débourse pour être transporté en Arabie saoudite. Dans ce nouveau système, les réseaux djiboutiens sont obligés de travailler plusieurs jours à perte – « en s'endettant », selon certains passeurs –, avant d'espérer être payés par les Yéménites. Les patrons financent le carburant, le khat, payent les hommes, les pots-de-vin éventuels aux forces de l'ordre avant de pouvoir toucher leur part, lorsqu'ils la touchent. En cas de naufrage dans les eaux du détroit de Bab el-Mandeb, ils ne sont pas payés puisque leurs homologues yéménites ne le sont pas non plus, et ce malgré le fait que les migrants aient bien traversé le territoire djiboutien. Après quelques mois sous ce nouveau régime, les conditions se durcissent encore : les *dalals* yéménites décident de regrouper les paiements afin de limiter les transferts ; ils refusent de payer les passeurs djiboutiens pour des convois de quelques dizaines de migrants, attendant d'atteindre un certain seuil, par exemple deux cents à trois cents migrants selon les réseaux, avant d'effectuer le versement. Or, après leur indépendance, rares sont les réseaux qui arrivent à acheminer plus d'une centaine de migrants en une soirée. Ne pouvant faire face, nombre d'entre eux se retirent du trafic.

Le Second du Passeur initial règle ses comptes avec les « petits » passeurs

Je vais vous résumer pour que vous compreniez mieux. Lorsqu'une personne s'engage dans un certain truc [faire passer des migrants], c'est par principe avant tout. Est-ce qu'on est d'accord ? Moi, je m'engage à faire ça, c'est par principe. Ce monsieur-là [le Passeur initial], il s'était engagé dans cette activité-là, ce n'était pas pour s'enrichir, non, c'était pour lutter contre le chômage. Il voulait supprimer le chômage chez nous. C'était pour cette raison-là qu'il s'était engagé dans ce travail, mais pas mal de gens n'ont pas compris ça. Beaucoup de gens pensaient que c'était pour s'enrichir. C'est ce qu'ont pensé les gens à qui il avait distribué le réseau par exemple. Ils voulaient être riches, c'est tout.

C'était ça qui faisait la différence entre nous [notre génération de passeurs] et les jeunes, les gens à qui il a distribué le réseau. Quand on leur a filé le réseau, ils ont travaillé un laps de temps avec notre système, mais, ensuite, ils ont accepté de devenir passeurs. Ils n'étaient plus les propriétaires ! Ces gens ont dépouillé notre travail. Au début, [Le Passeur initial] ne leur demandait pas leur argent. À un moment, il les a obligés à donner de l'argent aux Tadjouriens, mais à partir du moment où ils ont accepté de travailler sous les ordres des passeurs yéménites, leur gain était minime. Ils ne pouvaient plus donner à personne. Ils voulaient se battre avec nous. [...]

Cette nuit-là, [Le Passeur initial] leur a dit : « Je ne travaille pas pour ce prix. J'ai une voiture, le risque est important. » Personne ne devait passer. C'étaient les gens du Yémen et d'Éthiopie qui ont tout manigancé. Ils appelaient pour faire baisser les prix, ça marchait, les prix chutaient et le nombre de migrants que nous avions allaient tous aux autres parce que l'Éthiopien cherchait une personne qui travaillait moins cher pour garder le plus d'argent. C'était comme ça. Notre réseau a commencé à se vider, les migrants à aller vers eux [les nouveaux patrons]. Ils travaillaient moins cher, et nous, on est restés derrière. C'est à partir de cette nuit-là que les gens ont commencé à devenir des passeurs. Ils voulaient l'argent, ils n'imposaient plus les conditions, c'étaient les gens du Yémen qui leur imposaient leurs conditions.

À Tadjoura, à l'entrée, on a bloqué la route pour les forcer à demander un meilleur prix. Ils n'ont pas compris ça. Pour eux [les passeurs dissidents], ils pensaient qu'on voulait récupérer nos migrants. Ils pensaient qu'on voulait les bloquer pour récupérer le réseau ; non, c'était pour que Tadjoura redevienne propriétaire des migrants. Ils n'ont pas compris la différence entre nous et eux : [Le Passeur initial] n'était pas un passeur ! C'était le propriétaire de ces gens-là [les migrants]. Il était le propriétaire de ces gens-là ! Il n'a jamais travaillé en tant que passeur. [...]

Ils ont forcé notre barrage. Ils sont passés car ils voulaient marcher avec les autres passeurs [les *dalals* étrangers]. Ils se sont battus contre nous alors qu'ils devaient se battre contre eux [les *dalals* étrangers]. Ils sont soumis : ils n'ont plus d'argent et leur réseau est devenu médiocre. Ils n'ont rien compris. Ils ne comprennent toujours rien. Ils pourraient faire pression [bloquer les migrants]. Ici, c'est le meilleur endroit. Il faut qu'eux, les passeurs d'ici, discutent entre eux et imposent à l'Éthiopien ou à celui au Yémen qu'il n'y aura pas une personne qui passera jusqu'à ce qu'ils imposent un meilleur prix. Pour cela, il faudrait cinq-six personnes qui travaillent ensemble et qui conviennent d'un but, d'un principe ou d'une somme bien précise. Mais non, il ne se passe rien, ils acceptent d'être des passeurs.

Ils ne se sont jamais rassemblés. Ils n'ont jamais lié... comment dire... ils ne sont pas unis. Ils ne sont pas corrects, voyez-vous, parce que s'ils l'étaient, quand ils ont dépouillé [le Passeur initial], ils auraient dû faire quelque chose pour maintenir ce qu'il a construit. Ce qu'ils n'ont pas pu dire ou faire [au Passeur initial], tu crois qu'ils pourront le dire et le faire pour eux-mêmes ? S'ils avaient été corrects, ils auraient protégé le travail [du Passeur Initial]. Ils ne travailleraient pas dans ces conditions. S'ils ont accepté de travailler différemment de lui, c'était pour le dépouiller. Ils voulaient le pouvoir, être leur propre chef. Ce jour-là, ils ont joué, ils ont perdu. Ils ont tout ruiné. Des enfants, des petits, rien de plus.

Sous l'ère des *dalals* yéménites, le réseau transnational connaît un autre bouleversement avec le développement du trafic d'armes. Si les embarcations transportent des migrants de la côte africaine vers la côte arabe, elles sont souvent utilisées en sens inverse pour divers trafics (drogue, biens de contrebande, commandes spécifiques passées au Yémen, etc.). Celui des armes entre le Yémen et l'Éthiopie apparaît dès le début de la décennie 2010, mais il gagne en intensité à partir de 2015, passant de « quelques caisses de temps en temps » à des « cargaisons entières sur le navire », selon certains passeurs djiboutiens qui y auraient participé. D'après l'étude *Small Arms Survey* de 2007, le Yémen se positionne à la troisième place en termes de quantité d'armes à feu détenues par habitant avec 54,8 armes pour 100 habitants. Le début de la guerre civile a fortement accru leur circulation avec le développement des milices, la débâcle de l'armée yéménite, le pillage des casernes et le soutien de pays tiers aux belligérants, comme celui apporté par l'Iran aux Houthis, etc. Le prix des armes a donc chuté, une Kalachnikov d'occasion pouvant s'acquérir pour quelques dizaines de dollars (« une vingtaine de dollars » selon certains patrons djiboutiens).

Un lieutenant de réseau raconte son périple au Yémen (chez son patron à Obock, 2019)

Le Yémen, je crois que c'est le pays n° 2 deux en termes d'armes par habitant après les États-Unis. J'y suis allé plusieurs fois au début de notre réseau, quand on faisait passer les migrants. Là-bas, les armes, c'est en libre circulation... J'étais avec mon « ami » après une traversée de migrants entre Djibouti et le Yémen. On avait bien fait le boulot, il était content, alors il m'avait invité chez lui. On n'avait pas encore fini de compter les migrants, mais j'avais chaud. J'ai voulu monter dans sa voiture pour la climatisation. Il m'a dit d'attendre. Je n'ai pas voulu, j'avais vraiment chaud. Je suis monté. Au moment où j'ai touché la portière de la voiture, avec le khat qu'il avait mâché toute la nuit, il a tiré quelques balles près du véhicule ! J'ai vite compris que je ne devais pas monter dans la voiture... La mort au Yémen... elle est gratuite.

Ayant constitué de véritables stocks, les *dalals* yéménites en revendent à leurs homologues éthiopiens selon les commandes que ces derniers leur passent[1]. Les armes sont alors chargées sur les navires en partance pour récupérer les migrants à Djibouti,

1. Alexandre Lauret, « Des migrants contre des armes. Routes et trocs illicites dans la Corne de l'Afrique et au Yémen », *Hérodote*, n° 196, p. 99 à 116.

avant d'être transportées par certains passeurs djiboutiens ou des *dalals* venus d'Éthiopie. Avec l'intensification des tensions politiques que traverse ce pays tout au long de la décennie 2010 et qui débouchent sur la guerre civile du Tigré en 2020, certaines populations éthiopiennes en achètent massivement, à l'image des Afars et des Tigréens dont les principaux *dalals* sont issus. Ces armes serviront par la suite dans les conflits locaux ou nationaux éthiopiens de la seconde moitié de la décennie. Dans l'est de l'Éthiopie, les rivalités foncières entre les peuples Afars et Somalis pour le contrôle des pâturages et des ressources en eau de la vallée de l'Awash se doublent de fronts pionniers de peuplement amenant les deux peuples à occuper de manière coercitive les terres voisines. S'ensuivent différentes escarmouches entre milices locales afares et somalies, chacune étant armée depuis l'étranger. Si les Afars disposent d'armes importées illégalement du Yémen par l'intermédiaire des *dalals* afars et tigréens, les Somalis d'Éthiopie reçoivent les leurs du gouvernement djiboutien[1]. Les belligérants ainsi armés, les heurts deviennent récurrents à partir de l'année 2017 et se poursuivent tout au long de la fin de décennie et du début de la suivante. Dans le nord de l'Éthiopie, la guerre civile, commencée en 2020 entre le Front de libération du peuple du Tigré (TPLF) et le gouvernement fédéral, donne à voir les rapprochements entre *dalals* tigréens et certaines personnalités politiques ou administratives tigréennes. Bien que les informations soient plus éparses, il y a peu de doutes qu'une partie de la rébellion tigréenne se soit fournie en armes légères, de la même manière que les milices afares. La longévité des *dalals* tigréens au sein du trafic, pendant treize années, a en outre été permise par des protections politiques

1. Selon un rapport de EXX Africa, le gouvernement djiboutien acheminerait des armes en provenance de Chine vers la région somalie d'Éthiopie à travers son terminal portuaire et les contingents de soldats djiboutiens envoyés en Somalie, sous couvert d'une mission de l'ONU (*cf.* Mohamed Diop, « Personnalités politiques, militaires et chefs d'entreprises publiques djiboutiens seraient impliqués dans un trafic d'armes », DW.com, 7 septembre 2018).

au sein de l'État fédéral éthiopien aux mains des Tigréens de 1991 à 2018[1].

S'il est difficile de quantifier le nombre d'armes envoyées dans la Corne de l'Afrique, les réseaux djiboutiens y ayant pris part sont peu nombreux, peut-être trois ou quatre à Tadjoura. L'activité est certes bien plus lucrative que le trafic de migrants, mais de nombreux passeurs mettent un point d'honneur à différencier l'une et l'autre. Alors que, pour beaucoup, le trafic de migrants s'est normalisé, le trafic d'armes est considéré comme criminel. À la différence du premier, connu de tous, le second se développe au nord du pays dans le plus grand secret et, d'après de nombreux passeurs interrogés, avec la complicité de personnalités politiques djiboutiennes (députés, hauts fonctionnaires, ministres) qui agiraient comme des garants et des protecteurs de ces trafiquants. Qu'est-ce qui pousse néanmoins certains passeurs à faire de la contrebande d'armes ? Il faut sûrement y voir un effet de la conjoncture déclinante du trafic de migrants. Transporter des armes – lorsqu'elles ne sont pas directement récupérées par des intermédiaires éthiopiens sur les plages djiboutiennes – permet de nouer une relation privilégiée avec les *dalals* éthiopiens et yéménites et de résister par ce biais à la concurrence que ceux-ci ont instaurée.

Des migrants contre des armes

« Le truc est là : son business à Djibouti
est une couverture pour son business de migrants,
mais au nord, on sait tous que c'est un passeur.
Ce que les gens ne savent pas, c'est que son business
de migrants, c'est une couverture pour son trafic
d'armes. Aujourd'hui, regarde le schéma de loin :
tu es une autorité, tu as plus de cent personnes
à toi, qui te sont dévouées mais à qui tu verses

1. Ces informations m'ont été rapportées sur le tard, *via* d'anciens passeurs djiboutiens rencontrés lors de mes derniers terrains de recherche, en 2021 et en 2022, après que leur activité s'est arrêtée avec la pandémie de Covid-19 en 2020.

de l'argent, et, malgré ça, tu dépenses comme tu veux,
comme si tu avais de l'argent illimité.
Non, mon ami, ce n'est pas comme ça que marche
le système du trafic aujourd'hui ; l'argent est limité
dans ce business maintenant. C'était possible
de faire ça en 2012, pas en 2019, tu comprends ?
Tu ne peux pas avoir uniquement dix convois
qui arrivent, cinq cents personnes ; tu ne peux pas
avoir une assurance de deux mois. Y a des moments,
le réseau faiblit toujours, parce qu'il faut trouver
des nouveaux migrants, parce qu'il y a des problèmes
en Éthiopie, parce qu'ils surveillent la mer…
Le réseau faiblit toujours à un moment, mais eux,
lui et ses amis, ils continuent avec le même mode
de vie, les mêmes dépenses folles, d'où vient l'argent ?
Tu ne peux pas gérer cent personnes et dépenser
l'argent comme tu veux. C'est parce qu'il trouve
l'argent autrement, un double jeu. Les migrants
c'est une chose ; les armes, c'est autre chose.
Les armes, tu peux toujours en tirer un bon prix.
Tu peux toujours les vendre à quelqu'un. Regarde
l'Éthiopie aujourd'hui, tout le monde se fait la guerre,
non ? On ne fait plus la guerre avec des lances,
mon ami. C'est ça, l'histoire. La police sait
pour les migrants, elle sait ce qu'elle doit faire
pour [laisser] passer les migrants, car il [le patron]
paye bien. Pour le reste, les armes et autres,
ce n'est pas lui [le patron], c'est là-haut, le ministre.
C'est lui qui protège tout. C'est lui qui contrôle tout
et qui parle avec les autres, au Yémen et en Éthiopie.
Les armes, ce ne sont pas les passeurs, c'est là-haut. »
LIEUTENANT, à propos de son patron,
devant une boutique de Tadjoura, 2019.

« Tout va en Éthiopie. La guerre au Yémen,
pour eux [ceux qui commandent],
c'est tout bénéfice, c'est un grand projet.
Ils peuvent faire venir ce qu'ils veulent ou envoyer

ce qu'ils veulent. C'est pour ça qu'on continue de faire
des navettes de temps en temps et qu'à chaque fois
on s'occupe des armes : elles sortent par le lac Assal,
il y a une localité qu'on appelle [Galatissin], quelque
chose comme ça, juste à la frontière éthiopienne,
c'est là que le convoi d'armes a été arrêté la dernière
fois. C'était par chance que les policiers ont arrêté
le convoi, par chance… Dis-toi, alors, combien
de convois sont passés par là ? Depuis le début
de la guerre [du Yémen], combien d'armes
ont été envoyées en Éthiopie ? Beaucoup, des milliers
d'armes, peut-être une dizaine de milliers,
mais on n'était pas trop inquiétés quand on en faisait.
Ces convois d'armes ont la complicité de beaucoup,
de là-haut, au sommet de l'État. Sinon, on n'aurait
jamais pu transporter toutes ces armes et cela ferait
bien longtemps qu'on nous aurait arrêtés,
mon gars. Réfléchis : Djibouti, c'est petit,
tout le monde se connaît, il y a des armées
[étrangères] partout, tout est surveillé,
c'est une dictature et nous, on est là, avec nos armes
qu'on transporte en traversant le pays ? Réfléchis,
tu crois qu'on peut transporter des AK [AK-47],
des flingues et autres comme ça ?
Combien ça coûte au Yémen ? 10, 15, 20 dollars,
moins pour des petits pistolets, rien. »

ANCIEN PATRON DE RÉSEAU, Tadjoura, 2019.

« Parfois, il y avait des passeurs éthiopiens
qui venaient jusqu'à Obock pour s'occuper
des migrants. C'était une couverture. Ils venaient
avec une grosse voiture personnalisée :
vitres teintées, on ne sait pas ce qu'il y avait dedans,
ni qui était dedans, à part des Éthiopiens.
Un jour, j'ai accompagné les migrants jusqu'à la plage
près d'Obock. Les bateaux ne viennent jamais vides.
Ils apportent toujours des choses et ils repartent
avec les clandestins. Ils avaient déchargé des choses,

c'était bizarre, et je me suis avancé près du coffre :
il y avait plein d'armes dans le coffre, plein d'armes !
Le *dalal* éthiopien m'a vu. Il a vu que j'avais vu
les armes, il m'a pris à côté et il m'a donné
300 000 francs djiboutiens [1 500 euros] pour acheter
mon silence. C'était une affaire entre le Yémen,
l'Éthiopien et mon patron. Ils ont fini de charger
et ils sont rentrés en Éthiopie. »

ANCIEN LIEUTENANT DE RÉSEAU, dans son salon,
Obock, 2019.

Tout en utilisant le réseau transnational pour développer le trafic d'armes, les *dalals* yéménites recourent désormais massivement à l'égard des migrants à ce que les passeurs djiboutiens appellent le « système de mâchoire », c'est-à-dire l'usage de la torture. Employée dès 2011 pour extorquer un droit de passage sur le territoire yéménite aux familles de migrants qui, n'ayant pas transité par un réseau, n'auraient pas été en mesure de s'en acquitter, cette pratique se généralise à partir de 2015 avec l'effondrement de l'État de droit. Les passeurs djiboutiens mentionnent un homme, Abdulqawi, qui aurait incarné une sorte de double maléfique du Passeur initial au Yémen et par qui la torture se serait couramment imposée. Si Abdulqawi demeure un mystère[1], de plus en plus de *dalals* yéménites capturent les migrants dès leur arrivée sur la plage, les séquestrent puis les torturent ou les font torturer par des hommes de main pour les forcer à appeler leur famille en Éthiopie afin qu'elle leur verse une rançon. Ces violences physiques prennent plusieurs formes, allant du sac plastique (ou tout autre objet) brûlé sur une partie du corps à des sévices par armes blanches ou divers ustensiles en passant par le viol des migrantes. Cependant, à la différence d'autres contextes de torture, comme en Libye ou au Sinaï, le « système de mâchoire » mis en place par les Yéménites

1. On peut se poser la question de savoir si cet homme a vraiment existé ou s'il est une figure symbolique d'un groupe de passeurs yéménites employant la torture.

répond avant tout à une situation de crise que connaît l'organisation transnationale avec l'augmentation de migrants « pauvres ».

À partir de 2014, le nombre de migrants entrant illégalement au Yémen se maintient aux alentours de 100 000 personnes par an, et ce en dépit de la guerre. Ils sont 94 000 à traverser le détroit de Bab el-Mandeb en 2014, 93 000 en 2015, 100 000 en 2016 et 117 000 en 2017. Parmi eux, il y a les migrants « directs », principalement des Amharas et des Tigréens, qui payent les réseaux de passeurs depuis l'Éthiopie et à qui ceux-ci, entre autres prestations, garantissent leur protection. En marge de ce système, les migrants « indirects », qui n'ont pas les moyens de payer en amont de leur départ l'ensemble de la filière, recourent à des expédients en dépensant le moins possible sur la route. Ils se rendent à Dire Dawa pour prendre le train jusqu'à la frontière djiboutienne, puis ils marchent pendant plusieurs semaines à travers le désert jusqu'au nord pour rencontrer les passeurs à Obock. Sur le chemin, ils font étape dans les villes djiboutiennes, parfois la capitale, Tadjoura ou Obock, pour travailler et économiser le prix de la traversée de la mer Rouge : de 15 000 à 20 000 francs djiboutiens (75-100 euros) en 2018. Une fois la somme récoltée, ils payent un passeur djiboutien qui les inclut dans les effectifs à faire embarquer. D'autres intègrent en cachette ou par ruse certains convois avant qu'ils ne transitent vers les plages pour traverser la mer Rouge ; ils profitent d'une distraction du passeur ou prétextent le versement de l'argent au Yémen quand ils prennent connaissance auprès d'autres migrants du système de paiement. Mélangés, migrants « directs » et « indirects » prennent alors les mêmes bateaux. La situation se complique à l'arrivée au Yémen. Tous sont emmenés – séquestrés – au même endroit dans l'attente du coup de fil au *dalal* éthiopien et du versement de la somme convenue qui leur permettra de poursuivre leur route. Découverts, les migrants « indirects », ne bénéficiant pas de la protection d'un « propriétaire », sont torturés par les trafiquants yéménites qui tentent d'extorquer à leur famille une rançon.

Les sources fiables manquent, mais, à mesure que la situation politique de l'Éthiopie se dégrade et que les persécutions subies par les populations oromos s'accentuent à partir de 2014, il semble que les migrants « indirects » soient de plus en plus nombreux. À Djibouti, ils représentent déjà plus des trois quarts des migrants éthiopiens travaillant dans la cité-État, soit plus de 150 000 personnes si l'on reprend les estimations officieuses de certains cadres administratifs djiboutiens. En transitant par leurs propres moyens, ils court-circuitent le système établi des réseaux de passeurs au fil des quatre États potentiellement traversés. Face à ces flux migratoires incontrôlés, les trafiquants yéménites leur imposent donc un droit de passage par des pratiques coercitives et violentes. Or, comme la plupart des migrants ne peuvent pas réunir l'argent demandé, plus ou moins 1 000 euros, la torture finit ou bien par la mort du migrant, ou bien par son enrôlement de force dans certaines milices auxquelles leurs geôliers peuvent être affiliés ou dans diverses activités (travaux agricoles, prostitution, etc.).

Avec la torture, le Yémen devient le territoire barrage à la place de Tadjoura sous l'ère du Passeur initial. Le modèle général du trafic de migrants entre l'Éthiopie et l'Arabie saoudite a un temps connu des variantes ou des exceptions au gré des négociations entre *dalals*, passeurs et certains migrants. Par exemple, il a pu arriver que des *dalals* éthiopiens obtiennent que l'argent ne soit versé aux différents intermédiaires que lorsque le migrant atteignait sa destination finale, l'Arabie saoudite. Cette formule, propre à garantir le maximum de sécurité aux candidats au départ, est notamment réclamée par les migrants parvenus à s'y établir et qui financent la venue d'un proche ou d'un membre de leur famille. Mais avec la prise en main violente du réseau transnational par les *dalals* yéménites, toutes les modalités alternatives ou les perspectives de mutation du trafic sont désormais verrouillées.

Les passeurs face à la torture de migrants au Yémen

« Abdulqawi, lui, c'est un Arabe. Il punissait
les Oromos. Que les Oromos, jamais les Amharas.
Ils n'ont pas de problème d'argent les Amharas. […]

On passait à lui, et lui, il en tirait de l'argent.
Si le migrant n'avait pas d'argent, lui, il torturait.
Abdulqawi, ça veut dire, en arabe,
Abdul qui a le muscle, qui est fort ! […] Si les Oromos,
tu leur dis : "On va te prendre et t'emmener
à Abdulqawi", ils annulent leur voyage
en mer pour le Yémen ! »
LIEUTENANT DE RÉSEAU

« Les Oromos, parfois, ils essayent de mentir.
Après avoir traversé la mer, après avoir mangé,
s'être lavé, s'être reposé, deux ou trois jours de repos,
s'il [le migrant] a l'occasion de partir, il essaye.
S'il n'a pas l'occasion, il essaye de mentir. Il donne
des numéros qui n'existent pas, il dit que l'argent
sera versé et qu'il appelle tel numéro, mais Abdulqawi
doit le relâcher d'abord. Ce n'est pas comme
ça que ça marche. Ils doivent verser l'argent
et s'ils ne versent pas l'argent à Abdulqawi,
il ne va pas lâcher [le migrant] et il va se fâcher.
Il va les punir. Même ceux qui ont payé
et qui sont restés à la maison, ils ont peur de lui.
C'est Abdulqawi ! Parfois, il appelle la famille
et demande jusqu'à 200 ou 300 000 riyals
yéménites [700-1 100 euros][1] ! »
LIEUTENANT DE RÉSEAU, Tadjoura, 2019.

« Parce que certaines personnes, certains migrants
voudraient tricher. Quand ils partent là-bas
[au Yémen], ils sont pris par les *dalals*, ils voudraient
être relâchés et verser l'argent une fois passée
la frontière, en Arabie saoudite. En d'autres mots,
ils [les migrants] veulent passer gratuitement certaines
étapes du voyage, sans payer ou payer plus tard,
d'où la pression [la torture] des Arabes. […]

1. Une véritable conversion riyal yéménite-euro est difficile à établir : le riyal aurait perdu jusqu'à dix fois sa valeur depuis le début de la guerre.

> Sinon, ils [les *dalals*] ne torturent pas.
> Ce sont des conneries, car toute la réputation
> du réseau est en jeu. Si c'est moi qui file les passagers
> au Yéménite, si jamais il touche un migrant
> qui appartient au réseau [qui a payé le *dalal*
> en Éthiopie], l'Éthiopien là-bas, il ne travaillera plus
> avec lui, ni avec moi. Il choisira quelqu'un d'autre
> pour faire passer. C'est une question de réputation :
> si le migrant n'a pas de *dalal* en Éthiopie, il aura
> des problèmes au Yémen. S'il a un *dalal*, il l'appelle
> en Éthiopie et il verse le prix du relais. C'est normal.
> Par contre, si le migrant a un *dalal* en Éthiopie,
> qu'il est passé par le gars de Yoboki, par moi
> [Tadjoura], par le gars d'Obock et qu'il a un problème
> au Yémen, le gars en Éthiopie aura aussi un problème.
> Par exemple, je suis responsable de mon village
> [en Éthiopie]. Je ramène dix personnes [au *dalal*
> éthiopien], dix personnes de dix familles. Si jamais
> ce monsieur [le *dalal* éthiopien] les envoie à tort
> et à travers, leur famille vient me voir, et moi, je vais
> voir ce monsieur et je lui demande des comptes.
> Au Yémen, quand il y a une pression [la torture],
> ils appellent leur famille, les familles vont voir le *dalal*
> à qui ils ont donné le passager. Ce *dalal* m'appelle
> alors, moi qui suis à Tadjoura : "À qui as-tu donné
> le passager à Obock et au Yémen ?
> Parce que sa famille vient me voir." Donc, moi,
> j'appelle Obock et le Yémen pour lui dire de lâcher
> ce passager, car il appartient au réseau. C'est un gars à
> nous. S'il a besoin, je lui file d'autres passagers.
> C'est un circuit fermé en quelque sorte. »
>
> SECOND DU PASSEUR INITIAL, Tadjoura, 2019.

À Djibouti, avec le déplacement du centre de gravité du trafic, le droit de passage n'a plus cours. Les migrants oromos traversent le nord du territoire sans être inquiétés. Leur libre circulation s'explique, d'une part, par la criminalisation par l'État – du moins dans les discours – du « trafiquant » plutôt que du migrant, d'autre part, par l'intérêt pour la population locale de tolérer les « clandestins ». Au fil de leurs étapes, ces migrants pauvres sont en effet employés pour effectuer les tâches et les métiers que les Djiboutiens ne veulent pas ou plus exercer (domestique, femme de ménage, docker informel, épicier, maçon, etc.).

En raison de leurs divisions, qui dégénèrent souvent en affrontements, les passeurs djiboutiens menacent cependant la stabilité du réseau transnational. Pour s'assurer de l'arrivée à bon port des migrants « directs », les trafiquants yéménites interdisent bientôt aux passeurs djiboutiens l'accès à leur côte. Dans la situation qui prévalait antérieurement, les bateaux utilisés appartenaient tantôt aux Obockois qui les louaient, tantôt à des marins yéménites. Après le renversement du rapport de force, les Yéménites utilisent massivement leurs embarcations, plus rapides, et n'hésitent pas à les surcharger. Un navire – un *galba* – contient en moyenne soixante-dix places, mais les trafiquants y font fréquemment monter cent, voire jusqu'à cent quarante migrants pour rentabiliser la traversée maritime. De plus, ils refusent de les embarquer depuis les plages des alentours d'Obock, trop proches de la ville et de la marine nationale djiboutienne. Ils choisissent celles, désertiques, de Gaherré située en face du Yémen, entre la mangrove de Godoria et Khor Angar, une localité qui apparaît comme une sous-préfecture sur la carte mais qui ressemble davantage à un village de huttes de pêcheurs. Le carburant économisé par les marins yéménites oblige cependant les passeurs obockois à en dépenser quant à eux davantage pour rejoindre ces lieux isolés, distants de plusieurs dizaines de kilomètres d'Obock. Afin d'éviter ces coûts supplémentaires ainsi que les risques d'enlisement des véhicules sur la piste non asphaltée, certains réseaux préfèrent utiliser des guides à pied.

Toutes ces transformations s'opèrent en quelques mois seulement. Les passeurs djiboutiens acceptent ces contraintes, car la guerre civile s'aggrave au Yémen : au printemps 2015, les Houthis en contrôlent toute la côte ouest, y compris les plages de débarquement des migrants situées entre Ras Al-Arah et Ras Aah Shaikh Sa'id (Cheikh Saïd), près du détroit de Bab el-Mandeb.

Un nouveau retournement intervient cependant bientôt. À partir d'avril 2015, de nombreux Yéménites débarquent au nord de Djibouti pour y chercher refuge. Face à l'afflux, le gouvernement et le Haut-Commissariat des Nations unies pour les réfugiés (HCR) installent le camp de Markazi, sur un plateau aride à 4 kilomètres d'Obock, et y enregistrent plus de sept mille entrées[1]. Pour les accueillir, pour éviter un débordement du conflit yéménite sur la côte djiboutienne et en réponse à l'augmentation du trafic de migrants dans la région, l'État djiboutien renforce les capacités d'action de ses gardes-côtes. Leur mission est de porter assistance aux embarcations yéménites, des barques de pêcheurs et des boutres de faible tonnage, qui transportent les réfugiés, et d'intercepter celles des trafiquants. La localité de Khor Angar se dote d'un poste de gardes-côtes avant la fin de la décennie, à quelques kilomètres des nouvelles plages d'embarquement. La lutte contre le trafic de migrants à Djibouti prend alors un tournant puisque, en passant de la terre à la mer, elle cible désormais davantage les réseaux yéménites que leurs homologues djiboutiens.

1. Pour une histoire plus détaillée de l'exil des Yéménites à Djibouti, voir mon précédent livre, *La Guerre et l'Exil. Yémen 2015-2020*, Paris, Les Belles Lettres, 2023.

Deuxième interlude

Passeurs des morts

« Je l'ai fait souvent, enterrer des migrants. La première fois, ma petite sœur partait pour Obock, elle a vu une personne morte, le soir, à côté de la route. C'était ma dernière sœur, la plus petite, elle a été choquée de voir le migrant mort. Elle m'a appelé pour me le dire. J'ai demandé aux gens, j'ai appelé tous les autres passeurs et j'ai dit : "C'est quoi ça !? Qu'est-ce que vous faites ?! Y a des gens qui meurent ! Et vous, vous attendez quoi ?" »

PATRON DE RÉSEAU

« Le jour où les gendarmes ont installé leur premier barrage, il y a eu quinze morts car il n'était plus possible de venir chercher les migrants. On a trouvé leurs cadavres le lendemain dans le désert : l'un d'eux était mort en creusant la terre pour essayer de trouver de l'eau. C'était, j'crois, la première fois qu'on voyait des cadavres dans ce travail. Après, y en a eu d'autres, plein d'autres. »

ANCIEN PASSEUR

Je n'étais pas présent ce soir-là et c'est le patron du réseau impliqué lui-même qui m'a raconté l'accident, bien après qu'il s'est produit, sans qu'il m'en précise la date[1]. Un peu avant minuit,

1. Cette scène et les réflexions qui suivent ont été exposés sous une forme plus développée dans Alexandre LAURET, « Le thanatopouvoir des passeurs djiboutiens », *Politique africaine*, n° 167, 2022, p. 5-28.

sur la route sinueuse qui relie les villes de Tadjoura et d'Obock, un véhicule de passeurs djiboutiens roulant trop vite quitte la route et se renverse. Outre les deux passeurs, il transporte plus d'une vingtaine de migrants, dont la plupart meurent sur le coup. Alerté par téléphone, le patron du réseau khatant à Tadjoura se rend immédiatement sur les lieux de l'accident avec des hommes à lui, des passeurs et des migrants recrutés pour l'occasion. Arrivés sur place, tous restent quelques secondes bouche bée tandis que les survivants commencent déjà à déplacer les cadavres afin de les dissimuler. En quelques heures seulement, les hommes nettoient la scène macabre. Les corps des migrants décédés sont transportés à quelques dizaines de mètres, puis enterrés en contrebas de la route, dans le désert rocailleux. Les rescapés sont soignés par un infirmier de Tadjoura, un ami du patron, qui intervient de temps en temps auprès des migrants ou des passeurs blessés lors des affrontements entre réseaux pour arrondir ses fins de mois. Cette fois-ci, le prix des soins et de son silence lui permettra de prendre quelques congés à la capitale. Quant aux migrants réquisitionnés, ils creusent les tombes – la fausse commune – contre la promesse de repas chauds, un appel gratuit à leur famille en Éthiopie ou quelques dizaines de dollars qui leur seront utiles de l'autre côté de la mer.

Les corps sont enterrés, sans la moindre indication ni signe reconnaissable au milieu de l'immensité rocailleuse du nord de Djibouti. Les traces de l'accident sont plus difficiles à faire disparaître. Il y a bien sûr la carcasse du véhicule accidenté, mais aussi les marques de sang laissées par les cadavres sur le sol aride ou sur l'asphalte. Les hommes commencent par nettoyer avec de l'eau ce qu'ils peuvent avant de déverser du sable en quantité sur toute une partie de la route pour recouvrir le reste. C'est le patron lui-même qui a eu l'idée, aussitôt mise en œuvre par tout le monde, de faire croire à une tempête de sable ou à des vents chargés de poussière ayant soufflé durant la nuit. L'intervention dure plus d'une heure et, le camouflage de la route effectué, il faut enfin s'occuper de l'épave du véhicule en l'évacuant plus loin, derrière un monticule où les autorités comme les habitants mettront du temps à la découvrir. Aux alentours de 4 heures du matin, peu avant l'appel à la première prière, l'objectif est atteint. Il semble impossible de discerner les témoignages du drame. Le patron, les passeurs et les migrants rentrent enfin à Tadjoura.

Au premier abord, les enjeux de cette scène semblent clairs. Les passeurs camouflent l'accident pour se protéger des répercussions que sa découverte provoquerait de la part des autorités, des médias et de la population du nord du pays. L'effacement de ses traces soulève pourtant des questions sur le rôle du passeur, qui font écho à celui de son double mythologique. En se faisant fossoyeur, il incarne en effet celui qui accompagne le passage des défunts du monde des vivants à celui des morts. La sépulture de fortune que les passeurs s'activent à creuser montre que la perte de migrants fait partie des risques de leur activité, qu'ils en acceptent l'éventualité et que sa gestion leur incombe.

Certains décèdent par leur faute, comme en témoigne cet accident nocturne, à la suite de naufrages ou de leur séquestration puis de la torture exercée par les trafiquants yéménites ou libyens. Si ceux qui ont recours aux réseaux ne sont pas censés mourir, les nombreux migrants « indirects » qui traversent à pied le désert pendant plusieurs semaines s'exposent plus couramment à ce danger. De la frontière au lac Assal, ils suivent tantôt la route, tantôt des sentiers secondaires au fil desquels ils parcourent les régions les plus arides du continent africain avant de rejoindre la nationale n° 9, entre le désert montagneux et la mer, pour atteindre la ville d'Obock. Durant leur périple, compliqué par leur méconnaissance géographique et la barrière linguistique, ils subissent les fortes chaleurs de la Corne de l'Afrique, face auxquelles ils ne peuvent compter que sur des réserves d'eau limitées, des puits d'eau insalubre provoquant des maladies et des épidémies de choléra ou le secours aléatoire des habitants des quelques villages de la région où ils s'arrêtent pour de courtes haltes. Ils marchent seuls ou en groupes d'une dizaine de personnes, qui se fragmentent souvent au cours de la traversée selon les relations qui se nouent, les événements (rafles urbaines, recrutement pour le travail, propagation d'une maladie, etc.) ou les besoins et les volontés de chacun. C'est lors de ces séparations que les migrants les plus vulnérables finissent par succomber d'épuisement ou de déshydratation, faute de soutien, sur le bas-côté de la route ou à l'ombre peu rafraîchissante des rares acacias de la région. S'il est difficile d'avoir une estimation claire du nombre de décès, il arrive fréquemment que des corps soient découverts, transformant le désert en « cimetière de migrants », selon la formule d'un gendarme djiboutien. Qui porte alors la responsabilité de leur mort ? Cette question soulève un problème majeur à Djibouti.

À première vue, le décès et les corps des migrants « indirects » n'intéressent pas ou peu les passeurs djiboutiens. Ils n'appartiennent pas à leur réseau et ils ne les ont pas payés pour assurer leur sécurité. Les cadavres de centaines d'entre eux ne sont ainsi jamais retrouvés ou le sont par hasard, plusieurs mois après leur mort. Il arrive pourtant que certains décèdent malencontreusement au bord de la route, voire aux abords des villes et des villages. Ils sont alors visibles par tout un chacun et deviennent des corps « encombrants[1] ». Il y a bien sûr l'aspect visuel dérangeant de ces corps en décomposition et le risque sanitaire qu'ils représentent, notamment lors des épidémies de choléra qui ont décimé les migrants à pied durant les étés 2016, 2017 et 2018. Il y a également les nombreuses tensions que suscite leur découverte, la population, les pouvoirs publics et les passeurs se renvoyant la responsabilité de la situation. Si, vivants, ces migrants forment une main-d'œuvre docile dont l'exploitation n'est guère questionnée, morts, ils mettent en cause la société et les valeurs d'hospitalité qu'elle revendique : pourquoi des étrangers meurent-ils au nord de Djibouti ? Qui est chargé de les secourir ? Est-ce la préfecture, parfois éloignée, ou les villageois ? Qui contrôle la frontière et laisse passer les migrants, et

1. Milena JAKŠIĆ et Nicolas FISCHER, « Les morts encombrants. Du gouvernement politique des cadavres : introduction », *Cultures & Conflits*, n° 121, 2021, p. 7-14.

pourquoi ? Est-ce la faute des passeurs ou celle de l'État ? Toutes ces questions rappellent que la politisation des corps ne disparaît pas lors du passage de la vie à la mort[1].

Pour décrire la façon dont un pouvoir administre la mort, qu'il s'agisse de la donner ou de prendre en charge les cadavres, Michel Foucault a développé le concept de thanatopolitique[2], repris par Giorgio Agamben à partir de l'expérience des camps de concentration[3]. Dans les contextes contemporains, la gestion de la mort et des morts fait partie du monopole de l'État, mais les situations migratoires chamboulent ce principe. Les migrants décédés restent étrangers à la société de transit ou d'accueil, leurs difficultés d'identification font obstacle au rapatriement des corps et l'absence de leurs proches ne permet pas l'organisation d'obsèques convenables sur place. En raison des moyens financiers et logistiques que nécessiteraient ces opérations, l'administration djiboutienne rechigne bien souvent à les prendre en charge.

Face à la carence de l'État, à partir de 2015, trois patrons de réseau ont entrepris de se substituer à lui et de développer leur propre thanatopolitique. Prenant contact avec un fonctionnaire de la préfecture ou du conseil régional, un officier de police ou de gendarmerie, ils leur proposent de s'occuper des corps retrouvés dans le désert ou sur les plages à la suite des naufrages. Si, en offrant ce « service funéraire », ils cherchent à favoriser la tolérance de l'administration locale et des forces de l'ordre à l'égard de leur activité, ils s'efforcent plus généralement de limiter les réactions hostiles que ces visions macabres entraînent dans l'opinion à l'encontre du trafic, quand bien même les corps retrouvés ne sont pas ceux de « leurs » migrants.

1. Lisa Anteby-Yemini, « Mourir en migration : le cas des demandeurs d'asile subsahariens en Israël », *Revue des mondes musulmans et de la Méditerranée*, n° 144, 2018, p. 131-154.

2. Emmanuel Taïeb, « Avant-propos : du biopouvoir au thanatopouvoir », *Quaderni*, n° 62, 2006, p. 5-15.

3. Giorgio Agamben, *Homo Sacer*, 1 : *Le Pouvoir souverain et la Vie nue*, trad. Marilène Raiola, Paris, Seuil, 1997 [1995].

Passeurs et représentants de l'État ont le même objectif : faire disparaître les cadavres avant que la population ne les découvre. Dès qu'un gendarme ou un policier trouve un corps ou qu'on le lui signale, il prévient un des patrons avec qui il est en contact pour que celui-ci se rende sur place accompagné d'autres passeurs ou de migrants recrutés pour l'occasion afin de l'enterrer discrètement. Les traitements funéraires peuvent varier, mais ils restent généralement sommaires. Certains ensevelissent à la hâte les dépouilles à l'endroit où elles ont été découvertes. D'autres les déplacent pour les enterrer en un lieu qu'ils jugent plus digne, sous un acacia par exemple. Ils peuvent également pratiquer une toilette mortuaire plus ou moins complète : les migrants réquisitionnés lavent le cadavre, parfois l'habillent convenablement et le recouvrent d'un linceul. Les rituels religieux sont rares. Les corps ne portent bien souvent aucun signe permettant de déterminer si les défunts étaient de religion chrétienne (orthodoxe tewahedo ou protestant évangélique) ou musulmane ; il arrive néanmoins que leurs fossoyeurs prononcent quelques prières du Coran ou de la Bible selon leur propre confession avant de les inhumer. Dans tous les cas, les tombes sont creusées loin des villes ou des habitations. Elles sont aplaties afin d'être dissimulées aux regards ou prennent la forme grossière d'un tumulus ou d'un amas de pierres signalant une sépulture aux bergers de passage et aux habitants de la région sans révéler qu'y gît un migrant.

L'Affranchi évoque le décès des migrants

Les enterrements de migrants, je vais t'expliquer. Tu sais, j'ai vu certains passeurs qui étaient inhumains ; oui, j'ai vu ce qu'il se passait chez eux. J'ai vu ce qu'ils faisaient pour de l'argent, ici ou au Yémen. Nous n'en parlons pas, mais j'ai vu les mauvais passeurs. En Éthiopie, moi et ces migrants, on passe un accord : ils ont confiance en moi. Les passeurs éthiopiens m'ont donné ces gens. Je dois les transporter. Ces passeurs inhumains et les petits, ils s'en foutent : ils s'assoient dans la maison, ils mangent, ils khatent ; y a des gens qui sont en plein désert, avec le soleil, qui n'ont ni à manger ni à boire, alors que toi, tu manges tout ce que tu veux, tu te régales avec tes amis et les autres crèvent là-bas dans le désert. Moi, mon cas, c'est différent, j'ai tout calculé : l'été et l'hiver. Quand je dis l'hiver, c'est pas l'hiver, mais la saison fraîche. Les migrants ne cherchent pas d'eau pendant la saison froide, mais l'été, quand il fait chaud, moi, je les ramène près de la mer. Même si une personne a soif à cause de la chaleur, il peut se laver avec l'eau, même s'il ne boit pas, cela le soulage, le temps que je ramène de l'eau à boire, après je viens avec le bateau et je le ramène à Tadjoura.

Y a certains passeurs, tu sais, dans tous les endroits, y a des gens mauvais, qui s'en foutent, qui n'ont aucune humanité, y en a chez nous aussi. Ils s'en foutent. Ils voient le cadavre au milieu de la route, ils n'ont rien, ils ne font rien, ils n'appellent pas, ils laissent comme ça. Moi, j'ai appelé le préfet, j'ai appelé les gendarmes, on a parlé des cadavres. Je me fous de ce qu'ils disent sur moi, on a parlé : « Il y a un cadavre en plein milieu de la route. Moi, je suis un passeur, vous l'État. Soit moi, soit l'un de vous, il faut l'enterrer. C'est notre devoir. » Moi, je m'en foutais, je parlais librement car je savais que ce n'était pas un gars [le migrant] à moi. Le gars ne m'appartenait pas. Alors le préfet, les gendarmes, ils ont dit : « OK. On va t'appeler quand il y a besoin, pour enterrer les migrants, merci de le faire. » Il faut être humaniste pour être un passeur. Si tu ne regardes pas la vie humaine, tu ne seras pas bon. [...] Si un passeur est quelqu'un de confiance, les gens lui feront confiance. Si on ne peut pas lui faire confiance, personne ne leur fera confiance. La gendarmerie sait que je suis passeur, mais ils savent tout ce que je fais pour les cadavres dans le désert, alors ils ne me font rien.

L'État ne peut pas se charger de ça, de ces gens-là, morts. Alors les responsables disent : « Je vais trouver ça du côté des bandits. » Je suis un être humain et le migrant aussi, c'est un être humain. Une fois qu'il est mort, je ne vais pas le laisser ici comme ça. Je ne vais pas le lâcher comme ça, ici, au beau milieu de la route ou du désert. On ne peut pas faire ça. Je le porte avec moi. J'envoie des gens, je le ramène et je l'enterre. Je ne laisse jamais de cadavre seul. On fait un métier compliqué, mais on doit surtout faire un métier digne pour tout le monde. Des fois, les gens me disent : « Pourquoi tu fais ça ? Ce n'est pas quelqu'un à toi, de ton réseau. » Tu vois, c'est ça que les petits [passeurs] ne comprennent pas. Ils voient que l'argent. Moi, je m'en fous. Le cadavre, c'est un humain. Qui sait ? Dieu le sait à qui appartient ce cadavre, qui sait le gars mort ; moi, je m'en fous de qui c'est, mais moi, je suis un être humain, je ne peux pas laisser ce cadavre comme ça, je vais l'enterrer.

J'ai essayé de réunir les petits passeurs cinq ou six fois pour les aider. Moi, j'ai tout vu : le Yémen et l'Éthiopie aussi. J'ai vu comment ça marche : les négociations, le travail des *dalals* dans les autres pays. Les anciens passeurs, les grands, on a tous vu l'Éthiopie et le Yémen, on y est allés ; les petits, non, ils n'ont pas voyagé. Ils ne connaissent pas le métier, comment ça se passe là-bas avec les *dalals*. Alors je les ai soutenus, même quand ils viennent me voir pour me demander de l'aide, je leur donne. Je transporte parfois leurs gens, je mets ma voiture à disposition pour leurs convois. Mais ils ne comprennent toujours pas. Les petits passeurs, les faibles, y en a plein qui n'étaient pas capables de faire ça [enterrer des migrants]. Ils ne comprenaient pas pourquoi on faisait ça : « Enterrer des migrants ? Mais on ne les connaît même pas ces gens ! » Il ne faut pas penser comme ça dans ce métier. C'étaient des gens comme eux, des petits, qui ont tout dévoilé, des gens qui étaient sans expérience, sans idée, qui ne savaient pas faire le métier et qui ont montré au monde le trafic.

Même maintenant, s'il y a une personne qui meurt au beau milieu de la route, peu importe, n'importe quelle personne, moi, je suis le premier à assister et à enterrer. Je fais ça parce qu'il y a des gens qui meurent sur la route, tout le monde va dire ça : « C'est les passeurs ! C'est la faute des passeurs ! » Alors, même si ce n'est pas mon réseau, même si elle ne m'appartient pas, la personne est morte, le cadavre est là, en plein milieu de la route. Je suis le premier à prendre ce cadavre et à l'enterrer. Chaque fois, je fais comme ça, pour ne pas salir notre nom, notre métier. Après, il y a des gens ou l'État, qui veulent en profiter : ils bloquent la route, ils ne veulent plus qu'on travaille et disent qu'il y a trop de morts. On s'occupe de ces morts.

L'AFFRANCHI, chez lui, Djibouti Ville, 2020.

À l'instar des « corps-déchets » produits par la violence criminelle et dont la gestion déborde les pouvoirs publics[1], ceux des migrants décédés sur la route ne mettent pas uniquement en cause l'activité

1. Sabrina MELENOTTE, « Des morts qui dérangent : espaces clandestins de la disparition et nécropouvoir au Mexique », *Cultures & Conflits*, n° 121, 2021, p. 51-72.

des passeurs. Si leur enterrement clandestin a pour but de faire disparaître les preuves des méfaits du trafic, il s'agit également d'effacer celles des défaillances de l'État en matière de politique migratoire. À l'exception du cimetière des migrants noyés lors d'un naufrage situé près de Fantahéro, en périphérie d'Obock, ces tombes sont introuvables. Même repérées, elles restent anonymes et rien ne rappelle de quel chemin elles marquent la fin. La sous-traitance par l'administration des tâches funéraires aux passeurs entraîne l'effacement total de l'individu. Elle participe d'un mouvement plus large de « décharge[1] » à l'égard des questions migratoires, dont l'État djiboutien se désengage de plus en plus au profit de la société civile, des ONG, des partenariats étatiques avec l'Arabie saoudite ou l'Union européenne, des institutions ou des bailleurs internationaux.

Si des relations de clientélisme existaient auparavant, cette thanatopolitique fait évoluer les relations entre les pouvoirs publics et les réseaux qui démontrent l'utilité et la fiabilité de leurs services. En se rendant indispensables, les passeurs disposés à enterrer les migrants morts à toute heure du jour et de la nuit acquièrent une certaine immunité pour convoyer les vivants. L'exemple le plus marquant de ces renégociations du thanatopouvoir concerne les périodes du ramadan entre 2017 et 2019 où la vigilance aux frontières diminue fortement du fait des fortes chaleurs estivales et de l'épuisement physique dû au jeûne. En raison du relâchement de la surveillance, le nombre de migrants de passage sur le territoire djiboutien augmente, entraînant la raréfaction des ressources en eau disponibles et l'accroissement du nombre de décès sur la route[2]. Les réseaux sont à leur tour davantage sollicités

1. Concept wébérien repris par Béatrice Hibou dans le contexte contemporain africain, la « décharge » renvoie aux différentes formes de privatisation de l'État et au recours de plus en plus important à des acteurs privés – souvent illicites – en charge de l'action publique. Béatrice Hibou, « La "décharge", nouvel interventionnisme », *Politique africaine*, n° 73, 1999, p. 6-15.

2. Selon les données de l'OIM, le nombre moyen d'individus observés serait passé de plus ou moins 350 par jour durant les premiers mois de l'année 2019

et, en contrepartie des enterrements pratiqués, ils obtiennent à titre exceptionnel le droit de faire librement circuler leurs convois en journée. À ce niveau de compromis, l'interprétation de la loi évolue et le but des forces de l'ordre n'est plus d'arrêter les passeurs mais de les sensibiliser aux besoins des migrants. Tel est l'objectif des missions, certes officieuses, organisées à Obock en 2016 (ou en 2017) entre le Conseil régional, un adjoint du préfet, quelques policiers ou gendarmes et différents représentants des réseaux.

De leur côté, les trois patrons de réseau qui s'improvisent ainsi fossoyeurs n'agissent pas uniquement par intérêt. Si la perte des migrants « indirects » ne relève pas de leur responsabilité, ils estiment de leur devoir de leur offrir une sépulture. La prise de conscience du caractère meurtrier de la route et de la fragilité de ceux qui la prennent réveille chez eux des convictions religieuses et morales. Alors que le trafic implique souvent la déshumanisation des migrants, considérés comme une cargaison, l'intrusion de plus en plus fréquente de la mort intensifie la sacralisation de la vie. Ces passeurs deviennent ceux qui traitent leurs convois avec le plus d'humanité et d'hospitalité. À Tadjoura ou à Obock, ils offrent aux migrants des repas plus substantiels, leur accordent davantage de repos, leur laissent la possibilité d'appeler leur famille en Éthiopie pour donner des nouvelles, prennent le temps de leur parler. Ils leur racontent l'histoire de la région, leur exposent l'itinéraire qu'ils vont emprunter, tentent de les rassurer sur la suite de leur périple de l'autre côté de la mer. Ils apprennent à les connaître, les écoutent décrire l'Éthiopie, les raisons du départ ainsi que leurs rêves de fortune dans la péninsule Arabique.

à plus de 800 par jour à partir du mois de mai, le ramadan commençant le 6 (DTM-OIM-Djibouti, « Suivi des flux de population », 1er-31 mai 2019).

Les passeurs qui enterrent les migrants

« Et, d'un coup, tout le monde a entendu :
la population, le gouvernement, les gendarmes.
Tout le monde a entendu ce qui se passait :
"Y a des gens dans le désert, y a des gens qui meurent
de soif, des gens qui meurent sur la route.
Y a des cadavres !" On a commencé à parler sur nous,
les passeurs, c'était notre faute. Ces gens,
lorsqu'ils arrivent chez nous, c'est automatique :
ils sont récupérés par des passeurs ou des passeurs
envoient de la nourriture et de l'eau. Si le passeur
ne donne pas à manger ou à boire, ces gens-là
meurent de faim, de soif, le soir sur la route.
Tout le monde nous a dit : "Ce sont vos migrants
morts dans le désert ?" »

PATRON DE RÉSEAU, Tadjoura, 2020.

« J'ai enterré beaucoup de personnes.
Dès que je vois les cadavres, je le fais. Des fois,
y a même des discussions avec les gendarmes.
J'ai parlé avec eux à propos de ça, je leur ai dit :
"Une fois que vous avez des cadavres sur la route,
vous m'appelez, je m'occupe de les enterrer",
et ils m'appellent tout le temps :
"Oui, il y a des cadavres sur la route, tu peux ramener
des migrants pour travailler, il faut les enterrer."
Moi, j'amène des migrants, je leur donne un peu
d'argent, de la nourriture pour qu'ils creusent
des tombes et qu'ils enterrent les cadavres.
Je les aide un peu et on fait disparaître le cadavre
de la route. On ne peut pas le laisser comme ça, non ?
Un cadavre, c'est une part d'humanité.
Je fais beaucoup de choses pour lui donner
du respect : j'achète des habits pour l'enterrer, le laver,
je creuse la tombe pour qu'il ait un peu de dignité.
C'est le minimum qu'on peut donner pour lui, tu vois ?
Si on peut l'enterrer ici, on l'enterre. Sinon, on essaye

de le déplacer pour que ce soit un bel endroit.
Je l'accompagne une dernière fois dans le désert
pour pas qu'il reste seul. On le met dans la tombe
quand tout est prêt, avec les habits, on l'entoure
avec du tissu pour protéger le visage et les mains,
pour éviter que ça touche la terre, après,
on referme le désert. »

PATRON DE RÉSEAU, Tadjoura, 2020.

« Quand on s'occupe des corps, ça fait beaucoup réfléchir sur la vie, on voit plus le travail comme avant. Y a nos bagarres [entre les réseaux], y a les convois à passer le soir, y a les discussions avec les gendarmes et les autres passeurs, mais y a aussi autre chose. C'est quelque chose, tu vois, qui change quand on enterre des migrants, on donne du respect à la personne ; le cadavre, tu ne peux pas le laisser comme ça. Il est mangé par les chiens sauvages et les oiseaux [charognards], alors c'est important de le prendre avec toi, de l'enterrer pour le protéger de ça, pour lui donner du respect. J'ai souvent enterré des cadavres de migrants, ça change le travail. Avant, les migrants, on les faisait passer sans regarder, on faisait le moins possible, on pense à l'argent, on pense aux chiffres : ce soir, c'est 50, demain, c'est 70, après, c'est 100. On veut toujours plus de chiffres et d'argent. Quand tu enterres des gens, tout ça change. C'est l'homme qui est important : on donne plus à manger, on parle avec eux des fois pour savoir où ils vont chez les Saoudiens. Je leur parle de l'Éthiopie quand j'y suis allé. On sait qu'on ne les reverra pas, mais on parle avec eux quand même pour les rassurer. »

PATRON DE RÉSEAU, Djibouti, 2022.

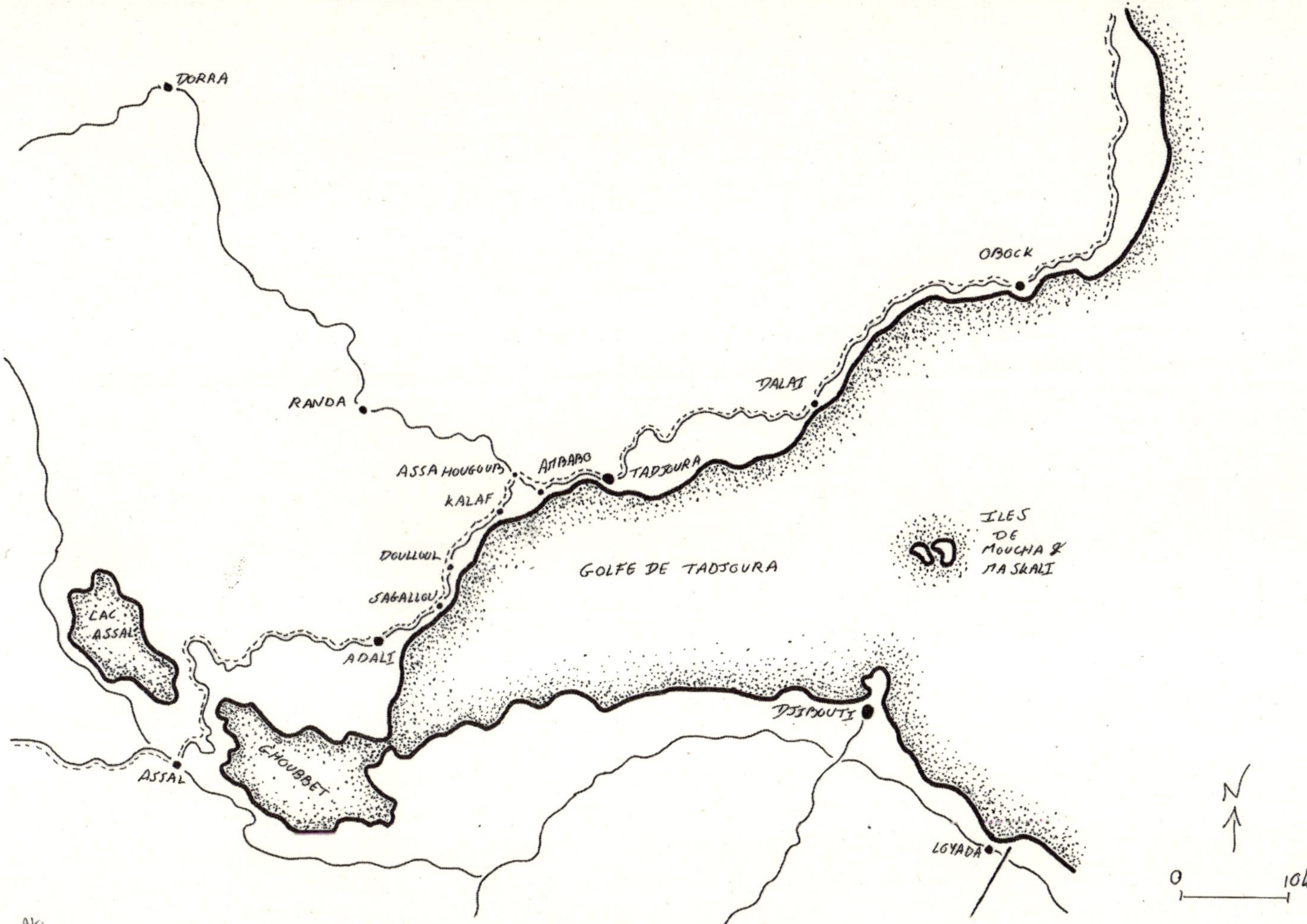

Le nord de Djibouti

Chapitre 7

La guerre des réseaux (2015-2018)

« Il y avait des bagarres tout le temps : tous les soirs ils faisaient des bagarres et les matins, ils étaient comme des amis, et le soir, c'était de nouveau la guerre, les bagarres, même qu'il y avait aussi des Éthiopiens et des Obockois à l'intérieur de cette guerre. »

Lieutenant de réseau

« Il y a différents quartiers à Tadjoura, donc il y a différents passeurs, par quartier : Elamo, Badaf, Marsaki. Ils se battent pour des miettes, pour des ruines, rien de plus. Ils pensent avoir gagné ? Ils ont déjà tout perdu. »

Passeur initial

« Ils veulent arrêter les voitures pour en profiter, ils font des bagarres et des barrages en brousse. Ils boivent de l'alcool ou prennent beaucoup de khat. Ils sont cinq, six à se chauffer, dix maximum dans la brousse, mais on gagne toujours, car des ivrognes, il y en a beaucoup plus à Tadjoura. »

Ancien lieutenant de réseau

L'effondrement du réseau unique entraîne avec lui toute l'économie solidaire et de contrôle mise en place par les passeurs au temps de l'âge d'or. La politique de dons aux populations des villages et des villes situés tout au long de l'itinéraire parcourant le nord du pays est abandonnée, tandis que les pots-de-vin et autres cadeaux distribués aux forces de l'ordre ou encore les petits arrangements avec les pouvoirs publics et les notables locaux sont à renégocier. Désunis et appauvris, les nouveaux réseaux djiboutiens se développent tant bien que mal et la période de troubles qui s'ouvre alors ne leur est pas favorable. Sur la route comme en ville, les passeurs se livrent une concurrence acharnée afin d'accaparer le plus de migrants. Les affrontements nocturnes ouvrent un cycle incessant de représailles et de règlements de comptes auxquels participent villageois et citadins, migrants supplétifs, policiers et gendarmes.

En 2015, une vingtaine de réseaux, nés des cendres de la filière historique, sont actifs à Tadjoura. Il y a bien sûr les clans dissidents ayant précipité la chute du Passeur initial, celui de l'Affranchi en tête. Ce sont les principaux gagnants de la libéralisation du trafic : leur organisation est déjà structurée depuis plusieurs mois et leurs patrons disposent de contacts fiables en Éthiopie garantissant un approvisionnement régulier en migrants à faire transiter. Ils ont une longueur d'avance sur leurs concurrents, les nouveaux réseaux indépendants en développement. Si, parmi ces derniers, certains peuvent également être dirigés par d'anciens lieutenants ou passeurs issus du réseau unique, d'autres sont aux mains de nouveaux venus, attirés par les perspectives d'enrichissement que laisse entrevoir l'ouverture du marché. Pour se lancer, ils doivent disposer de certaines ressources : posséder un ou plusieurs véhicules permettant de transporter les convois, bénéficier de contacts auprès des *dalals* étrangers, parler l'arabe ou certaines langues éthiopiennes (l'amharique, le tigré ou l'oromo) pour en nouer dans le cas contraire. Ils doivent également parvenir à recruter des hommes pour rendre opérationnel leur réseau. Il arrive que les patrons conduisent eux-mêmes le véhicule, mais bien souvent ils préfèrent confier cette tâche à un chauffeur pour se concentrer sur les communications avec les *dalals* étrangers, le pilote et son copilote transportant les migrants et, potentiellement, un ou plusieurs guetteurs pour surveiller les casernes de la police ou de la gendarmerie. Si certains emploient plusieurs dizaines d'hommes, d'autres peinent à payer les trois ou quatre passeurs nécessaires au bon fonctionnement de l'activité. Tous les réseaux n'arriveront donc pas à se maintenir et, sur la vingtaine dénombrée en 2015, il n'en restera plus que huit à Tadjoura en 2018.

D'emblée, ces réseaux se livrent une concurrence acharnée pour accaparer le plus de migrants. Pour se protéger des vols de contacts téléphoniques des *dalals* étrangers, des détournements de convois et des représailles violentes que leur valent leurs propres menées contre leurs rivaux, ils se replient sur les territoires qu'ils contrôlent, à savoir le quartier dont est originaire le patron. Dans les discussions nocturnes, on parle désormais d'Elamo, de Badaf, de Marsaki ou encore de Gablassan pour désigner autant les quartiers de Tadjoura que les réseaux, leurs patrons et l'identité que ces derniers donnent au tout : le rôle qu'ils ont joué dans le développement du trafic, les légendes et les rumeurs colportées à leur sujet, le groupe ethnique de migrants qu'ils transportent ou encore certains traits particuliers. Elamo devient ainsi le quartier d'où a surgi la révolte contre le Passeur initial, lui-même étant issu de Badaf, au centre-ville, dans lequel le réseau historique s'est initialement constitué à partir de 2007, tandis que Marsaki-Est est réputé abriter des « réseaux-parasites ». Ces derniers, faute d'avoir pu trouver un contact en Éthiopie et d'avoir ainsi réussi à monter leur propre réseau, s'associent entre amis, voisins ou membres d'une *fi'ma* pour établir des barrages, notamment en « brousse », à l'entrée ou à la sortie de la ville. Ils imposent un droit de passage et rançonnent certains convois si les réseaux refusent de les payer. Bien que ne transportant pas de migrants, ces coupeurs de route nocturne se perçoivent également comme partie intégrante du monde des passeurs.

Le trafic s'étend peu à peu à toute la ville en s'enracinant dans la plupart des quartiers, y compris ceux où il n'y avait pas ou peu de passeurs auparavant. Les patrons y développent chacun leur réseau d'hébergeurs proches de chez eux pour « stocker » les migrants en attente de leur transfert vers le relais d'Obock et garder un œil sur eux. Ceux ayant le plus de ressources soudoient les policiers ou les gendarmes afin qu'ils laissent passer tel convoi et interceptent les autres. Ils réinvestissent également une partie de leurs bénéfices dans des dons aux familles ou l'ouverture d'un commerce local. Les patrons finissent par incarner la réputation et l'honneur du quartier, que sont prêts à défendre les jeunes, souvent encore au lycée ou déjà déscolarisés, qu'ils recrutent contre quelques milliers de francs ou quelques bottes de khat à la journée comme passeurs, guetteurs ou encore « soldats ». Chaque soir, ces nouvelles recrues vont chercher leur khat, une à deux bottes, chez le patron ou un de ses lieutenants, en attendant d'être mobilisés pour faire lever un barrage routier ou affronter un réseau rival.

Ce morcellement de la ville en territoires, avec la logique d'inclusion et d'exclusion que sous-tend le processus, préfigure la « gangérisation » du trafic. Très vite, la lutte entre réseaux dégénère en rivalités de quartiers, aboutissant à des affrontements où des bandes de jeunes au départ non associés au trafic veulent en découdre. Comprenant l'intérêt qu'ils peuvent tirer de la situation, les patrons jouent en permanence sur ce principe d'identification pour fédérer à moindre coût – quelques bottes de khat, une bouteille d'alcool – ces nouveaux soldats dont le nombre est synonyme de puissance.

L'irruption de la violence entre gangs rivaux ne signifie toutefois pas l'abandon de toutes les règles. Le quartier reste un lieu de non-affrontement où les passeurs s'accordent pour respecter l'intégrité de la vie courante. L'activité illicite, principalement nocturne, ne doit pas perturber la tranquillité diurne des habitants. Les règlements de comptes et les tentatives de détourner les convois ont donc majoritairement lieu dans les espaces autres, c'est-à-dire sur la route, en « brousse », à l'entrée et à la sortie des villages ou de Tadjoura, voire sur certaines artères routières délimitant les quartiers. Cette double distinction, du jour et de la nuit, des lieux où s'affronter et de ceux où il n'est pas possible de se battre, reflète le réajustement des stratégies nécessaires pour assurer la discrétion du trafic et négocier son acceptation par la population.

Le témoignage d'un bâtisseur de barrages

Quand je suis revenu [de l'université de Djibouti], j'ai entendu qu'il y avait un réseau qui passait des clandestins par Tadjoura. C'est là que j'ai compris que je pouvais me faire de l'argent, mais je ne savais pas trop comment je pouvais y participer, être passeur quoi. Ce n'était pas mon domaine. En ce temps-là, je khatais avec des amis et c'est là qu'ils m'ont parlé du Passeur initial. Les gens disaient beaucoup de bien sur lui : « Il fait ceci pour les gens, il fait cela pour les gens. » Il aidait tout le monde. Et en même temps, j'ai vu qu'il y avait certains voyous qui le dérangeaient. J'ai entendu des gens d'autres quartiers, d'Elamo, qui se bagarraient avec lui pour lui prendre ses migrants, pour son argent. J'ai voulu réagir à ce moment-là. Lui et moi, on est de Badaf, il fallait que j'agisse pour l'aider. Sans vous mentir, je suis quelqu'un d'un peu courageux. Sans le prévenir, je me suis levé pour intervenir, pour pas qu'on dérange quelqu'un de bien. Je voulais être un renfort pour lui, pour notre quartier. Ce gars-là, il représentait l'intérêt de tous. Je n'ai pas fait cela pour obtenir quelque chose de lui [...]

Moi, j'étais quelqu'un qui avait de l'influence. Beaucoup d'amis m'écoutaient. Un jour, je leur ai dit : « Pourquoi on reste comme ça ? Pourquoi on mange ce que nos parents nous donnent alors qu'on est jeunes et qu'on peut faire des choses ? Pourquoi on prend de nos parents ? » Alors j'ai commencé à monter un petit groupe, on a fait quelques actions, on arrêtait toutes les voitures qui passaient clandestinement. Mon barrage était très dur ! Les passeurs préféraient les barrages des gendarmes plutôt que les miens, vous voyez un peu ? Le mien, on ne le passait pas. Tu pouvais recruter ta famille, tes amis, tout le monde, ça ne passait pas ! Ce n'était pas l'uniforme ou l'argent qui nous unissait, non. On avait quelque chose de plus, on était des jeunes, on se connaissait et on s'était engagés ensemble. Ils m'écoutaient, un peu comme le capitaine d'une équipe de foot. On était programmés, voilà ! On était une bonne équipe, une douzaine, mais douze gars importants. Ce n'était pas n'importe quels douze hein, c'étaient douze personnes soudées, sept personnes de la même *fi'ma*. On a cassé beaucoup de voitures de passeurs, on était terribles avec eux, ils nous craignaient. [...]

Quand j'ai su que l'entourage d[u Passeur initial] n'était pas des gens bien pour lui, j'ai voulu faire des barrages pour les freiner, pour pas qu'ils passent. Les passeurs devaient nous payer s'ils voulaient passer. On arrêtait tout le monde, sauf [le Passeur initial]. J'ai voulu lui montrer que c'est par mon respect pour lui qu'il pouvait passer avec son réseau. Il ne payait pas [mon barrage] parce qu'il avait mon respect. À un moment, un soir, je l'ai arrêté pour qu'il voie que j'étais fort, que personne ne pouvait me forcer la main. Si son réseau était arrêté, automatiquement, eux, ses amis devaient réagir, n'est-ce pas ? Ils ont réagi, bien sûr, mais il a vu qu'ils étaient faibles, qu'ils n'avaient rien pu faire contre mon barrage. Je voulais lui montrer que j'étais fidèle. Lui [le Passeur initial], il ne savait pas pourquoi j'étais là, pourquoi je le soutenais comme ça. Il me voyait comme un simple jeune, quelqu'un de la ville, mais qui était parti faire des études à la capitale. [Le Passeur initial] pensait que je faisais des barrages pour moi, pour de l'argent, comme les autres qui voulaient quelque chose de lui. Je voulais simplement qu'il voie que j'avais du respect. Il l'a compris : j'ai levé le barrage sans lui demander le moindre sou, même pas une petite somme, rien. Je lui ai dit qu'il pouvait passer car c'était quelqu'un de bien pour la ville.

Après, c'était trop tard, il a été écarté du trafic alors on a continué les barrages pour tout le monde. C'était au Ras Ado, dans les montagnes, à 1 ou 2 kilomètres, à la sortie de Tadjoura. On avait choisi la brousse, car si on faisait un barrage en pleine ville, c'était difficile à tenir. Et puis, en ville, ce n'était pas pour les gens courageux, non. C'était pour quelqu'un qui avait tout de suite besoin de l'aide de ses voisins, de ses parents. C'était pour les lâches. Les courageux comme nous, on faisait ça en dehors de Tadjoura. On avait confiance en nous-mêmes. Tout le monde le savait : on arrêtait les voitures de tous les réseaux ! J'arrêtais tout le monde et ils avaient intérêt à payer quelques sommes pour mon groupe et moi. On demandait 5 000 francs par voiture. Chaque passeur devait donner, et s'il n'avait pas l'argent, il pouvait retourner à Tadjoura avec ses migrants, repasser demain ou revenir nous en donner. On a fait ça quelques mois, mais c'était fatigant les barrages : on veille toute la nuit, sans savoir si des véhicules passent à 21 heures ou à minuit. On était souvent épuisés, mais on tenait ! […]

Un jour, je suis parti à Djibouti pour le ramadan ; après ça, je ne me suis pas remis à faire des barrages. C'était trop fatigant. J'ai abandonné ce domaine. Je me suis dit que si un réseau s'obtenait par la force, j'aurais dû l'obtenir en une seule journée ! J'étais un très grand obstacle. Je me suis donc dit que c'était quelque chose qu'on ne pouvait pas obtenir par la force. On ne peut pas rentrer avec les poings dans ce type d'activité. J'ai essayé la force et les barrages, cela n'a pas marché. On a abandonné. On était un groupe solide, on a gagné beaucoup d'argent et on s'est dispersés. On est restés amis, on est encore plus soudés, on évoque ce temps-là parfois.

ANCIEN CHEF DE BARRAGE, à la sortie de Tadjoura, 2020.

Les passages, les barrages, les négociations et les résistances s'inscrivent dans un laps de temps très court. Tout se passe en quelques heures seulement. Les coupeurs de route apprennent que tel réseau fait passer son convoi ce soir-là, une équipe se met en place et dresse aussitôt un barrage à l'entrée ou à la sortie de Tadjoura. Le convoi est bloqué jusqu'au paiement du droit de passage exigé ou détourné vers le quartier pour obtenir une rançon. Contacté par l'intermédiaire du copilote, le patron du réseau décide de payer ou de monter à son tour une équipe composée de « soldats » pour aller lever le barrage. Une bagarre éclate, puis, quelle que soit l'issue du combat, les belligérants s'éclipsent prestement avant l'arrivée des forces de l'ordre. Cette géographie de l'éphémère renforce l'écart entre les grands réseaux comme Badaf ou Elamo aux capacités logistiques importantes et les réseaux constitués de quelques passeurs aux ressources économiques les plus faibles. Ne pouvant s'imposer par la violence, ces derniers s'appauvrissent davantage à mesure que les coupeurs de route se déploient. D'autant plus que la situation s'envenime rapidement à la fin de l'année 2015, lorsque les populations des villages situés tout au long de la route entre Assal et Obock exigent à leur tour un droit de passage.

Jusqu'au milieu de la décennie 2010, les passeurs de Tadjoura entretiennent un rapport privilégié avec les habitants des différents villages jalonnant leur itinéraire : Assal, Sagallou, Kalaf, Dalaï et certaines localités comme Randa ou Manda situées sur des routes secondaires comme celle de Balho, au nord. Contre rémunération, ces populations deviennent des relais auxiliaires pour appuyer et soutenir le réseau unique. Ils fournissent des villageois qui servent de guides (des marcheurs), des lieux pour accueillir les migrants quand les effectifs sont trop nombreux ou encore des guetteurs qui surveillent les va-et-vient de la police ou de la gendarmerie en temps réel. Malgré cette aide logistique, l'intérêt de ces villages est en réalité limité pour les passeurs. S'ils les rétribuent généreusement, c'est avant tout pour éviter qu'ils ne nuisent au trafic en bloquant le passage des convois, ce qui finit par arriver à partir de l'effondrement du réseau unique et du changement de politique des nouveaux réseaux, qui oublient que leur activité ne peut se développer sans la complicité des villageois.

Les relations entre ces derniers et les passeurs de Tadjoura deviennent vite houleuses. Pris dans leurs rivalités, les nouveaux patrons se désintéressent des espaces arides qu'ils traversent et des relais secondaires dont ils jugent le soutien logistique bien souvent inutile du fait de la généralisation des véhicules. Les rares réseaux qui ne possèdent pas de voitures déclinent d'ailleurs dès leurs premières semaines d'activité. Sans interactions avec des populations dont ils ne mettent que quelques secondes à franchir le territoire, les passeurs considèrent donc n'avoir aucune raison de verser un droit de passage aux villageois. S'estimant lésés, ceux-ci ripostent en conséquence.

La nostalgie d'un guide à pied

Moi, je ne sers plus à rien pour leur trafic. Avant, j'étais quelqu'un ! J'étais le meilleur, le meilleur guide à pied ! Je faisais de grandes distances, Kalaf-Tadjoura, en quelques heures avec les clandestins, c'est… une dizaine, une quinzaine de kilomètres, tu vois ? Il fallait passer par la palmeraie de Kalaf près de la mer ; c'est loin de la route et des gendarmes du GIGN à PK9 [au poste du point kilométrique 9]. J'ai fait ça au début avec [le Passeur initial]… J'étais son meilleur marcheur : j'allais vite, je ne faisais pas de bruit, je guidais sans perdre un seul [migrant] ! J'ai fait passer cinquante, cent, même cent cinquante clandestins une fois, comme ça ! Chaque nuit, je marchais avec eux, on passait par des cachettes [que] j'étais le seul à connaître. Personne ne prenait le même chemin que moi et [le Passeur Initial] était toujours content, il me disait : « Tu es mon meilleur marcheur ! Tu guides les migrants comme personne ! Avec toi, j'ai confiance, je sais que mon business marche parfaitement. » C'est ce qu'il disait de moi et il avait raison. Je ne l'ai jamais déçu.

Tu sais, je n'ai jamais perdu un seul clandestin, jamais. Pendant des années. Les autres guides perdaient beaucoup de gens. Ils [les migrants] voulaient des pauses, ils voulaient de l'eau, de la nourriture, ils faisaient du bruit, il fallait toujours surveiller et quand les autres arrivaient en ville : « Ah mince, on en a perdu cinq, on en a perdu dix. Mais où sont-ils ? », « Ah ils ont fait du bruit ! Il y a la police qui sait qu'on a des migrants ! » Mais avec moi, personne ne faisait du bruit. Avec moi, c'est comme si on volait, on marchait sans toucher le sol. Je n'ai jamais été arrêté, je n'ai jamais vu Gabode, oh… beaucoup ont fini là-bas, mais pas moi.

On a gagné beaucoup d'argent avec [le Passeur initial], on a acheté des voitures. Il y avait beaucoup, beaucoup de clandestins, quatre cents, cinq cents en un soir ! C'était trop difficile de tous les guider, il fallait plusieurs hommes pour ça. C'était différent, il fallait la voiture. Qu'est-ce qu'on peut faire contre la voiture ? [Le Passeur initial] m'a dit : « Je te garde, tu es mon meilleur marcheur, je te donne le khat et l'argent chaque soir et tu restes au village. Quand il y a les barrages [de la gendarmerie], je t'appelle et tu viens, OK ? Tu fais passer cachés les migrants pour moi à pied. » J'ai fait ce qu'il a dit. Je suis resté chez moi, j'ai attendu, je touchais le khat, je touchais les francs djibout' et j'attendais. Je ne faisais rien. J'ai été appelé quelques soirs, pas beaucoup, cinq fois. Un jour, le téléphone ne sonnait plus et le khat a arrêté de venir. Je suis allé à Tadjoura, j'ai vu plein de petits passeurs, j'ai demandé : « Où est [le Passeur initial] ? » Ils ont rigolé : « Il n'a plus de réseau, maintenant on travaille pour nous. On fait ce qu'on veut ! »

J'ai voulu travailler pour eux, j'ai demandé et personne n'a voulu me prendre. Ils ont dit qu'ils n'avaient plus besoin de gens comme moi : « Ici, c'est la voiture maintenant, les guides, c'est pour le passé ! Retourne au village ! » Je suis rentré, mais à Kalaf, à Sagallou, il y avait plein de gens comme moi, sans travail la nuit et on entendait toujours les voitures des passeurs. Il y en avait beaucoup. Avec le khat, j'ai beaucoup réfléchi, j'ai réfléchi encore et je suis allé voir les autres. Je leur ai dit : « Ce n'est pas possible, il faut que les nouveaux nous donnent à manger. Ce système a toujours marché comme ça, il doit continuer. On veut manger ! » C'est comme ça qu'on a commencé les barrages, on a pris des gros cailloux et on a bloqué la route. On a appelé la police, la gendarmerie, on a dit qu'on faisait le même travail qu'eux, on ne voulait plus de clandestins… À la fin, j'ai compris que c'était trop. Il y a des voitures, on casse ces voitures, il y en a d'autres, des nouvelles, chaque nuit, cinq, dix, quinze voitures.

On casse encore et il y en a toujours des nouvelles… C'est fini pour moi. L'époque, avant, quand nous étions guides, c'est fini. Ils ne veulent plus de nous. Il y avait les pêcheurs au début, ils sont morts [ils ne sont plus dans le trafic]. Il y avait les marcheurs comme moi, maintenant, c'est nous qui sommes morts.

ANCIEN PASSEUR, village, 2021.

Quelques habitants se concertent, installent des rochers sur la route à l'entrée de leur village pour bloquer les convois et exiger une taxe de passage chaque soir. Ils menacent les passeurs d'appeler la police ou la gendarmerie et de les arrêter s'ils refusent de payer. D'abord le fait de quelques jeunes de Sagallou, cette politique de la route bloquée se répand dans la plupart des villages, entraînant des négociations confuses. Chaque localité fixe son prix et chaque réseau négocie selon ses moyens financiers, ses forces humaines et sa capacité de les mobiliser dans une bataille, empêchant l'essor d'une politique tarifaire commune. Au gré des tractations et des affrontements, la route s'ouvre à tel réseau et se ferme à tel autre – quand la gendarmerie n'est pas appelée aussitôt les négociations terminées pour poursuivre les passeurs.

C'est dans ce contexte de tensions et de violences grandissantes que se produit l'incident de la nuit du lundi 8 février 2016, l'assassinat de deux gendarmes djiboutiens au lac Assal alors qu'ils tentaient d'arrêter un convoi de migrants avec leurs passeurs[1]. La réduction des moyens financiers des passeurs limite leurs capacités de maintenir de bonnes relations, grâce au paiement de pots-de-vin, avec un ensemble hétérogène d'acteurs, dont les forces de l'ordre. À la suite d'une dénonciation par des villageois, les gendarmes auraient arrêté des passeurs et d'autres seraient

1. Cette version est soutenue par les passeurs. D'autres personnes affirment que les deux gendarmes auraient été tués par des rebelles afars du FRUD. Cependant, la thèse de leur assassinat par des passeurs a été confirmée par différents médias, dont France 24 *via* son site des Observateurs. Cette thèse est aussi la plus répandue à Tadjoura et à Obock.

venus leur porter secours, provoquant le décès des deux hommes en uniforme. Le gouvernement djiboutien réagit en adoptant une nouvelle loi en mars 2016[1], condamnant le transport illégal de migrants en situation irrégulière de deux à cinq ans d'emprisonnement et de 500 000 francs djiboutiens d'amende (2 500 euros). À partir de cet événement, resté unique à Djibouti, les relations entre les réseaux et les gendarmes se détériorent. Après avoir longtemps préféré aux interventions nocturnes les cadeaux dont la gratifiaient les passeurs, la gendarmerie devient le fer de lance de la lutte contre le trafic de migrants – contrairement à la police qui maintient ses « bonnes » relations avec les nouveaux patrons. Cette dégradation des relations apparaît également dans un contexte où l'Arabie saoudite tente de réguler le flux migratoire éthiopien en finançant de nombreux projets de renforcement des capacités d'intervention des forces régaliennes dans les pays de transit comme à Djibouti[2].

Affrontements et barrages sur la route

« Il y a des petits villages, comme Kalaf, en brousse.
Les jeunes de ces villages prennent le khat
et ils attendent qu'il y ait des clandestins. Avec le khat,
ils deviennent un peu féroces, ils décident de bloquer
la route en mettant plein de cailloux et de pierres.
C'est toujours la nuit. Le chef appelait les gens
de sa *fi'ma* et ses soldats. On se regroupait
tous ensemble. On y allait en voiture, on arrivait,
on se brouillait avec les gars et pendant ce temps,
d'autres enlevaient les pierres de la route.
C'était pour faire passer trois
ou quatre voitures de clandestins. »

ANCIEN SOLDAT DU RÉSEAU UNIQUE, Tadjoura, 2019.

---

1. Loi n° 133/AN/16/7e L portant sur la lutte contre la traite des personnes et le trafic illicite des migrants.
2. Ces financements étant épisodiques, les gendarmes de l'arrière-pays ne disposent pas des moyens nécessaires pour mener leurs opérations jusqu'au bout.

« Quelques semaines après, [l'Affranchi]
nous a appelés. Il nous a dit : "Quand mon passeur
passe, ne l'attrapez pas, n'attrapez pas les clandestins.
Vous comptez les personnes qui passent,
vous m'appelez et vous me dites combien de migrants
passent, et combien d'argent vous voulez, et c'est moi
qui vais vous donner de l'argent, OK ?" Il a dit ça.
Un soir, il a amené deux cents personnes,
en une soirée ! Mais il a refusé de payer et il a amené
son équipe. Il a dit à son passeur de passer :
"Si l'un d'eux te touche, toi ou tes clandestins,
ce sera fini pour eux." Ils étaient beaucoup, une sacrée
équipe. On était beaucoup nous aussi, mais ils sont
passés. On ne les a pas touchés. "Allez, maintenant,
donne de l'argent." Ils sont passés
dans notre quartier, n'est-ce pas ? Ils doivent donner
de l'argent s'ils veulent passer. Il n'a pas voulu
nous donner de l'argent : "Ah d'accord. Tu ne veux
pas nous donner d'argent ? OK…" Il est repassé l'autre
jour, il a amené des personnes. Nous, on a simplement
appelé les gendarmes. Ils ont attrapé pas mal
de monde. Oh, il était très en colère ! Il ne savait pas
qui avait prévenu les gendarmes ! On lui a dit que
c'était nous. Il était si en colère ! Il nous a menacés. »
ANCIEN PASSEUR ayant fait des barrages, Djibouti Ville, 2019.

« Je ne voulais pas être militaire, j'étais un bandit
avant ! Je me suis battu avec d'autres passeurs ;
certains comme [l'Affranchi] battaient les gens.
Son équipe, ce sont des Oromos et des Tadjouriens.
Ils utilisaient les Oromos pour frapper, le soir,
lors des bagarres. Moi aussi, j'avais mon équipe le soir.
C'était le centre-ville, à côté de la mosquée [Badaf].
On avait des amis, une équipe, on s'est battus,
on faisait des barrages ! On contrôlait les passeurs :
"Il faut donner de l'argent, sinon tu ne passes pas."
Ce réseau donne, il passe ; ce réseau ne donne pas,
il ne passe pas. Maintenant, je fais un peu la même

chose avec la gendarmerie,
je fais des barrages la nuit. »
ANCIEN PASSEUR DEVENU GENDARME, Djibouti.

« Les habitants bloquent la route à la sortie de Tadjoura n'est-ce pas ? C'est le seul travail que trouvent les jeunes. Ils bloquent quand ils ont besoin d'argent ou lorsqu'ils ont envie de parler avec un *dalal*. Ils bloquent la route, le *dalal* vient : "Qu'est-ce que vous avez ? – Il faut nous payer pour passer – Ce n'est pas possible !", et voilà, ils se battent et ils cassent leur voiture. Combien de fois des voitures ont été cassées ? C'est un lieu risqué, la sortie de la ville et, lorsqu'il y avait des barrages, tout le monde intervenait : les familles avec les femmes, les enfants, les vieillards. Tout le monde bloquait la route. La sortie de la ville, c'est le plus dangereux, plus dangereux que devant la gendarmerie. À Tadjoura, on a cassé beaucoup de voitures, on a tapé et blessé beaucoup de personnes, y a eu beaucoup et beaucoup de négociations, presque tous les soirs, et tout ça pour quoi ? Faire passer quelques clandestins et être mal payé. On était tous à cran. »
LIEUTENANT DE RÉSEAU, Tadjoura, 2019.

En ville comme sur la route, les barrages, les affrontements et les règlements de compte qui se poursuivent pendant plusieurs nuits sont désormais récurrents. La gendarmerie étant devenue partie prenante contre le trafic, la menace de son intervention est brandie pour peser dans les négociations et elle est systématiquement appelée en cas de défaite, perçue comme humiliante, par ceux qui dressent les barrages. L'objectif des coupeurs de route est de ralentir les passeurs la nuit suivante jusqu'à l'arrivée des gendarmes. En réponse, il arrive que des réseaux recrutent des supplétifs au sein de leurs propres convois pour augmenter leur force de frappe. Contre des repas chauds, davantage de nourriture, un peu d'alcool ou quelques milliers de francs djiboutiens, certains migrants acceptent de se battre quelques nuits avant de continuer leur route.

Trop occupés à gérer ces désagréments et ces tensions nocturnes, les passeurs de Tadjoura ne perçoivent pas à temps la nouvelle menace que représentent leurs anciens alliés, ceux d'Obock. Alors que les premiers se déchirent, les seconds maintiennent une certaine unité malgré l'effondrement du réseau unique. Ils n'étaient pas forcément mieux préparés que les Tadjouriens aux renversements éthiopien et yéménite, mais ils étaient plus soudés du fait de leur position subalterne au sein du réseau djiboutien et d'une histoire tragique commune, celle de la destruction de leur ville durant la guerre civile djiboutienne de 1994. Située à une soixantaine de kilomètres de Tadjoura, Obock est un véritable entonnoir migratoire où les passeurs et leurs convois attendent parfois plusieurs jours tantôt les ordres des *dalals* yéménites, tantôt une accalmie maritime avant de pouvoir se diriger vers les plages d'embarquement. C'est grâce à cette situation géographique et à leur unité qu'ils réussissent à s'imposer dans la seconde moitié de la décennie.

Depuis les premières divisions du réseau historique, en 2013, les passeurs obockois rêvent de renverser l'ordre hiérarchique établi par le Passeur initial. Selon eux, Tadjoura constitue une simple étape pour les migrants, un relais comme il en existe dans chaque village de l'itinéraire. Son titre de « capitale du trafic » n'a de leur point de vue pas d'autre fondement que l'hégémonie politique que le Passeur initial est parvenu à instaurer de Bati en Éthiopie jusqu'à la frontière yéménite grâce à l'unité de son groupe et à ses contacts éthiopiens. À l'inverse, les passeurs obockois estiment que leur relais constitue le plus important au nord de Djibouti, car il forme naturellement un territoire-barrage – un « verrou » – avant la traversée maritime. Ils font valoir qu'ils pourraient bloquer les migrants sur le rivage africain afin de peser dans le rapport de force avec leurs homologues éthiopiens et rencontrer directement les *dalals* yéménites pour négocier. Au moment même où son pouvoir est contesté, le Passeur initial n'entend pas leur reconnaître la place qu'ils revendiquent. Tout juste accepte-t-il de revoir sa politique de redistribution en leur allouant une part plus importante que les autres relais, 10 000, parfois 15 000 francs djiboutiens sur les 50 000 que chaque migrant paye à Tadjoura.

Cet accord ne satisfait qu'un temps les passeurs obockois, qui affrontent les risques de chavirement et de naufrage lorsqu'ils transportent eux-mêmes les migrants sur les eaux tumultueuses du détroit avant 2015. Ils savent par ailleurs que leur marge de manœuvre demeure limitée. Situés en aval de l'itinéraire, ils ne peuvent influencer les négociations qu'une fois que les convois leur ont été transmis par les passeurs de Tadjoura. Profitant des tensions que ceux-ci connaissent, ils décident alors de remonter la filière pour se positionner en amont et tenter de court-circuiter le réseau historique. Dans leurs embarcations de pêche ou leurs *galbas* (grandes barques), ils prennent la mer depuis Obock jusqu'aux plages du Ghoubbet, près du lac Assal, afin d'intercepter les convois de migrants avant qu'ils ne passent aux mains des passeurs de Tadjoura. Arrivés avant les hommes du Passeur initial, ils se font passer pour eux auprès des passeurs d'Assal ou, si ces derniers se méfient, leur promettent de meilleurs revenus que ceux octroyés par les Tadjouriens afin de récupérer les convois. L'accord conclu, les migrants sont ensuite transportés par bateau jusqu'à Obock où les passeurs obtiennent, à force de persuasion, le contact des *dalals* éthiopiens qui leur versent l'argent du passage.

Pensant qu'il s'agit de détournements de migrants par les premiers réseaux dissidents, parfois trompés par les passeurs d'Assal qui commencent également à s'autonomiser, les passeurs de Tadjoura mettent plusieurs jours, si ce n'est plusieurs semaines à comprendre le stratagème des Obockois. Quand ils découvrent la trahison, ils organisent aussitôt une expédition punitive sur les plages du Ghoubbet, dont les Obockois réchappent cependant sans déplorer de victimes. Pour se venger, les Tadjouriens décident par la suite de convoyer eux-mêmes les migrants jusqu'au Yémen. Cette opération se révèle cependant coûteuse en carburant – plus d'une soixantaine de litres – et soumise aux risques de la navigation nocturne : les naufrages et les patrouilles navales. En réponse, les Obockois réitèrent leurs tentatives de détournement des convois depuis le

Ghoubbet. De nouvelles représailles s'ensuivent : les hommes du Passeur initial les pourchassent pour prendre des otages et brûler leurs navires. Au milieu de la nuit, une course-poursuite s'engage entre plusieurs bateaux dans les eaux du golfe de Tadjoura où les uns tentent de faire chavirer les autres. En vain. Les passeurs d'Obock réussissent à s'enfuir, sans migrants mais sains et saufs.

Le lendemain, une réunion au sommet est organisée à Dalaï, une localité située à mi-chemin entre les deux villes, sous le patronage de certains notables afars et des membres des familles du sultan de Tadjoura et de Raheita (Obock). Les parties y négocient une paix où les passeurs de Tadjoura s'engagent à toujours transmettre les migrants aux Obockois, et ces derniers à ne jamais passer outre Tadjoura.

Quand les passeurs d'Obock tentent de renverser leurs supérieurs à Tadjoura

La première fois qu'ils ont essayé de nous renverser, c'était avec [le Passeur initial] aux plages du Ghoubbet. Après, ils ont recommencé quand il n'était plus là [avec les *dalals* après 2015]. Les Obockois venaient prendre leurs clandestins directement jusqu'au Ghoubbet. Ils voulaient gagner plus d'argent et ils ont voulu nous doubler. Ils venaient en bateau récupérer leurs clandestins au Ghoubbet pour éviter de devoir payer la part des Tadjouriens. Ils chargeaient les clandestins et ils les envoyaient au Yémen. Ils embarquaient directement par bateau ! Quand [le Passeur initial] a entendu ça, il était fou de rage. À nous, ses soldats, il a donné un ordre très sévère ! On était tous là. Il nous a dit : « Si on trouve celui qui a fait ça, on l'attrape. On lui brûle son bateau et on le prend en otage, lui et les personnes avec qui il est. » C'étaient ses ordres ce soir-là. On est tous partis : à pied, en voiture, en vedette. On était trois-quatre bateaux par la mer, plus d'une trentaine à pied et trois ou quatre voitures. On avait tous beaucoup khaté, on était chauds, on a réagi le jour même, on devait réagir ! […]

[Le Passeur initial] avait beaucoup de gardiens, partout ! On a appelé pour savoir si c'était vrai. On a fait comme une enquête pour savoir qui avait détourné [et c'étaient] les passeurs d'Obock. C'était un vieux qui nous avait prévenus. Il nous avait dit qu'il y avait des clandestins qui descendaient tous vers le Ghoubbet alors que ce n'était pas leur route.

Normalement, ils passaient à pied jusqu'au point de rendez-vous, ils ne descendaient pas aux plages, tu comprends ? Avec tout ce qu'on avait déployé, les voitures et les vedettes, on a trouvé les Obockois, mais ils ont réussi à nous échapper. Dès que le marin obockois a vu nos bateaux arriver, il a compris et il n'a même pas essayé de charger les clandestins. Il a sauté, il a grillé toute l'essence qu'il avait dans le *galba*. On a essayé de le pourchasser, mais il est parti à vide alors qu'on avait des hommes dans nos bateaux. On a récupéré les clandestins et on a continué notre travail. Ce soir-là, quand j'y repense, si on avait attrapé son boutre, on l'aurait brûlé. Cela aurait été très grave. L'État interdit de brûler les bateaux. Ce n'est pas tolérable de brûler un bateau. [...]

Le lendemain, le frère du sultan d'Obock a appelé un fils du sultan de Tadjoura. Ils ont parlé ensemble, ils ont dit : « Essaye de voir avec tes jeunes [les passeurs], moi je vais voir avec mes jeunes. Il faut qu'on fasse quelque chose avant qu'il n'y ait un mort. Je suis responsable des miens et tu seras responsable des tiens. » Ce sont des personnes sages et intelligentes. On s'est tous retrouvés à Dalaï et on a fait une grande réunion avec les différents passeurs, les *okals* [sages] et les proches du sultan. De ce côté, y avait le frère du sultan [de Raheita], de l'autre, le fils du sultan [de Tadjoura]. [...] Je me souviens que, ce jour-là, le frère du sultan [d'Obock] nous a parlé : « On est tous Afars ! Aucun Afar ne doit tuer un autre Afar, qu'il soit de Tadjoura ou d'Obock ! On est tous Afars ! » Il avait raison. C'était la fin du conflit. Après la réunion, je crois qu'il n'y a pas eu d'autres problèmes entre les Obockois et les Tadjouriens, pas dans mes souvenirs. C'est à partir de ce jour-là qu'on a bien délimité les zones pour les migrants : les passeurs d'Obock doivent toujours avoir les migrants de Tadjoura ; les Tadjouriens emmènent jusqu'à Dalaï et les Obockois récupèrent à Dalaï.

ANCIEN LIEUTENANT DU PASSEUR INITIAL, sur sa terrasse à Tadjoura, 2019.

Ces accords survivent un temps à l'effondrement du réseau unique, puis l'inévitable se produit : les passeurs d'Obock supplantent ceux de Tadjoura à partir de l'année 2016 grâce à l'aide des *dalals* étrangers. La décision de ces derniers d'intervenir est motivée par les risques – avérés – que les passeurs de Tadjoura font peser sur la stabilité du trafic et l'intégrité des convois sur le sol djiboutien. Les réseaux s'emparent des migrants de leurs concurrents sans savoir à quel *dalal* éthiopien ils appartiennent, brouillant les effectifs et leur bonne réception au Yémen. D'un commun accord, *dalals* éthiopiens et yéménites décident de s'appuyer sur les passeurs obockois, davantage unis, qu'ils estiment plus fiables pour assurer l'acheminement des convois. C'est du moins l'image qu'ils renvoient lorsqu'ils rencontrent leurs homologues yéménites sur les plages au nord de Djibouti pour l'embarquement des migrants sur les navires arabes. Certes, le pouvoir des Obockois, comme des Djiboutiens dans leur ensemble, est devenu minime à l'échelle du réseau transnational ; il n'empêche qu'ils deviennent les premiers interlocuteurs des *dalals* étrangers à Djibouti et sont désormais chargés d'établir le calendrier des passages, au détriment des passeurs de Tadjoura qu'ils n'hésitent pas à sermonner et dont ils diminuent la part financière quand ces derniers enfreignent leurs ordres.

Cette révolution djiboutienne s'effectue sans violence. Chacun leur tour, les *dalals* éthiopiens et yéménites informent les différents réseaux de Tadjoura qu'ils préfèrent maintenant s'appuyer sur leurs homologues obockois pour la redistribution de l'argent et la gestion des effectifs de migrants. Pris de court, les Tadjouriens dénoncent une trahison de leurs « frères » obockois, mais leur manque de coopération les empêche de réagir promptement et d'édifier un barrage général sur leur territoire pour bloquer le transfert des convois dont ils ont eux-mêmes la charge au relais suivant. Ils accusent les Obockois de pactiser avec les Yéménites dans le but de les affaiblir et de les appauvrir davantage. Il est vrai que passeurs obockois et marins yéménites coopèrent en permanence pour la logistique des navires, le choix des plages et des horaires afin d'éviter les gardes-côtes djiboutiens. Ils échangent à cette occasion des nouvelles et des cadeaux d'une rive à l'autre, tissant des relations privilégiées pendant que les passeurs de Tadjoura sont relégués à l'arrière-pays tumultueux et confus.

Les *dalals* yéménites transfèrent maintenant l'argent des migrants aux Obockois, ces derniers en gardant la plus grande part et redistribuant le reste aux différents relais. Les passeurs obockois sont doublement gagnants car, au-delà du montant, leur relais ne compte que peu d'intermédiaires, contrairement aux Tadjouriens qui ne touchent plus que 5 000 francs par migrant et doivent le partager avec les relais secondaires, c'est-à-dire les villages, plus nombreux sur le tronçon du lac Assal, et les quartiers qui tentent de leur arracher un droit de passage. Humiliés, les Tadjouriens nourrissent un vif ressentiment à l'égard des Obockois.

Ces rivalités n'échappent pas aux *dalals* étrangers, qui mènent à cet égard un jeu curieux, voire paradoxal. D'un côté, ils exploitent les lignes de fracture internes des passeurs djiboutiens afin d'empêcher leur retour en force. D'un autre côté, ils sont conscients que les antagonismes qu'ils attisent ont des conséquences négatives sur la stabilité du trafic. La désunion des passeurs djiboutiens les rend également incontrôlables par les *dalals* étrangers, ce qui finit par décider les Éthiopiens à intervenir.

Rivalités et trahisons entre Obock et Tadjoura

« Nous sommes un peu des hypocrites à Tadjoura.
Si tous les passeurs ne s'entendent pas, ils font
de mauvaises choses, ils créent des problèmes :
ils te parlent bien comme ça, ils khatent avec toi,
tu leur achètes du khat, ils t'en achètent,
mais dans ton dos ils appellent quelqu'un à Obock
ou au Yémen pour dire que tu es quelqu'un
de mauvais, que tu n'es pas sérieux, que tu joues
de la guitare, que tu bois, que tu es toujours ivre.
Ils disent ça pour avoir les migrants de ton réseau.
[...] À un moment donné, tout le monde faisait ça :
"Lui, il n'est pas bien", "Les autres ne sont pas
de bons passeurs"... Nous n'avions plus de crédibilité
pour tout le monde. On ne pouvait pas
avoir confiance, en personne.
C'est un sale boulot, un boulot minable que
nous avons fait. Le passeur, là-bas [au Yémen
ou en Éthiopie], il va valoriser celui qui ne parle pas,
celui qui est discret, humble, tu comprends ?
Celui qui parle mal sera mal vu. Les passeurs

de Tadjoura ne l'ont pas compris. C'est ça, voilà
pourquoi on a perdu le pouvoir. Lui mange avec toi,
mais il ne veut pas que tu passes, et son voisin
ne voulait pas que lui passe et son voisin ne voulait
pas que lui passe, et son voisin à lui non plus.
Alors on s'est battus les uns contre les autres.
Là-bas, en Éthiopie et au Yémen, ils ont dit
que nous n'étions pas de vrais hommes,
que nous étions des gens sans confiance. Ils ont dit
de nous que nous n'avions pas de valeurs :
les passeurs se sont multipliés, chacun voulait
être passeur et prendre les migrants des autres.
Les gens au Yémen ou en Éthiopie ne pouvaient plus
avoir confiance en nous. Ils n'ont jamais fait ça,
les Obockois. Ils n'ont jamais dit : "Lui,
il est comme ça, moi je suis mieux." Non, jamais.
Le relais est automatiquement passé à Obock.
Les Yéménites avaient davantage confiance
dans les Obockois. Ils ne faisaient pas de bagarres, eux.
Ce sont les Yéménites qui nous mettaient
des problèmes entre nous, et nous, on y a vu
que du feu ! On ne leur donnait pas beaucoup
d'argent aux Obockois, des miettes, et, d'un coup,
ils nous donnaient des ordres : "Tu prends tel nombre
de migrants, tu les fais passer ce soir,
je te donne l'argent après !" Ils nous donnaient
des ordres, ces gars-là ! »

ANCIEN PATRON D'UN RÉSEAU, Tadjoura, 2020.

« C'est vrai, nous les avons renversés. Enfin non,
justement, nous ne les avons pas renversés.
Ils [les passeurs de Tadjoura] se sont renversés
eux-mêmes. Ils ont renversé leur patron [le Passeur
initial], qui était aussi le nôtre. Ils ont renversé leur
organisation [le réseau unique], ils se sont chamaillés,
ils ont fait des disputes ensemble, ils se sont battus.
Nous, on est restés loin de tout [ça]. Quand les autres
[les *dalals* étrangers] ont vu ça, ils ont eu peur

pour les affaires. Ils ont vu qu'ils [les passeurs de Tadjoura] agissaient comme des enfants, des enfants qui pleurent et qui tapent. Est-ce qu'on confie une affaire comme ça à des enfants ? Ce qu'on fait, ce n'est pas un jouet, non. Ce n'est pas pour les enfants. Est-ce que tu donnerais ce qu'on fait à des enfants ? Non. C'est pour ça, ils se sont renversés tout seuls et nous, on était là. On était sérieux dans cette affaire. On a discuté avec les *dalals* au téléphone. Ils ont dit : "Vous êtes des adultes, eux des petits, on a confiance en vous, pas en eux. Prenez le contrôle. Maintenant on parle avec vous." C'est comme ça qu'on a récupéré le pouvoir. »

PATRON DE RÉSEAU, Obock, 2018.

Troisième interlude

Passeurs du temps

« Le soleil se lève à Obock et se couche à Tadjoura… c'est notre monde. Mais le soleil, on ne le voit jamais, notre univers, c'est la nuit. Nous sommes les maîtres du sommeil, nous l'affrontons chaque nuit, c'est un sacré guerrier, parfois on gagne, parfois on perd. Et tous les soirs, le combat recommence, on naît du soleil et on affronte la nuit, toutes les nuits… Nos véhicules sont comme des traits de lumière qui font des cicatrices dans la nuit, et chaque nuit on recommence le combat. »

Un passeur sous khat

« Est-ce que le travail nous manque ? Non, pas du tout ! On est plus tranquilles maintenant. On peut rester comme ça, à khater, au bord de la mer, dans une rue. Cela n'aurait pas été possible si on travaillait encore, si on avait voulu travailler. Il faudrait attendre que l'argent soit versé, que les migrants soient passés, tout le monde te cherche pour demander quelque chose, tu ne pourrais pas te cacher, on ne serait pas tranquilles. On est plus tranquilles, on se repose ici. C'est très fatigant comme travail. Maintenant, personne ne nous cherche. Ça fait du bien. »

Second du Passeur initial

C'est cette nuit-là que j'ai commencé à m'intéresser au quotidien et au mal-être de certains passeurs. J'en accompagnais deux qui venaient de récupérer leur convoi dans un village et nous roulions à plus d'une centaine de kilomètres à l'heure vers le point de rendez-vous à Dalaï. Derrière nous, comme dans tout véhicule du trafic, les sièges du minibus Toyota avaient été enlevés afin de libérer de la place pour entasser les migrants. Ils sont près d'une quarantaine, comprimés dans un habitacle prévu pour une quinzaine de personnes, les uns assis sur les autres – « comme des chèvres », m'avait dit un jour un passeur. Devant, le chauffeur mâche ses feuilles de khat tandis que le copilote regarde ses réseaux sociaux en attente des appels téléphoniques du patron resté à Tadjoura. Il vient justement d'en recevoir un qui lui confirme qu'il n'y a pas de barrage sur la route : les sentinelles sont en place devant les casernes, où elles ne détectent aucun mouvement. Tout semble normal, à l'exception d'un détail. Contrairement aux autres nuits que j'ai passées avec eux, le chauffeur demeure silencieux et le copilote a du mal à le faire parler. Il essaye à plusieurs reprises de le faire réagir aux informations qu'il trouve sur son smartphone, sans succès. Pour dissiper le malaise qui s'installe, le copilote questionne une migrante située derrière nous, contre le dos de notre siège. Il échange quelques mots avec elle en amharique avant de se tourner vers moi pour me traduire leur échange : « C'est une Habesha, elle part chez les Saoudis pour rejoindre son mari. C'est lui qui lui a payé le trajet [aux *dalals* éthiopiens] pour lui trouver un travail en tant que bonne dans la famille où le mari travaille déjà. Il est là-bas depuis quatre ans. » La conversation se poursuit jusqu'au coup de frein inattendu du chauffeur qui immobilise net le véhicule, créant un chambardement parmi les migrants derrière nous.

Il n'y a aucun obstacle sur la route. Les phares laissent présumer une ligne droite qui s'étend sur plusieurs centaines de mètres, longeant la mer que la lune éclaire doucement. Le copilote questionne le chauffeur ; ce dernier sort du véhicule sans prendre la peine de lui répondre. Nous descendons le rejoindre. Il s'adosse contre le capot, allume une cigarette et contemple le paysage nocturne qui se déploie devant nous. Quelques instants passent ainsi, dans le silence de la nuit, avant que le chauffeur ne termine sa cigarette et ne prononce ces quelques mots : « Toutes ces bagarres, les barrages et tout, la route, toutes les nuits… Que restera-t-il de nous ? Qui se souviendra de tous les risques que nous prenons chaque nuit ? » Puis il se tait à nouveau. Le copilote qui ne comprend rien à la scène lui demande de remonter immédiatement dans le véhicule : il y a encore une bonne soixantaine de kilomètres à faire pour atteindre Dalaï et ils perdent un temps précieux à contempler la mer. À l'intérieur du véhicule, les migrants chahutés commencent à émettre quelques plaintes. Le chauffeur, lui, crache son khat par terre et s'en grille une deuxième. Il hume l'air marin une dernière fois, jette sa cigarette et reprend le volant du minibus, démarre et poursuit sa route. Par la suite, il n'a plus jamais été question de cette scène et l'homme a quitté le trafic de migrants quelques semaines après.

« Que restera-t-il de nous ? » Il m'a fallu du temps pour saisir la charge symbolique de cette phrase et entrapercevoir, peut-être, sa signification. Pour la comprendre, il faut se représenter l'activité des passeurs autrement qu'au travers des récits glorieux qu'ils en donnent, la décrire dans sa pesanteur quotidienne et en appréhender non seulement les dangers, mais également le caractère éreintant, morne et oppressant.

Leur travail leur impose tout d'abord un rythme de vie en décalage avec celui de leurs proches et de la société de Tadjoura ou d'Obock. Le trafic commence aux alentours de 20 heures, après la prière du soir, *al Isha*, et se termine vers 4 heures du matin, avant l'appel à la prière de l'aube, *al Fajr*. Afin de combler le manque de sommeil accumulé, ils dorment une partie de la journée. Ils se réveillent généralement en milieu, voire en fin d'après-midi. Après avoir déjeuné tardivement, ils se préparent à leur mission nocturne en mastiquant des feuilles de khat pendant plusieurs heures. La consommation de cette plante atténuera la fatigue tout au long de la nuit. S'il est de coutume à Djibouti de réserver le temps de l'après-midi à l'organisation d'une séance de khat, le trafic pousse cette consommation et la dépendance qui s'ensuit à son paroxysme avec, pour certains, plus de dix heures de mastication quotidienne.

Certains réseaux vont parfois jusqu'à rémunérer leurs hommes avec des bottes de khat. Si les patrons ont l'habitude de payer 1 000 à 2 000 francs djiboutiens (5 à 10 euros) par nuit une sentinelle, 2 000 à 5 000 francs djiboutiens (10 à 25 euros) un marcheur et plus de 10 000 francs djiboutiens (50 euros) un passeur et un lieutenant de réseau, il arrive que, pour simplifier les transactions, le patron convertisse lui-même ces sommes directement en bottes de khat (deux à trois pour les sentinelles et les marcheurs, quatre à six pour les passeurs). Par ce système de change, les patrons cherchent surtout à s'assurer que leurs équipes resteront éveillées tout au long de la nuit, en les incitant à mastiquer jusqu'à 1 ou 2 heures du matin. Pendant les séances de khat, les passeurs sont sollicités par leurs proches, des voisins ou des personnes dans le besoin. Certains sont des villageois, des bâtisseurs de barrages nocturnes, qui viennent négocier le prix du passage pour la nuit. D'autres sont simplement des nécessiteux qui demandent l'aumône, ce à quoi les patrons et les lieutenants de réseau répondent positivement par un don de quelques milliers de francs djiboutiens ou par une ou deux bottes de khat, se conciliant ainsi la faveur populaire et le qu'en-dira-t-on.

Le soir, après la prière d'*al Isha*, les passeurs se réunissent au sein de chaque réseau pour organiser la nuit. Après avoir récupéré les nouvelles bottes de khat, les guetteurs et les sentinelles se positionnent seuls ou en groupe devant les casernes de la gendarmerie, de la police et de l'armée où ils devront veiller jusqu'à 1 heure du matin alors que la ville (s'en)dort. Les pilotes et copilotes contrôlent le plein et la pression des pneus de leurs véhicules, attendent les ordres des lieutenants et le feu vert pour aller chercher les migrants. Quant aux lieutenants et aux patrons, ils reçoivent les premières communications téléphoniques des relais précédents et des *dalals* étrangers pour confirmer les effectifs à faire transiter. La composition des convois est mise à jour en permanence. Les *dalals* éthiopiens distribuent leurs effectifs de migrants à plusieurs passeurs de Yoboki pour éviter de surcharger les différents réseaux de ce relais, qui ne sont parfois constitués que de simples marcheurs sur de courts tronçons. Les hommes de Yoboki informent en continu ceux de Tadjoura de l'avancée de leurs convois dans le désert et des difficultés rencontrées, en fonction desquelles il arrive qu'il faille scinder une nouvelle fois les effectifs en plusieurs groupes. Il s'agit pour les lieutenants de jongler entre les passeurs à pied guidant de petits groupes de migrants et les passeurs en minibus qui convergent vers le point de rendez-vous du lac Assal pour tenter de reformer un seul convoi qui sera transporté par la suite vers Tadjoura.

Le début de la soirée est une longue attente où les responsables de réseau passent leur temps au téléphone à accumuler les informations et à les transmettre à leurs subordonnés. L'obligation d'être disponible et joignable en permanence crée une aliénation certaine aux technologies de communication dans un contexte où la moindre défaillance peut avoir de graves conséquences sur la logistique du trafic. Le bon déroulement des passages suppose une gestion optimale, en temps réel, des imprévus. Bien souvent, les convois n'arrivent ni au même moment ni au même endroit, ou bien les effectifs sont trop nombreux pour les faire transiter en une nuit malgré deux à trois allers-retours ; les opérations planifiées débordent alors sur les soirs suivants et se télescopent avec d'autres, complexifiant le suivi et le transfert des effectifs au relais d'Obock. Du fait des retards et des effets domino qu'ils entraînent, rares sont les soirs où les réseaux ne travaillent pas. Une exception a été faite, en mars 2018, pour le match de qualification de la Ligue des champions opposant le Paris Saint-Germain au Real Madrid. L'événement était si important pour certains réseaux que leurs responsables ont voulu créer un moment de convivialité en invitant tous leurs membres à le regarder. S'ils pensaient au début pouvoir poursuivre le travail pendant le match, la tension entre les deux équipes était telle que les patrons ont décidé de mettre en pause le trafic pendant quelques heures. Pour la première fois, semble-t-il, ils ont éteint leur portable, en promettant de rattraper le retard pendant la nuit et en doublant les revenus des passeurs et des agents de terrain. Avec le décalage horaire, le match s'est terminé vers 1 heure du matin, ne laissant que peu de marge temporelle au trafic. Les passeurs ont mis une semaine à rattraper le retard logistique de cette soirée exceptionnelle.

En temps normal, la préparation logistique s'achève aux environs de 22 heures. Les responsables des réseaux ont obtenu suffisamment d'informations sur les intentions des forces de l'ordre et sur la progression des différents convois, dont les premiers attendent déjà, dissimulés en bordure de la route à Assal. Les patrons donnent le feu vert aux passeurs qui prennent immédiatement la route pour récupérer les migrants. L'heure est par ailleurs suffisamment avancée pour que les populations de Tadjoura ou des villages commencent à se coucher. 22 heures marque le début des opérations de « terrain ». Les chauffeurs sont toujours accompagnés par un copilote pour combattre, pendant les longues heures de route, la fatigue et l'inattention qui les guettent malgré le khat. En outre, le copilote suit en temps réel par téléphone les conditions du trafic. Si la gendarmerie du lac Assal, le poste du GIGN à PK9 (9 kilomètres à l'ouest de Tadjoura), ceux de Tadjoura et celui niché sur les hauteurs à quelques centaines de mètres en amont de Dalaï sont systématiquement scrutés, il est toujours possible que les gendarmes improvisent un barrage à la dernière minute ou qu'une patrouille descende depuis la capitale ou d'une caserne éloignée où les passeurs n'auraient pas placé de sentinelles.

Arrivés au lac Assal vers minuit, les passeurs rencontrent leurs homologues du relais précédent. Ensemble, ils comptent les effectifs afin d'être sûrs du nombre de migrants transmis. Ils les font monter un à un dans le véhicule en les entassant. Un minibus Toyota de quinze places peut accueillir jusqu'à une quarantaine de personnes (incluant deux passeurs). Une fois les migrants chargés, les passeurs reprennent la route vers Tadjoura et Dalaï. Si l'aller, à vide, ne pose pas de problème, le retour avec le « coffre plein » est plus délicat. Les opérations de la gendarmerie durent parfois jusqu'à minuit, voire 1 heure du matin. Et les barrages des villageois peuvent surgir tout aussi inopinément. Même en cas d'issue favorable, ces obstacles ralentissent l'activité des passeurs, contraints de ruser pour échapper aux forces de l'ordre ou de négocier plus ou moins longuement avec les villageois réfractaires pour parvenir à un compromis. Mais les conséquences de mauvaises rencontres peuvent être plus graves : des migrants égarés dans la nature, un véhicule endommagé ou saisi, des arrestations, des relations dégradées et envenimées avec des habitants, etc.

La nuit au lac Assal

Le pire, c'était Assal… C'était très dangereux là-bas. Il y a eu beaucoup d'accidents pendant toutes ces années où j'étais passeur. Une fois, c'était l'Eïd, le soir tombait et nous, nous sommes partis à Assal pour récupérer nos migrants. Il y avait beaucoup de monde à prendre, trop. La route pour y aller est très sinueuse, il y a beaucoup de virages, elle ressemble un peu à un serpent au niveau du lac. On est partis de Tadjoura, on est arrivés à Assal, on a fait monter les migrants et on est repartis sans faire gaffe. Avec les virages, on ne voyait rien et on n'a pas vu les voitures des gendarmes. Ils étaient cachés vers la route des sept virages, derrière les rochers. Quand tu descends vers Assal, c'est bien, mais quand tu montes, c'est très dur… Au deuxième virage, la gendarmerie nous faisait des signaux pour qu'on s'arrête. On avait un bon chauffeur, il a tout de suite réagi, il a reculé, il a roulé en arrière, la route descendait et c'était compliqué de bien voir, les migrants criaient. À un moment, on a failli rater le virage ; on s'est tout de suite arrêtés, on avait trop peur de faire des tonneaux avec la vitesse, la pente, la nuit… On est tous descendus de la voiture et on s'est enfuis. Les gendarmes ont attrapé les clandestins, ils ont tiré en l'air ou ils ont essayé de tirer sur nous, je ne sais pas… Ils criaient : « Arrêtez-vous ! Arrêtez-vous ! » On avait déjà filé, ils ne nous ont jamais rattrapés. On est partis à minuit et on est restés jusqu'à 4 heures dans les montagnes, à pied, sans eau, sans nourriture… Je n'ai jamais vu un travail aussi dur, aussi risqué.

Beaucoup de gens ont connu des risques un peu inutiles comme cette nuit-là. Nous jouions avec nos vies chaque soir. Un de mes amis est mort comme ça, près d'Assal. Il était poursuivi par la gendarmerie et il a raté un virage, la voiture a fait plusieurs tonneaux… On avait beaucoup de problèmes avec les gendarmes, ils faisaient des renseignements avec les civils [les habitants] du lac Assal. Je me souviens d'un gars qui habitait là-bas. Les gendarmes lui disaient : « Quand les clandestins passent, dis-le-nous et on te donne de l'argent. » Ils lui donnaient de l'argent ! Nous, les passeurs, on lui disait aussi : « Quand la gendarmerie part sur la route, appelle-nous et on te donnera de l'argent. » Il prenait aussi notre argent ! Il travaillait pour tout le monde. Un soir, il jouait avec les gendarmes ; le lendemain soir, il jouait avec nous : « Vite ! Va-t'en ! Il y a les gendarmes ! », puis la nuit suivante : « Vite ! Il y a les passeurs qui sont sur la route. » C'est comme ça que mon ami est mort, c'était un soir où l'homme a pris l'argent des gendarmes. Il a gagné beaucoup d'argent comme ça. Je crois qu'il s'est construit une belle maison en brousse, il est allé plusieurs fois à Djibouti Ville pour s'acheter des vêtements comme ceux qui travaillent pour l'État.

C'était comme ça, la nuit à Assal… Le vieux faisait la météo pour nous. Il était intelligent, car il savait comment notre affaire marchait. Sur la route, tu n'as pas de problème avec la gendarmerie ; quand elle te cherche, tu vois les phares des gendarmes de loin. On stoppe le véhicule, on fait descendre le monde et on continue à pied. On se met à courir et on laisse la voiture comme ça, on revient la chercher après. Je ne sais pas combien de fois on a fait ça… Mais tu ne peux pas le faire à Assal. Là-bas, c'est différent, on ne voit pas les gendarmes, ils sont bien cachés derrière les virages et le vieux le savait, il connaissait bien la géographie et il faisait ça avec tout le monde, sauf avec [le Passeur initial], jamais. C'était un homme à lui ; [le Passeur initial] lui avait dit : « Je te mets là, à l'avant-poste de notre royaume. Tu surveilles les gendarmes et tu nous informes. Je vais te payer comme un véritable ami. » Après, quand [le Passeur initial] est parti, l'homme est resté et il a dit : « Je vais venger mon ami. Il faut continuer à me payer, sinon je dénonce tout le monde. »

Une fois, j'ai même fini en prison à cause de lui, mais je ne suis pas allé jusqu'à Gabode. On s'était disputés, on lui avait dit qu'il fait trop de problèmes alors il a voulu se venger. Les gendarmes nous ont arrêtés après le troisième virage. Ils avaient fait un grand barrage pour nous arrêter et avoir les félicitations du colonel. C'étaient les Saoudiens qui avaient donné beaucoup d'argent à l'État pour arrêter les clandestins avant qu'ils viennent chez eux. Ils nous ont arrêtés. Mais je travaille avec ma tête, avec mon intelligence. Il ne fallait surtout pas aller au tribunal : si tu pars à Djibouti, c'est fini, c'est Gabode et le casier judiciaire. Après, tu ne peux plus travailler pour une entreprise ou pour l'État. J'ai supplié de ne pas nous emmener à Gabode, ils ont dit : « OK, on va vous envoyer en prison à Obock et après on verra si on vous amène à Djibouti. » Les militaires nous ont emmenés à la brigade d'Obock, une journée seulement, car mon cousin, il est venu pour leur donner de l'argent et nous libérer.

Dès qu'ils nous ont libérés, on est partis chercher les migrants à Assal. On a changé d'emplacement ; après le port chinois [d'extraction de sel du lac Assal], il y avait trois places : Baramina, Galimahaba et Yamabinaha. C'était là-bas... Peut-être que cela a changé maintenant, je ne travaille plus avec les passeurs depuis longtemps... J'ai arrêté quelques mois après Obock. Mon père était un policier à Djibouti. Il ne savait pas que je travaillais avec les clandestins, ma mère non plus. Le jour où j'ai été arrêté par les militaires à Obock, ma mère m'a demandé pourquoi j'étais parti là-bas alors que j'avais le lycée à Tadjoura. Je lui ai répondu que j'étais parti voir des amis à Obock : « Imbécile ! Tu es parti transporter des clandestins ?! Tu travailles avec eux ?! Tu as quitté le lycée pour ça ?! » Mon père l'a su, il était furieux, il est venu de Djibouti et il m'a prévenu : « Si jamais je te vois avec des clandestins, je te mets moi-même à Gabode. » Je n'ai plus recommencé. Comme c'était compliqué de rester à Tadjoura avec le réseau, je suis parti me cacher à Djibouti. Je suis resté là-bas deux ans, au chômage. Je ne faisais rien. Après 2016, il y a eu la campagne politique et j'ai fait une formation pour devenir garde-côte ! Maintenant, on cherche les passeurs, on est contre eux, mais on n'en trouve pas beaucoup... Ce sont surtout les Arabes [les Yéménites] qu'on met à Gabode. Le travail des clandestins n'était pas bon... mais on gagnait beaucoup d'argent... Au début, on gagnait des millions tous les soirs avec [le Passeur initial] et le gars du lac... Je ne sais plus si j'ai son téléphone, je vais te le donner si je le retrouve.

ANCIEN PASSEUR DEVENU GARDE-CÔTE, dans un café de Djibouti, 2019

Après minuit, les passeurs au volant des véhicules se détendent. Ils savent que le risque de croiser les forces de l'ordre s'amenuise et que, passé 1 heure du matin, il est proche de zéro. Les autres dangers s'amplifient cependant au fur et à mesure de la nuit. Le manque de sommeil se fait sentir en dépit du khat dont l'effet stimulant s'estompe, tandis que la rentabilité du trafic impose de maintenir un rythme élevé, surtout si l'effectif a été scindé en deux ou plus. Si certains réseaux ont la capacité d'envoyer deux minibus récupérer les migrants, la plupart ne peuvent compter que sur un seul véhicule, ce qui contraint le pilote et son copilote à effectuer un deuxième aller-retour (plus ou moins 150 kilomètres) dans la nuit sur une route cabossée par endroits ou dangereuse à cause des nombreux virages. Chaque nuit, une dizaine de véhicules, issus des différents réseaux de Tadjoura, se croisent et s'entrecroisent sur cette même route. Étant les seuls à l'emprunter à cette heure tardive, les passeurs ne respectent jamais le code de la route et effectuent fréquemment des pointes de vitesse jusqu'à 140 kilomètres/heure sur des tronçons limités à 80, faisant fi de l'état de la voirie, de zones montagneuses à fort dénivelé, notamment entre Assal et l'étroite plaine littorale qui s'étend en contrebas des monts Goda. De la simple sortie de route aux tonneaux multiples, les accidents de la route sont nombreux entre 1 heure et 4 heures du matin. Si certains font l'objet d'une tentative de camouflage donnant lieu aux scènes déjà décrites d'enterrement de migrants, d'autres suscitent de véritables débats de société lorsqu'un jeune passeur décède sur la route obligeant le patron de son réseau à rendre des comptes à la famille du défunt. Afin d'éviter de telles situations, les réseaux recrutent de plus en plus de chauffeurs expérimentés, des anciens routiers, qui sont davantage conscients des risques de la route et qui ont la réputation de ne pas boire au volant, ce qui arrive au contraire souvent aux jeunes passeurs qui veulent se donner du courage.

Lorsque la traversée du nord de Djibouti s'effectue sans encombre, les passeurs de Tadjoura transmettent leur convoi à ceux d'Obock qui les attendent à Dalaï. Selon l'horaire d'arrivée, les migrants y sont hébergés jusqu'à la nuit suivante ou directement embarqués pour Obock. Tandis qu'ils changent de véhicule, les passeurs réunis les comptent une nouvelle fois. Si l'effectif est complet, moins d'une cinquantaine par véhicule, les passeurs peuvent rentrer à Tadjoura. Si une partie attend toujours au lac Assal, dans un village ou à Tadjoura, le travail nocturne se poursuit.

Aux abords de 4 heures du matin, les passeurs du réseau se concertent par téléphone pour réfléchir aux stratégies à mettre en place avant l'aube. L'activité doit impérativement cesser avant le premier appel à la prière d'*al Fajr* qui réveille les populations les plus pieuses, les plus susceptibles peut-être de les dénoncer. Les migrants qui n'ont pas pu être transportés sont hébergés grâce aux contacts présents dans les villages ou directement à Tadjoura. Les responsables de réseau appellent – réveillent – leurs hébergeurs pour s'assurer des places disponibles. Selon les conditions, les pilotes adaptent au mieux leur parcours en fonction de l'effectif. Par exemple, il est plus judicieux de conduire en une nuit cent cinquante migrants du lac Assal au village de Kalaf, situé à quelques kilomètres en amont de Tadjoura, plutôt que d'en transporter une cinquantaine jusqu'à Dalaï, cinquante autres à Tadjoura et d'en laisser autant à Assal, où les conditions de cantonnement sont plus que difficiles.

Peu avant 5 heures, au moment où l'appel à la prière résonne aux minarets des mosquées de Tadjoura et d'Obock, la route est à nouveau déserte, les migrants sont à l'abri chez des hébergeurs, la plupart des passeurs sont chez eux et s'endorment au moment où les premières lueurs du soleil s'élèvent dans le ciel.

Le mal-être nocturne des passeurs

« Mon pire souvenir de passeur, c'est le sommeil.
On ne pouvait pas dormir, jamais. Tous les soirs,
tu vois les gens aller dormir et toi, tu restes éveillé.
Celui qui est au Yémen, le *dalal*, il khate ; le *dalal*
en Éthiopie khate aussi. Toi aussi tu vas khater.
Tu ne travailles, tu ne vis que la nuit. Tu dois toujours
être disponible pour eux. Tu commences
et tu travailles jusqu'à 3 ou 4 heures du matin.
C'est comme ça tous les soirs. On ne dort pas
jusqu'au matin. Je me souviens de ça, les nuits.
J'ai oublié beaucoup de choses dans ce travail,
plein de passeurs avec qui je travaillais, plein de trucs
mais la nuit, ça, je m'en souviens bien,
le manque de sommeil. »

ANCIEN LIEUTENANT DE RÉSEAU, Tadjoura, 2019.

« C'est compliqué comme travail. Tu dois toujours être joignable. Tu deviens fou : chaque soir, tu ne dors pas jusqu'à 4 heures du matin. Surtout, tu dois être joignable ! Toujours avec ton portable sur toi jusqu'à ce que les migrants passent dans la région d'à côté, que tu préviennes tout le monde, que tout le monde te prévienne, que tout le monde prévienne tout le monde ! Tu reçois des appels dès le début de la soirée, où tu dois être au courant du nombre de personnes, d'où elles sont, quand elles vont venir ; tu appelles toi aussi pour dire quand tu vas partir : c'est tout avec le portable ! »

LIEUTENANT DE RÉSEAU, Tadjoura, 2019.

« Ce travail, il est très éprouvant. Quand quelqu'un finit en prison ou se fait arrêter, ce n'est pas grave. On en rigole un peu. On lui paye un bon avocat et on le reverra dans quelques jours, quelques semaines. Mais ce n'est pas le cas de quelqu'un qui meurt. Avec ce métier, il y a eu beaucoup d'accidents mortels, des chauffeurs, des amis. Quand un chauffeur meurt, on ne le reverra plus. Le chauffeur, c'est un ami ; le guetteur, c'est un ami ; le copilote, c'est un ami. On est très proches dans ce genre de travail. Cela devient comme une deuxième famille. On vit avec eux tous les soirs, toute la nuit. On prend les risques ensemble, mais certains risques, on ne peut pas les partager quand on reste à Tadjoura. »

LIEUTENANT DE RÉSEAU, un soir à Tadjoura, 2019.

« Mon pire souvenir, c'était le soir où j'ai été arrêté au lac Assal. Je ne transportais que deux personnes. Deux personnes ! Ce n'est rien ! Ce soir-là, deux personnes et le lendemain, on m'avait déjà prévenu qu'il y aurait plus de soixante-dix personnes qui allaient m'attendre. Mais je devais quand même

transporter ces deux personnes. Elles ne pouvaient pas
rester dans le désert sans boire ni manger.
Je pars, je les prends et je me fais arrêter !
Ils [les gendarmes] m'emmènent à la prison d'Arta.
Je parle avec le chef de la brigade pour qu'il
me laisse mon téléphone. Il accepte et je passe la nuit
en prison. J'appelle un ami, je voulais qu'il fasse passer
mon convoi de migrants du lendemain [...]
je lui ai expliqué : "Ce soir, il y a soixante-dix
personnes qui rentrent, il faudra que tu t'en charges.
Je suis coincé à Arta." Il m'a dit OK. Il a sa voiture
et il en a trouvé une autre pour mon convoi.
Mais sur la route pour le lac Assal, sa voiture
s'est renversée ! Accident de la route.
On ne pouvait plus se servir de cette voiture.
Le lendemain, moi, je suis libéré à 8 heures du soir
par mon cousin ministre. Dans l'après-midi,
j'avais essayé d'appeler mon ami, mais je n'avais pas
de nouvelles. À ce moment-là, je ne savais pas
que sa voiture était accidentée. Donc, on me libère
le soir, j'arrive à Djibouti. Déjà, je n'avais pas dormi
de la nuit, j'étais K.O., on me ramène à Djibouti.
Je rentre à la maison, puis j'appelle mon ami
et j'apprends pour l'accident. Oh, c'était la galère !
Ma voiture était au garage [à la fourrière],
on est partis au garage pour la récupérer.
Il y avait quatre personnes avec moi. On s'est rendus
dans la nuit au lac Assal, on a trouvé les migrants,
on les a amenés à Tadjoura. On n'a pas dormi
de la nuit ; moi, j'étais complètement fini. J'ai pris
le risque, il le fallait pour soixante-dix personnes. »

Ancien patron de réseau,
séance de khat à Randa, 2019

Ainsi s'enchaînent les nuits. Les passeurs font la route, réceptionnent et transmettent les convois, comptent et recomptent les effectifs, s'informent en temps réel des conditions du trafic, des incidents et des changements de programme, ajustent leur itinéraire, gère des impedimenta, frôlent la mort. Si le khat est perçu par certains comme un moyen de résister à ce rythme frénétique, il représente à terme une addiction dangereuse. Lassés ou éreintés, déçus dans leurs espoirs d'enrichissement et de gloire, sans perspective d'évolution hiérarchique au sein d'un réseau pour gérer à leur tour la logistique à l'abri en ville, beaucoup finissent par se retirer du trafic au bout de quelque temps, dès qu'une opportunité s'offre à eux.

C'est d'une certaine manière la trajectoire du chauffeur décrit en introduction de cet interlude. Après cette nuit-là sur la route, la dernière faite ensemble, je n'ai plus eu de nouvelles de lui, sans que cela m'inquiète outre mesure. Puis, un jour, je l'ai revu, par hasard, dans une ruelle du Quartier 1 de la capitale. Il était derrière le comptoir d'une boutique, à discuter avec un client qui tentait de négocier le prix d'un objet. Nos regards se sont croisés, il m'a fait un signe de la main m'invitant à entrer, tout en prenant machinalement de l'autre main les billets du client sans les compter. On a échangé quelques banalités, puis, au moment où j'allais lui poser la question qui me taraudait, il m'en a empêché : « Pas ici. » Il a prévenu son collègue – que je n'avais pas vu jusque-là – qu'il prenait sa pause déjeuner. Nous avons marché jusqu'à une cafétéria de rue où il m'a expliqué avoir pris sa « retraite » :

> Après notre nuit sur la route, je suis rentré chez moi. Je n'ai pas dormi, j'étais fatigué, mais je n'y arrivais pas. J'étais sur mon lit et j'entendais la ville se réveiller. Il y avait les voisins qui partaient, les gosses qui allaient à l'école, la boutique qui ouvre, tout ça quoi. Et moi, je devais dormir, mais ça ne marchait pas. J'ai beaucoup réfléchi à tout ça, au trafic… Le trafic… parfois, c'est une bonne chose, parfois ce n'est pas bon du tout. On travaille toutes les nuits, on est fatigué, on risque de mourir et tout ça, pour quelques milliers de francs. Le patron dit : « Le trafic, c'est le pouvoir. » C'est vrai. Quand on est passeur, les gens nous aiment, ils pensent que nous sommes tous riches, que nous sommes comme des héros, comme des braves ; on défie l'État et toutes ces conneries. Moi, cette nuit, j'ai réalisé que je n'en voulais plus de ça. Je voulais une

vie le jour, pas la nuit. J'ai appris la leçon ce matin quand on est rentrés. J'ai simplement lâché le pouvoir. C'était le bon moment, il faut savoir lâcher le pouvoir quand on n'en veut plus ou qu'il est trop lourd.

Cet homme fait partie des dizaines et des dizaines de passeurs qui, un jour, décident de quitter le trafic. Si l'activité est synonyme de richesse, de pouvoir et d'héroïsme dans les récits qui en sont faits, beaucoup choisissent de passer à autre chose. Je me suis souvent interrogé sur leurs raisons. Si on comprend bien évidemment que les passeurs, au sens premier du terme – ceux qui roulent toutes les nuits en prenant tous les risques –, décident d'arrêter pour retrouver un semblant de vie normale, ces démissions concernent l'ensemble de la profession. Ce sont également des patrons et des lieutenants de réseau qui, alors qu'ils gagnent parfois jusqu'à plusieurs millions de francs djiboutiens en une soirée, décident un jour de mettre fin à leur carrière. Qu'est-ce qui les détermine alors à « lâcher le pouvoir », selon l'expression de l'ancien passeur à la cafétéria ? Et, surtout, quel regard portent-il rétrospectivement sur cette phase de leur vie ? Les raisons qui les poussent à abandonner sont propres à chacun, mais elles construisent ensemble une (contre)-histoire du trafic à travers les désillusions qu'il entraîne.

Une grande vague de démissions se produit d'abord lors de l'effondrement du réseau unique : suivant l'exemple du Passeur initial, nombre de ses fidèles présents depuis 2007 se retirent collectivement. La détérioration des conditions de travail qu'entraîne la concurrence entre réseaux en décide par la suite d'autres à renoncer. À partir de la période de domination des *dalals* étrangers, les pressions exercées par ces derniers et les contraintes de compétitivité auxquelles ils soumettent les passeurs djiboutiens entraînent enfin parmi eux beaucoup de perdants. Au-delà des faillites économiques, cependant, certains évoquent un « ras-le-bol », un épuisement mental et physique. Ils déplorent la déshumanisation d'une activité de plus en plus productiviste, qui s'apparente à un travail à la chaîne et affecte non seulement le rapport du passeur à sa « marchandise », mais plus largement tous ses repères moraux.

L'évolution du contexte politique, à la fois à Djibouti et au Yémen, bouleverse de surcroît l'image et la perception de cette activité. À partir de 2014, et du début de la guerre civile du Yémen, certains passeurs sont confrontés à un choix moral : peuvent-ils continuer à envoyer des migrants dans un pays en guerre ? Ce dilemme se pose d'autant plus que la montée en puissance des *dalals* yéménites s'accompagne de la généralisation de l'usage de la torture. De nombreux passeurs refusent de s'en rendre complices et prennent la décision de se retirer du trafic quand d'autres demeurent indifférents au sort des migrants au Yémen. En 2016, en réponse à la fois à l'assassinat des deux gendarmes et aux agendas de bailleurs de fonds étrangers transformant Djibouti en laboratoire migratoire, le gouvernement promulgue une nouvelle loi qui pénalise plus gravement le transport de migrants en situation irrégulière. Devenus « véritablement » criminels selon le législateur, une dizaine de passeurs, surtout des pêcheurs, raccrochent par crainte des arrestations.

Ce changement de perception extérieur, ajouté au vol de migrants qui se propage entre les réseaux, affecte peu à peu le regard que certains passeurs portent eux-mêmes sur leur activité. Celle-ci s'inscrit de fait sur une ligne de crête, dans un flou à la faveur duquel il est loisible de minimiser les motivations vénales pour mieux mettre en valeur l'aide apportée à son prochain. Assimilant leur réseau à une « agence de voyages officieuse », de nombreux passeurs djiboutiens justifient leur activité en faisant prévaloir la dimension solidaire sur l'aspect purement économique. Or, dans la seconde moitié de la décennie 2010, avec le durcissement des conditions du trafic, l'intensification de la compétition entre réseaux, la violence et le productivisme du marché, il n'est plus guère possible de nier que la composante économique a nettement pris le pas. Ceux dont le réseau n'a pas encore été broyé mais qui refusent néanmoins de participer au système n'ont plus qu'à admettre qu'ils se sont trompés de métier et à négocier leur reconversion.

Toutes les démissions ne relèvent pas, tant s'en faut, d'un sursaut moral. Pour ceux qui effectuent les tâches les moins valorisées comme les sentinelles ou les copilotes, essentiellement des jeunes désœuvrés ou des chômeurs de longue durée, le trafic représente un travail faute de mieux grâce auquel ils gagnent quelques milliers de francs djiboutiens ou leur khat quotidien. Séduits dans un premier temps par les récits héroïques, les promesses d'enrichissement et les diatribes politiques de leurs mentors, ils comprennent au bout de quelques mois d'un labeur pénible que la réalité de l'activité est bien différente de l'idée qu'ils s'en faisaient et que leurs perspectives d'évolution dans le trafic sont à peu près nulles. Ils n'hésitent donc pas à changer de travail à la première opportunité.

Pour ces jeunes passés par l'illégalité et prompts à dénoncer la corruption de l'État, les postes les plus convoités sont paradoxalement ceux de fonctionnaires, dont le salaire (théoriquement) régulier et les horaires peu contraignants sont gage de tranquillité d'esprit. Mythe autant que réalité dans le pays, l'image de l'agent incompétent et indolent se double d'une critique virulente de l'inégalité des chances d'intégrer l'administration. À Djibouti, où le Rassemblent populaire pour le progrès a fini par devenir le parti étatique unique, les oppositions étant elles-mêmes instrumentalisées, le gouvernement se retrouve pris au piège de l'engrenage clanique : les campagnes de recrutement se fondent avant tout sur les quotas ethniques et géographiques des districts. Dans ce contexte, les passeurs de Tadjoura comme d'Obock tentent leur chance dès que l'occasion se présente.

L'élection présidentielle de 2016 leur en fournit une. Le gouvernement lance alors des campagnes de recrutement massif pour grossir les rangs des forces régaliennes (armée, gardes-côtes, police, gendarmerie, etc.) afin d'amadouer les habitants originaires des régions contestataires et les inciter à faire corps avec la nation djiboutienne. Si les populations déclassées ne sont pas dupes de cette « escroquerie politique », selon l'expression d'une personne se définissant avec ironie comme « opposant instrumentalisé », elles postulent au sein des différentes casernes. Une partie des jeunes passeurs, motivés, finissent par intégrer les différents corps étatiques au moment où le candidat-président Ismaïl Omar Guelleh effectue sa tournée dans leurs districts. Les recruteurs connaissent-ils leurs antécédents ? Les choisissent-ils précisément pour réduire le nombre de passeurs et affaiblir les réseaux ? Il est difficile de le savoir tant, aux échelles locale et nationale, les stratégies des différentes parties s'entrecroisent. Tout le monde semble quoi qu'il en soit y trouver son compte : le gouvernement qui renforce en apparence l'appareil régalien et répressif de l'État ; les recrues qui accèdent à la stabilité d'un emploi légal et bénéficient du prestige de l'uniforme, quoique leurs chances de promotion dans l'administration, comme ils le découvriront, soient aussi faibles que dans le trafic ; enfin et surtout les patrons de réseau qui savent pouvoir compter sinon sur la loyauté, du moins sur la complaisance de leurs anciens hommes de main.

Ces histoires de reconversions réussies ne doivent pas faire oublier les trajectoires de la majorité des anciens passeurs, qui connaissent le chômage pour une période plus ou moins longue. Qu'ils aient choisi de se retirer du trafic ou qu'ils aient été contraints de le faire, ceux-là perdent bel et bien un certain pouvoir, ne fût-il que symbolique, et voient brutalement leurs ressources s'effondrer. C'est par exemple le cas de patrons et de lieutenants de réseau qui se retrouvent du jour au lendemain sans activité à la suite de la défection d'un *dalal* éthiopien ou de sa décision de choisir un autre intermédiaire, jugé plus compétent, à Djibouti. Il arrive que des passeurs déchus bénéficient de la solidarité d'autres réseaux, en ce qui concerne notamment leur addiction au khat. Aussi paradoxal que cela puisse paraître, ce retour à une vie humble, cette mendicité entretenue, peut favoriser l'épanouissement d'une certaine paix intérieure. Seuls un petit nombre de passeurs de la première génération ont retrouvé du travail, la plupart n'en cherchent même pas. Certains sont devenus pieux, alors qu'ils ne semblaient pas s'intéresser à la religion durant leurs années au sein du trafic. D'autres, qui ont tant donné, vivent de l'aumône des habitants de leur village.

Ces hommes racontent chacun à leur façon la manière dont ils ont « lâché le pouvoir ».

Les leçons du trafic

« Un jour, tout ce monde s'est arrêté pour moi.
Un jour, je m'en souviens très bien, je devais faire
passer dix personnes, mais seulement huit avaient
de l'argent. Une des deux personnes qui ne pouvaient
pas partir s'est mise à genoux. Elle a attrapé
mon genou, en pleurant, en suppliant, elle voulait
partir, elle voulait recommencer sa vie là-bas
[en Arabie saoudite]. Quand j'ai vu cette scène,
je me suis dit que notre travail n'était pas si mauvais
que ça, ces gens voulaient vraiment voyager.
Notre travail, ce n'est pas du bien, ce n'est pas
du mal, c'est quelque chose d'autre, quelque chose
qui n'est pas prévu dans nos conceptions de faire
et de ne pas faire. Mais surtout, cette scène
de l'homme à genoux, ça m'a marqué. Cela m'a fait
arrêter, pour de bon, définitivement. Je ne voulais plus
en faire. Je ne voulais pas voir de personnes à genoux.
J'en avais déjà vu beaucoup, souvent, au moment
où je devais prendre les migrants pour les transporter
et qu'ils n'avaient pas d'argent. Une simple scène
qui pouvait se produire et se reproduire tous les soirs.
Stop. En 2013, avec l'argent qui me restait, j'ai ouvert
des commerces plus traditionnels, des magasins,
j'avais plein de projets, j'en ai toujours. [...] Le temps
a passé, je préfère rester humble maintenant. Je dors
sur la plage depuis que j'ai l'âge de huit ans. J'y suis
retourné. Je suis devenu très croyant, très proche
de mon prochain avec ce qui s'est passé
avec les derniers migrants, ces histoires
que je t'ai racontées. Tout ce monde ne me manque
pas. J'en ai fini. Mais je me dis, aujourd'hui
que je suis devenu plus sage, que c'était vraiment
un bon moyen de gagner de l'argent. À l'époque, je

dépensais tout. Aujourd'hui, je l'investirais
dans d'autres commerces. »
ANCIEN PATRON DU PASSEUR INITIAL
ayant reçu une filiale, dans une rue de Tadjoura.

« On transportait une nuit trente-cinq personnes
dans la voiture, du lac Assal à Tadjoura.
On a eu un accident de voiture. C'était en 2017.
La voiture a fait un tonneau, je m'en suis sorti
avec une blessure à l'épaule ; les autres, c'était pire.
C'était le soir de l'Eïd et moi, je faisais du trafic.
J'ai vu ça comme un signe d'Allah. Après ça, tout
de suite, j'ai arrêté la voiture, le trafic, j'ai arrêté
d'être *dalal*. C'était fini. Je suis allé à la mosquée. »
ANCIEN PASSEUR.

« Tous les soirs, toutes les nuits, le téléphone sonnait.
Tu décroches, tu raccroches, il sonne encore,
tout de suite après. C'était comme ça de 7 heures
[19 heures] jusqu'à 2, 3 heures. Je n'en pouvais
plus. J'ai arrêté ce travail. Je n'ai pas de téléphone
maintenant. Je n'en voulais plus. Je veux que personne
ne me repère, surtout pas les *dalals* au Yémen,
ni ceux d'ici. Je connais tous les numéros par cœur,
je les ai tellement appelés ! Quand j'ai besoin
d'un téléphone, je prends celui d'un ami.
Je me cache car les gens me demandent toujours
de l'argent et du khat. Je n'ai rien, plus rien,
mais ils demandent toujours ; quand il y avait
des sorties scolaires, le week-end, il fallait toujours
donner. Aujourd'hui, je n'ai rien, qu'on me laisse
en paix. Je ne veux plus de portable, non,
je n'en veux plus. »
ANCIEN LIEUTENANT DE RÉSEAU, chez lui à Tadjoura.

« Ce passé, j'étais jeune. J'ai su que je l'avais fait
par ignorance. Ce n'était pas mon domaine.
Je pratiquais, mais j'ai su que c'était quelque chose

qui n'était pas réglementé, ou bien, ou droit.
Pour moi, un réseau qui passait des gens,
c'était une aide. Sauf que j'ai vu comment
ça se passait : je voyais les gens qui jouaient
avec les Éthiopiens, les bagarres entre nous,
entre les quartiers. On passait beaucoup de temps
à se battre entre quartiers ou entre réseaux.
Pour quoi ? de l'argent… J'ai arrêté en 2016, 2017
je crois. Je ne sais plus.
J'avais des problèmes avec les *dalals* au Yémen
car je passais que les migrants. J'avais entendu
de certains migrants et passeurs que les *dalals*
ne m'aimaient pas car je ne voulais pas passer les
armes pour eux. Y en a qui passent les armes à Obock
ou à Tadjoura. Mais les Yéménites n'avaient pas
le courage de me dire : "Passe les armes pour nous
s'il te plaît", parce qu'ils me connaissaient déjà.
[…] À un moment donné, le *dalal* au Yémen
m'a donné son avis. Il m'a insulté. Il m'a dit :
"Je ne sais pas ce que tu fais dans ce boulot !
Ce métier n'est pas pour toi, ce n'est pas
ton domaine !" Il a continué : "C'est un sale boulot,
les migrants, les armes, tu n'es pas fait pour ça,
j'ai d'autres boulots réguliers. Je prends des chèvres
de Djibouti, on me les apporte de l'Éthiopie
avec le tampon, et ça passe par Djibouti. Toi,
tu es quelqu'un qui est fait pour ça,
pas pour les migrants. Un gars juste,
qu'est-ce qu'il fait dans ce boulot ?" Il m'a dit
qu'il allait me passer le commerce de chèvres. Il était
en colère parce qu'il voulait prendre mes migrants
pour les donner à un autre passeur plus méchant. Il
voulait tricher. Il voulait donner mes migrants
à d'autres personnes. Mais ce sont des êtres humains
qu'on passe ! Ce ne sont pas des cartons ou des sodas.
Ce sont des humains et il voulait faire ce qu'il voulait
de ces gens-là, de la torture.
Il voulait jouer avec la vie de ces gens-là. […]

Finalement, je n'ai pas fait ce commerce de chèvres.
C'était une façon de m'insulter, en quelque sorte.
Il ne voulait même pas me passer cela. Il me faisait
simplement comprendre que je ne connaissais pas
ce boulot, qu'il n'était pas fait pour moi, tu vois.
Il sous-entendait : "Écarte-toi, ça, ce n'est pas
ton boulot. Laisse-le aux gens qui savent, parce que
toi, tu dois travailler dans quelque chose de bien."
Ce boulot est sale. Cela ne lui plaisait pas trop
ma façon de travailler. Je voulais faire des choses
pour les migrants, qu'ils aillent mieux,
et cela coûtait de l'argent à tout le monde.
Tu sais, il y en a certains qui sont partis,
que j'ai fait transporter, ils m'ont appelé de l'Arabie
saoudite. Ils avaient récupéré mon numéro
et m'ont demandé : "Qu'est-ce que tu veux ?
Qu'est-ce qu'on t'envoie ? On n'a jamais eu quelqu'un
de gentil comme toi." Parfois, j'ai envoyé des gens
sans qu'ils payent. Ces gens-là sont pauvres.
Puis, ils m'ont appelé des villes saoudiennes
pour me dire : "Je suis boutiquier, je travaille grâce
à toi, qu'est-ce que tu veux ? Maintenant,
j'ai de l'argent." Ce sont les immigrants
qui m'appelaient ! Y en a un qui m'a dit : "Aujourd'hui,
j'ai entendu que les réseaux sont en pause,
je sais que c'est le seul boulot que tu fais
alors si tu as besoin d'argent, je peux t'en donner."
Ça, le gars au Yémen ne pouvait pas le supporter.
C'est pour ça que j'ai voulu arrêter. J'ai dit :
"Oui, ce n'est pas mon domaine", et un jour
je suis parti. J'ai éteint le téléphone
comme d'autres avaient fait avant moi. »

ANCIEN PATRON, dans sa maison, Tadjoura, 2020.

« Je viens du district de Tadjoura. À l'époque,
quand j'étais plus jeune, je transportais des clandestins
entre le lac Assal et Tadjoura. Je buvais souvent
car le travail était compliqué. Je transportais

des clandestins à pied ou en voiture. C'était difficile,
parfois on devait ramener quatre-vingt-dix,
cent personnes en une nuit ! J'ai fait ça quelques
années, j'ai été arrêté et, une fois libre,
je n'ai pas voulu recommencer – la prison,
c'est difficile aussi. J'ai fait des petits boulots
jusqu'à la campagne de IOG [Ismaïl Omar Guelleh]
en 2016. Ils recrutaient des gens pour la gendarmerie.
Il y avait des quotas pour toutes les régions.
J'en ai profité, je voulais un métier qui bouge.
Je suis devenu gendarme ; j'ai fait la formation et,
après, j'ai retrouvé plein d'amis passeurs qui étaient
devenus gendarmes comme moi ou policiers.
On en avait marre de travailler la nuit. »
GENDARME DJIBOUTIEN (ancien passeur).

« Les clandestins étaient un moyen de s'enrichir
pour tout le monde. Cela a permis aux pêcheurs
d'acheter leur bateau. Ce ne sont pas des gars
méchants, les pêcheurs. Quand l'État a durci la loi,
beaucoup de pêcheurs ont décidé d'arrêter
car ils ne voulaient pas prendre trop de risques.
Le pêcheur aime pêcher, il aime avoir du bon matériel,
un bon bateau, du carburant. Ils faisaient du trafic
de clandestins pour acheter une nouvelle barque. Ils
avaient des problèmes de moteur, de matériel,
à Djibouti, on ne répare rien, on n'a pas de mécanicien
pour bateau, ça casse et faut acheter du nouveau. »
ANCIEN PASSEUR, Tadjoura.

« Je suis resté fidèle au Passeur initial.
Quand il est tombé, je l'ai suivi, je suis tombé avec lui.
C'est lui qui me payait, c'est à moi de lui montrer
que j'étais un gars de confiance et que je n'étais pas
un salaud. Je ne fais pas d'argent dans son dos.
C'est lui qui a tout construit, tu comprends ?
Tout, le réseau, les passeurs, l'Éthiopie, le Yémen, tout !

Nous, nous avons juste mangé ce qu'il avait fait.
Alors quand il est tombé, c'était normal de le suivre. »
Ancien passeur, Tadjoura, 2022.

« Je voulais être riche. Je voulais savoir ce que cela
voulait dire être riche. Avoir de l'argent, tout connaître,
tout acheter, être courtisé, connaître la richesse.
Tout le monde est à tes pieds, tout le monde
te demande de l'argent. Tu es comme le sultan
du monde, le sultan de Tadjoura ! Maintenant,
j'ai tout perdu, j'ai une petite maison, deux pièces,
près de la plage. Je trouve ça mieux. Maintenant,
je suis plus heureux. »
Ancien passeur.

« J'étais passeur, tu le sais, mais j'ai arrêté en 2015,
lorsque la guerre au Yémen a commencé,
il y avait les Houthis à Aden. C'était inhumain
de les [les migrants] faire traverser avec la guerre
de l'autre côté. Je ne pouvais plus le faire, envoyer
des gens tout droit vers la guerre, vers la mort.
On savait ce qui s'y passait là-bas, eux non.
Je veux dire, on n'était pas ignorants
comme les migrants, qui ne savaient rien.
On savait qu'il y avait la guerre et que ça bombardait,
que ça tuait beaucoup. Certains de mes amis
ont continué. Ils font ce qu'ils veulent. Moi, j'ai dit stop
à ce moment-là. […] Je ne voulais pas de sang
sur mes mains : il y a la guerre, il y a la torture
de migrants, beaucoup de torture. Parfois,
on voit les vidéos sur Internet. La guerre du Yémen
a changé notre métier et je préférais être pauvre
plutôt que participer à ça. Avant, je gagnais
des millions et des millions de francs djiboutiens.
J'ai perdu l'argent, tout,
mais j'ai regagné mon honneur. »
Ancien patron, Obock, 2018.

« Je ne regrette pas ce qui s'est passé. Même si je regrette, qu'est-ce que cela change ? Le regret est le souci d'un imbécile. Regretter pour ce qui s'est passé ? À quoi bon ? Pourtant, j'ai aimé cette vie. C'était une vie aimable, voyez-vous ? J'aidais mes parents. J'aidais beaucoup de gens. J'aimais beaucoup aider. Mais il faut être un tout pour être un passeur, je ne savais pas ça, qu'il y avait comme des conditions pour devenir passeur, comme s'il y avait des clauses cachées. Il y a des conditions : travailler avec l'État, les armes, ne pas avoir de cœur. Moi, ce n'était pas ma vie de trahir, de moquer et de parler dans le dos des autres. Les autres passeurs pouvaient faire ça : de l'espionnage, du trafic. À la fin, j'ai préféré être chômeur, chômeur plutôt que ça. »

ANCIEN PATRON DE RÉSEAU.

« Moi, je me suis éliminé moi-même. »

ANCIEN LIEUTENANT.

Mais quitte-t-on jamais vraiment le monde du trafic de migrants ? Rares sont en réalité ceux qui rompent définitivement avec leur ancienne vie et coupent les liens avec les personnes qu'ils ont pu y fréquenter. Au sein des réseaux et, dès leur engagement qui se fait de manière collective, les passeurs retrouvent des camarades de lycée ou d'université, des voisins ou des membres de leur *fi'ma*, voire de leur famille. Dans cet entrelacement de relations sociales, ceux qui se sont retirés suivent toujours les péripéties de ceux qui continuent et partagent leurs expériences. Tous se côtoient fréquemment dans les mêmes séances de khat où les anciens passeurs se font offrir une à deux bottes par ceux encore en activité. C'est d'ailleurs durant ces salons que se jouent les réengagements au sein des réseaux. Pour des raisons économiques, bien souvent parce que les projets de reconversion dans le « civil » ne marchent pas, les anciens reprennent souvent du service.

Ces sorties et ces retours dans le trafic ne sont perçus ni comme des réussites ni comme des échecs. Ils s'inscrivent dans la trajectoire de ces hommes comme autant de possibilités qui leur sont offertes à différents moments de leur vie. Ainsi, on voit réapparaître certains de ceux qui avaient raccroché le temps de quelques nuits pour gagner un peu d'argent avant les fêtes de l'Eïd ; d'autres décident de prendre des congés sans date de retour à la capitale lorsqu'ils ont suffisamment d'argent pour y vivre, puis reviennent quelques semaines ou mois plus tard, sans le sou, demander un travail dans le réseau. Quant à ceux devenus policiers ou gendarmes, ils n'hésitent pas à retourner voir leurs anciens collègues pour leur vendre des informations, participer aux séances de khat avec les patrons et les lieutenants pour prendre des nouvelles de la « famille » ou encore proposer leur aide si le salaire tarde à tomber.

Tous ces allers-retours brouillent finalement les limites de la sphère du trafic, qui ne connaît pas vraiment un « dedans » et un « dehors ». Tout en étant modulable, celui-ci finit cependant par représenter la seule opportunité pour certains qui, l'âge avançant, deviennent de moins en moins aptes à décrocher un travail légal. Loin pour la plupart de connaître une carrière linéaire dans un réseau, les passeurs y entrent, en sortent, accèdent à des promotions parfois fictives, se déplacent horizontalement dans l'organisation, se spécialisent, profitent d'effets d'aubaine pour redéfinir leur place au sein de la filière en devenant hébergeur, loueur de véhicule ou de bateau, etc. Dans cet espace mouvant, le trafic et la société se confondent, le licite et l'illicite font corps.

La trajectoire du passeur qui a ouvert cet interlude est à cet égard représentative. Après avoir passé quelques mois à la capitale, à travailler dans l'échoppe où je l'avais retrouvé, il est retourné à Tadjoura en quête de nouvelles aventures nocturnes. Je l'ai appris en me rendant à sa boutique un matin où j'espérais obtenir un énième entretien sur ses souvenirs de passeur à la cafétéria du coin de la rue. Le patron m'a accueilli l'air désolé ; j'ai compris. Quelque temps plus tard, un soir à Tadjoura où je traînais chez un patron de réseau, j'ai vu l'homme entrer dans la pièce. Il m'a salué comme si on s'était quittés la veille avant de récupérer la liste des effectifs de la soirée, de prendre ses deux bottes de khat et de se diriger vers son véhicule. Avant de sortir, il m'a simplement proposé de l'accompagner au lac Assal avec son copilote.

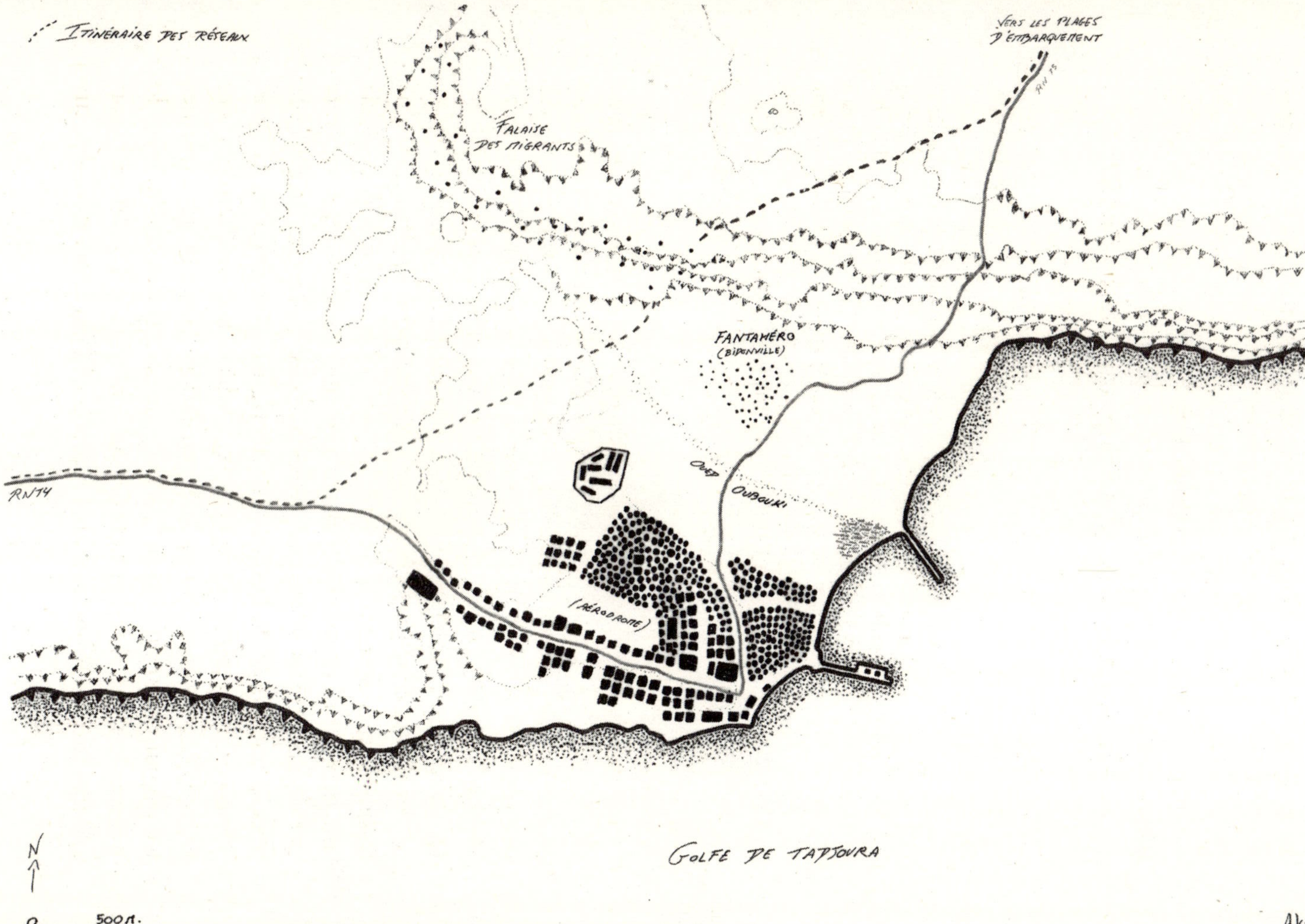
Itinéraire des réseaux
Vers les plages d'embarquement
Falaise des migrants
Fantahéro
(bidonville)
Oued Oubouki
(aérodrome)
RN14
50
40
30
20
10
Golfe de Tadjoura
N
0
500 m.
A.V.

Obock

Chapitre 8

Du vol à la torture de migrants (2015-2018)

> « Si je perds un migrant, je me renseigne. Je fais plusieurs appels. Il faut que je fasse une recherche approfondie. Il faut le trouver. Certainement, il est parti avec d'autres passeurs, je dois téléphoner aux autres passeurs, à ceux qui se trouvent ici et à Tadjoura, certainement, c'est une perte. [...] Si jamais il y a une perte, je dois chercher. Il ne peut pas y avoir une perte sans trace. »
>
> PATRON DE RÉSEAU

La guerre des réseaux fait rage au nord de Djibouti et, dans ce chaos nocturne de barrages et d'affrontements, se développe ce qui semble être une innovation des passeurs djiboutiens, le vol de migrants. Comme s'il s'agissait de simples marchandises, les réseaux s'emparent des convois de leurs concurrents, les perdent, les remplacent, les restituent à leurs « propriétaires » contre rançon ou les détournent pour les envoyer directement au Yémen, créant toujours plus de confusion chez eux et à l'étranger. S'il s'agissait initialement d'un moyen pour les Djiboutiens de compenser leurs pertes financières à la suite de leur déclin politique, le procédé affecte l'ensemble de la filière transnationale, en amont et en aval. Tandis que les *dalals* éthiopiens se perdent dans le décompte des effectifs en transit, les trafiquants yéménites n'hésitent pas à torturer les migrants qui atterrissent, à force de changer de main, dans le mauvais convoi. Les Éthiopiens sont contraints d'intervenir, bon gré mal gré, à Djibouti et au Yémen pour tenter de stabiliser leur activité, dans un contexte où l'Arabie saoudite durcit sa politique migratoire en expulsant plusieurs centaines de milliers de migrants.

Le vol de migrants[1], qui implique souvent leur séquestration, rappelle quelque peu les razzias d'esclaves du XIXe siècle et la « mâchoire » yéménite du XXIe siècle, mais, contrairement à ces pratiques, il ne s'accompagne généralement pas de violence physique à l'encontre du ou des Éthiopiens capturés. Il peut être organisé par des coupeurs de route, improvisé au gré des opportunités, ciblant alors des convois égarés, ou manigancé par ruse. Dans ce dernier cas, tandis que le premier passeur attend avec son convoi celui du relais suivant, le ravisseur s'interpose, usurpe l'identité du prochain réseau et met à profit ce court laps de temps pour détourner le convoi. Certains réseaux ont recours à cette technique pour gonfler leurs effectifs à faire transiter au nord de Djibouti. Les migrants intègrent alors le nouveau réseau sans pour autant que cela perturbe leur itinéraire vers le Yémen. D'autres passeurs ou des coupeurs de route mettent la main sur quelques migrants ou le convoi d'un concurrent lors d'un barrage routier et les séquestrent quelques heures, encore une fois sans violence, afin d'obtenir une rançon de plusieurs milliers de francs djiboutiens du réseau auquel ces migrants appartiennent.

Les premiers vols de migrants se produisent, on l'a vu, dans les mois qui suivent la fragmentation du réseau unique en 2013. L'Affranchi vole le Passeur initial quand celui-ci lui retire l'« attache » qu'il lui avait confiée pour le punir de sa prise d'indépendance. Le premier se venge alors du second en détournant plusieurs de ses convois afin de monter son réseau. Puis d'autres passeurs, frustrés de ne pouvoir développer leur propre affaire, l'imitent. L'effondrement du réseau unique en 2015 généralise le vol, d'abord à Tadjoura et bientôt dans l'ensemble de la filière. Cette technique permet dans

1. Il s'agit bien ici du vol de migrants et non du vol du migrant, qui renvoie quant à lui à un abus de confiance par lequel un (faux) passeur dépouille le migrant en lui faisant croire qu'il est son passeur référent avant de disparaître. Cette arnaque classique existe tout au long de la décennie 2010, mais elle est davantage le fait de passeurs solitaires ou de guides indépendants que des réseaux.

un premier temps aux petits réseaux d'acquérir quelques effectifs à faire transiter ou à monnayer à leurs « propriétaires » pour se lancer. Certains parviennent par ce biais à obtenir des contacts étrangers pour se développer, quand d'autres accaparent un territoire – une rue, l'entrée d'une ville – sur lequel la rançon symbolise un droit de passage. Cependant, avec le durcissement des conditions du marché et la domination des *dalals* étrangers, la plupart de ces entreprises déclinent rapidement. Leur disparition aurait dû emporter avec eux cette pratique ; or il n'en est rien : le vol de migrants se banalise à partir de 2016 et devient le moyen par lequel les réseaux se livrent une lutte acharnée.

En se banalisant, le vol de migrants transforme le rapport des passeurs à leur activité. Le développement de ces logiques prédatrices fait entrer le trafic dans l'ère de l'ultralibéralisme. Le bon acheminement et en toute sécurité de leurs convois, le professionnalisme qui garantissait leur réputation auprès des *dalals* étrangers et les liens de confiance sur lesquels reposait la filière ne définissent plus les règles du marché. Tout en faisant peser un risque sur la vie des migrants, les vols entraînent en permanence des représailles, qui dégénèrent en vendettas et durent plusieurs nuits, voire plusieurs semaines. Afin de compléter son effectif, le passeur volé ira rafler à son tour des migrants à son agresseur ou à un autre réseau – qui sera obligé lui aussi d'en voler à son tour – ou choisira de régler ses comptes par la violence. Ces réactions en chaîne deviennent récurrentes, créant toujours plus de confusion dans la communication des effectifs aux *dalals* étrangers.

La question des effectifs est bien sûr centrale : tout manquement à l'appel représentant une perte financière, le nombre de migrants livrés par les Éthiopiens doit correspondre à l'unité près à celui que réceptionnent les Yéménites. Si la règle de l'effectif est simple, elle demeure toutefois difficile à respecter : les migrants se perdent parfois en ville ou dans le désert, se dispersent après un barrage ou une course-poursuite avec la gendarmerie, sont victimes de maladies ou d'accidents, ils peuvent se faire rafler par la police et reconduire à la frontière ou encore renoncer à leur projet migratoire et se présenter au camp de retour volontaire mis en place par l'OIM à Obock. Si les détournements de convois aggravent ces fluctuations, le paradoxe de leur généralisation n'est qu'apparent, car le vol de migrants représente simultanément un moyen pour les réseaux de compenser leurs manques au détriment de leurs concurrents. Il peut aussi arriver que certains passeurs remplacent les migrants directs par des migrants indirects pour camoufler les pertes, cette fois aux dépens de ces supplétifs qui, arrivés au Yémen, seront torturés afin d'extorquer à leur famille une rançon.

Quatre migrants perdus dans la brousse

« Le patron a perdu quatre migrants en brousse.
On les a retrouvés en ville, à Tadjoura. En fait,
ils ont continué de marcher en suivant la route
jusqu'à la ville. Un ancien passeur les a retrouvés.
Il est tombé sur eux. Il avait entendu qu'on avait perdu
quatre migrants, alors il les a gardés. On a commencé
des négociations avec lui. Il voulait 25 000 francs
djiboutiens pour rendre les quatre migrants !
On a négocié toute la soirée et, finalement,
on a fait tomber le prix à 20 000 francs. Des fois,
cela arrive qu'on perde des migrants. Là, c'était
un homme grand [adulte] et trois gars encore à l'école
coranique [enfants]. C'est l'ancien passeur
qui nous a directement contactés, car il a demandé
aux migrants qui était leur passeur. Il a fait tout
de suite le lien avec nous. Nous, on voulait tout
de suite les récupérer car si l'histoire remontait au gars
au Yémen, on n'aurait pas été payés et la confiance
va diminuer. Il peut décider de ne plus nous donner
de migrants si on en perd trop, car c'est de l'argent
de perdu. […] On a payé le gars. Si j'avais été
à la place du patron, j'aurais pris dix ou vingt bons
gars et on y serait allés par la force pour les récupérer.
Là, 25 000, puis 20 000, on n'a eu aucun bénéfice ! »
LIEUTENANT DE RÉSEAU, chez lui, Tadjoura, 2019.

« L'autre jour, il y a eu un barrage la nuit, alors les migrants se sont dispersés. C'était juste avant Tadjoura, alors ils ont continué à marcher en brousse jusqu'à la ville. On les a retrouvés en ville, presque tous, mais il en manquait quatre. Ils ont cherché toute la journée ! C'était moi, j'ai retrouvé les migrants. C'était facile parce qu'ils n'étaient pas comme les Oromos dans la rue. C'étaient des Amharas, bien habillés pour des migrants, avec leurs croix. J'ai demandé : "C'est qui votre responsable ?" J'ai appelé leur responsable. Ils pensaient que je ne travaillais plus là-dedans ! C'est vrai, j'ai arrêté le réseau, je suis un ancien passeur, mais le trafic fonctionne toujours. J'ai négocié avec eux. Je leur ai demandé 4 ou 5 000 francs, je sais plus trop, par migrant, Ils ont accepté ! Ils étaient obligés d'accepter sinon les *dalals* en Éthiopie allaient être en colère. Moi, je m'en foutais, j'ai arrêté ça, mais je gagne toujours de l'argent comme ça. Eux, ils allaient perdre beaucoup d'argent et la confiance des *dalals* au Yémen et en Éthiopie. »

ANCIEN PASSEUR, Tadjoura, 2019.

Dans cet enchaînement sans fin de vols, les réseaux djiboutiens mêlent tous les effectifs qu'ils reçoivent des Éthiopiens sans tenir compte des contrats passés par les migrants avec leur *dalal* d'origine, comme si des transitaires mélangeaient les commandes et les destinataires. Le plus souvent, les *dalals* éthiopiens ignorent ces détournements et ne les apprennent qu'après l'arrivée des convois au Yémen. À ce moment-là, les migrants sont déjà pris en charge par les trafiquants yéménites, qui les séquestrent le temps de toucher l'argent. Les migrants appellent leur contact éthiopien qui, découvrant que le *dalal* yéménite n'est pas celui avec lequel il a fait affaire, refuse de lui verser la somme de peur de subir des représailles de son partenaire habituel sur le reste du convoi. Les réseaux yéménites semblent donc autant en concurrence que leurs homologues djiboutiens et ils n'hésitent pas à faire payer aux migrants les pénalités des ruptures de contrat.

Le vol de migrants à Djibouti et la torture au Yémen forment ensemble un « au-delà » du trafic – l'illicite de l'illicite – qui reflète ses mutations structurelles. La ligne rouge est franchie. Pour la première fois, il est possible de torturer des migrants amharas et tigréens appartenant aux réseaux traditionnels des *dalals* éthiopiens et censés être protégés par ces derniers. Si le cœur de l'activité de tous les passeurs de l'Éthiopie à l'Arabie saoudite consiste toujours à faire transiter des migrants, il existe désormais des manières latérales et transgressives de rendre l'entreprise lucrative. Lorsqu'un passeur djiboutien vole des migrants, il peut les intégrer à son effectif, demander une rançon au réseau auquel ils appartiennent ou les monnayer indépendamment auprès d'un trafiquant yéménite. Ce dernier accepte de receler la marchandise détournée car il est sûr d'en tirer un bénéfice par la torture : il obtiendra une rançon de la famille du migrant ou, si la négociation échoue, il le vendra ou l'échangera contre un service à une milice qui l'enrôlera de force ou à une exploitation agricole qui l'astreindra à travailler pour elle.

Ces pratiques, on l'a vu, divisent les passeurs djiboutiens. Ceux qui enfreignent le code éthique que la plupart se donnent sont souvent mis au ban de la société. Ces marginaux sans réseau se rapprochent en conséquence des Yéménites, qu'ils approvisionnent en migrants volés, développant ainsi un trafic dans le trafic.

L'épopée du « roi » du vol de migrants au Yémen

J'étais un peu le roi du vol de migrants… Le meilleur voleur de migrants de tout Djibouti ! Le trafic de migrants, je connais tous les secrets : c'était une économie de guerre avec beaucoup de détournements de migrants et moi, j'en ai détourné beaucoup. Une fois, c'était en 2015, je crois, j'avais quarante migrants sur un bateau en transit pour le Yémen. Tous ces gens appartenaient à d'autres passeurs. Je les avais détournés car j'avais beaucoup de relations et d'amis au Yémen qui voulaient travailler dans ce business. Un jour, un ami yéménite m'appelle : « Pourquoi tu ne peux pas m'envoyer des migrants ? Je te paye 50 000 francs djiboutiens par personne. Envoie-les-moi, je t'enverrai des bateaux. » C'était le bon deal.

Il voulait une quarantaine de personnes, ça allait me faire dans les 2 millions de francs djiboutiens. Je voulais qu'il m'envoie l'argent avant pour ne pas me faire avoir, mais il n'avait pas d'argent, alors il m'a envoyé la ceinture de sa femme [un cadeau de mariage] : 700 000 FDJ [francs djiboutiens – 2 500 euros]. Je l'ai vendue, j'ai appelé un ami à Tadjoura pour savoir s'il avait des migrants. Je lui ai envoyé 200 000 et 50 000 [de plus] pour le chauffeur. J'achetais les passeurs comme mon ami pour qu'ils détournent les personnes. Il me restait 450 000 FDJ. J'ai pu ramener les migrants à Obock, près de la plage. Ils étaient cachés, mais ils ne pouvaient pas le rester longtemps, alors j'ai appelé le gars au Yémen : « Il faut amener ton bateau rapidement ! » Il est venu avec le bateau, on a changé de plage pour être sûr que personne ne viendrait. Il m'a dit de venir chez lui au Yémen pour que ce soit plus sûr, pour qu'on discute business.

Il ne pouvait pas parler l'amharique, seulement l'arabe. Je suis alors devenu son interprète : on a appelé les familles des migrants en Arabie saoudite ou en Éthiopie pour leur dire qu'il fallait envoyer l'argent maintenant. C'est toujours au Yémen que les familles envoient l'argent pour que les migrants continuent vers l'Arabie saoudite. Elles n'ont pas voulu nous verser l'argent car nous n'étions pas les bons passeurs avec qui elles avaient fait le deal en Éthiopie. Elles ne voulaient pas nous donner d'argent, mais le Yéménite, il savait être convaincant [séquestrations et tortures] pour qu'elles envoient l'argent. Un vrai négociateur. Finalement, elles nous ont envoyé 4 500 riyals saoudiens [1 050 euros par migrant détourné]. C'était le prix demandé, c'est plus de 200 000 FDJ ! Avec le temps, je me dis que j'aurais pu demander plus que 50 000 FDJ par personne, ce n'est pas grand-chose. J'aurais pu demander 100 000, je me suis fait avoir. J'ai beaucoup dépensé pour khater, le crédit téléphonique, faire des grands repas, j'ai dépensé 80 000 rien que pour manger !

La technique du détournement de migrants, c'est une superbe technique pour avoir de l'argent. Quand on a fait notre affaire avec le *dalal* au Yémen, que je détournais des migrants pour lui, j'avais beaucoup d'argent. J'ai travaillé un peu avec lui comme interprète, mais cela n'a pas duré longtemps. On a voulu recommencer la technique pour détourner d'autres migrants. À la fin, il me devait beaucoup d'argent, 1 ou 2 millions de francs djiboutiens [5 000-10 000 euros]. C'est énorme ! Le problème, c'est qu'il a voulu me trahir ! J'attendais mon argent et il n'a pas voulu me le donner. Puis l'Eïd est venu, il m'a dit qu'il avait déposé l'argent qu'il me devait dans une boutique. J'y suis allé et j'ai récupéré l'argent. Le gars de la boutique était un ami, j'étais un étranger, alors il devait bien me traiter et il m'a avoué que mon patron [le *dalal* yéménite] allait me piéger : il m'a dit qu'il y aurait des bandits pour moi sur la route entre Mokha et Bab el-Mandeb. Ils allaient prendre mon argent en échange de ma vie. Ils étaient envoyés par le *dalal*. Au Yémen, ils peuvent tuer facilement.

J'ai fait un transfert de monnaie, le Dahashib – il y a une version yéménite. J'ai transféré tout l'argent vers Djibouti ! J'ai appelé mon frère, pour voir si tout était bon. Vers 9 heures, 10 heures, il y avait les cinq bandits sur la route. Moi, j'étais déjà parti vers le Bab el-Mandeb. Ils ne m'ont jamais trouvé. Ils ont cherché longtemps ! Je connaissais beaucoup de pêcheurs là-bas, j'ai beaucoup pêché avec eux quand j'étais pêcheur. Il y avait une petite mosquée, à 2, peut-être 3 kilomètres de Bab el-Mandeb, à Suqayyan. J'ai trouvé une moto, 1 000 riyals yéménites pour aller jusque-là, j'ai trouvé un pêcheur, je lui ai donné de l'essence, 20 000 francs djiboutiens [100 euros] et du khat. Le pêcheur a tout de suite accepté de me conduire sur la côte djiboutienne et, avant midi, on était arrivés sur la côte djiboutienne, Mouloulé, Khor Angar, à peine trente minutes de bateau.

En sécurité, à Obock, j'ai appelé le Yéménite. Il m'a tout de suite demandé où j'étais, il voulait me voir. Je lui ai répondu que j'étais à Obock et que je savais pour le piège mortel qu'il m'avait tendu avec les bandits. Il s'est tout de suite énervé. Il n'arrêtait pas de demander qui était la personne qui m'avait conduit à Djibouti. Ils ont trouvé le pêcheur et ils ont voulu lui régler son compte, mais cela ne s'est pas passé comme ça. Au Yémen, c'est comme à Djibouti, ils ont des *okals*, les sages, les cadis. L'un d'eux a dit que Allah avait vu tout ce qu'il s'était passé et qu'il avait vu que j'étais un homme bon, alors il m'avait protégé. Il m'avait donné un bon pêcheur, droit, juste pour m'aider à m'enfuir. Le *dalal*, c'est lui qui m'avait fait venir ici pour travailler et il voulait me trahir et ensuite se venger. Le sage lui a dit qu'il ne fallait pas se venger car c'était le Yéménite qui avait d'abord essayé de me trahir. Après plusieurs mois, un jour, j'ai croisé le frère du *dalal* yéménite à Obock. Je le connaissais, je l'avais vu au Yémen plein de fois. Ici, c'est chez moi, alors je pouvais lui faire du mal. J'ai menacé son frère, je l'ai menacé ; moi aussi je pouvais réunir des bandits et lui régler son compte, mais, finalement, j'ai laissé tomber. Je lui pardonne au gars. Il ne faut pas avoir de colère contre eux. Allah a été bon avec moi, je dois me montrer digne de ça.

Ancien passeur-voleur, Fantahéro (périphérie d'Obock), 2019.

Le développement de telles pratiques entre Djibouti et le Yémen pousse les *dalals* éthiopiens à réagir. Les rumeurs de torture commencent à se répandre en Éthiopie tandis que le Yémen s'enfonce toujours plus dans la guerre civile. Les familles éthiopiennes questionnent leurs *dalals* sur les risques de la traversée et les Amharas comme les Tigréens, bien mieux informés que les Oromos, hésitent à tenter l'aventure. Plus de 117 000 migrants franchissent pourtant le détroit de Bab el-Mandeb en 2016 et 100 000 l'année suivante. Si la péninsule Arabique fait toujours rêver, la migration attire désormais surtout les migrants indirects oromos qui subissent de nombreuses persécutions en Éthiopie au milieu de la décennie 2010. Pour rassurer les populations habeshas et éviter la faillite de leurs affaires, les *dalals* historiques décident d'intervenir à Djibouti et au Yémen afin de tenter de stabiliser de nouveau le trafic.

Selon les passeurs djiboutiens, l'objectif des *dalals* éthiopiens était de (dé)doubler la filière transnationale par l'implantation de cellules éthiopiennes sur l'ensemble de l'itinéraire pour garantir la sécurité des convois. Ils se heurtent cependant aux réalités du terrain : leur situation irrégulière dans les différents pays les contraint à louvoyer et à négocier avec les acteurs déjà présents. À Djibouti, la concurrence des réseaux fait rage, les empêchant de s'implanter convenablement. À cela s'ajoute la politique autoritaire de l'État qui s'illustre par de nombreuses rafles de migrants, des reconduites à la frontière et une répression judiciaire des trafiquants plus affirmée. Si cette loi semble quelque peu négligente à l'encontre des passeurs djiboutiens, du fait d'arrangements politico-économiques, il ne fait aucun doute qu'elle serait efficace pour faire condamner des étrangers. À l'exception de quelques hébergeurs éthiopiens louant leurs services aux réseaux, le nord de Djibouti est la chasse gardée des passeurs locaux, qui ne manqueraient pas de dénoncer des concurrents extérieurs aux autorités.

Les *dalals* éthiopiens n'ont d'autre choix que d'adopter la stratégie déjà utilisée par le passé, le transport incognito d'un migrant proche d'eux et espionnant pour leur compte. Chaque réseau éthiopien confie ainsi à un agent camouflé la tâche de lui faire un compte rendu détaillé de son voyage entre Djibouti et le Yémen : les personnes rencontrées à chaque relais, l'organisation, les traitements reçus, les repas fournis, les relations avec les passeurs, les aléas et les difficultés de l'itinéraire. Bien que les possibilités d'intervention soient limitées, ces stratégies d'espionnage permettent de garder un contrôle indirect sur les réseaux djiboutiens, d'évaluer leur fiabilité et d'identifier les passeurs les plus à même de faire transiter en toute sécurité les prochains convois. Ces rapports font en quelque sorte office d'audits. Censés être secrets, ils suscitent toutefois la colère des passeurs djiboutiens lorsqu'ils en apprennent l'existence.

La situation est différente au Yémen, où les Éthiopiens comptent bien s'installer pour mettre de l'ordre dans la gestion confuse des migrants volés et en finir avec la torture de ceux placés sous leur responsabilité. En communication directe, *dalals* éthiopiens et yéménites concluent certains arrangements. Bien que ces négociations demeurent le plus souvent secrètes, les passeurs djiboutiens constatent peu à peu que, entre 2015 et 2020, des *dalals* yéménites sont remplacés par des Éthiopiens dans certaines tâches du trafic. S'il ne s'agit pas d'un véritable renversement, impossible du fait du rapport de force, il semblerait que chaque parti y ait trouvé son compte. Les trafiquants yéménites acceptent de sous-traiter une partie de leurs activités et d'accueillir les Éthiopiens si ces derniers leur versent une double rente : la première, fixe et quotidienne, de 10 000 francs djiboutiens (50 euros) et la seconde de 500 francs djiboutiens par migrant qui transite entre leurs mains. Contre ce paiement, les trafiquants s'engagent à protéger les *dalals* éthiopiens présents sur le sol yéménite face à la population locale, qui entretient à leur égard des stéréotypes raciaux dégradants.

Pour les Éthiopiens, l'enjeu est de régler le problème des effectifs volés et recomposés. Ils parlent les mêmes langues que les migrants et disposent d'une meilleure connaissance de leurs régions d'origine. S'ils sont donc les mieux à même de faire la distinction entre les migrants directs et indirects, c'est également à eux qu'incombe désormais la torture des seconds. Bien que certains y soient réfractaires, ils sont forcés par la suite par les Yéménites à l'employer sous peine d'en être eux-mêmes les victimes. Des passeurs djiboutiens et des migrants éthiopiens de retour du Yémen, interrogés par l'OIM, confirment que la torture au Yémen est devenue, dans la seconde moitié de la décennie, le fait d'anciens migrants et de nouveaux *dalals* éthiopiens travaillant désormais pour le compte des Yéménites[1]. Ces derniers conservent cependant certaines tâches, à commencer par la navigation, pour laquelle leurs marins sont parmi les meilleurs de la mer Rouge, le contrôle de leur territoire et le passage vers l'Arabie saoudite.

L'essor de la torture par les Éthiopiens

Les *dalals* du Yémen voulaient quelqu'un de voyou, qui vole les migrants, qui les frappe, qui fait n'importe quoi. J'ai vu d'autres le faire pour eux. Ils se croient maîtres et font de toi un esclave ; ils ordonnent. Si tu ne le fais pas, ils changent de passeur en quelques secondes : ils donnent les prochains migrants à un autre passeur, à ton voisin ou à un ami. C'est comme ça que les Yéménites ont battu les Djiboutiens. Ils leur disaient de faire de mauvaises choses et, si on ne faisait pas, ils choisissaient un autre passeur. Sauf que moi, j'étais puissant. Personne ne pouvait prendre mes migrants comme ça. Les Yéménites avaient peur de moi. Ils commandent depuis le Yémen, mais aucun n'ose venir ici. J'ai de la force, j'ai prévenu que j'avais un bon groupe, ma *fi'ma* est très forte. Ils ont voulu me changer à plusieurs reprises, mais les Éthiopiens n'ont jamais accepté. Ils m'aimaient beaucoup. Eux, c'est leur famille qu'ils envoient : leur cousin, leur frère, parfois le frère d'un *dalal*. Ce sont des Tigréens, ce sont des gens qui ont des cerveaux ! À chaque fois, quelqu'un leur fait un compte rendu : s'ils envoient cent cinquante bonshommes, le gars passe jusqu'au Yémen ou

1. Un agent du centre de retour volontaire de l'OIM m'a raconté en 2019 qu'un Éthiopien était rentré du Yémen et s'était présenté pour intégrer le programme de retour volontaire à destination de l'Éthiopie. Parmi les migrants présents, certains l'ont reconnu comme passeur ayant pratiqué la torture au Yémen. Ils l'ont alors tabassé et les agents présents ont dû intervenir afin de calmer la foule. Finalement, ni l'OIM ni l'ambassade éthiopienne n'ont souhaité le rapatrier et, aux dernières nouvelles, il traînait toujours à Obock.

en Arabie saoudite et revient après, ou il reste là-bas, mais il fait un bilan de ce qui s'est passé. Même si quelqu'un lui offre du thé, ce sera noté, tout sera noté. Les *dalals* en Éthiopie savent après quel réseau choisir ou si tel passeur est bien. […]

Il y a des migrants qui sont venus chez moi, ils ont vu que j'étais quelqu'un de bien. Je donnais un repas matin, midi et soir. Je payais de ma poche pour ça ! J'ai même donné du savon ou du khat. C'était dans mon naturel d'aider les gens, de faire quelque chose de bien. […] J'ai appris l'histoire des comptes rendus plus tard. Il y avait tout dans ces comptes rendus : Yoboki, Assal, Tadjoura, Obock : « À Yoboki, on m'a vendu des choses chères ; à Obock, on ne m'a pas donné à manger le soir, mais à Tadjoura, il y avait un homme bon. Il faut passer par lui. Il nous respecte. » Il y avait écrit qu'on pouvait avoir confiance en moi, alors le *dalal* au Yémen était coincé, il ne pouvait pas me virer et il était en colère avec ceux en Éthiopie. Mais comme ce sont eux qui donnent les migrants, il a accepté au début. […]

Quelques passeurs de Tadjoura ont essayé de faire des complots contre moi. Ils ont dit des mauvaises choses sur moi à l'Éthiopien. Y en a certains qui ont parlé contre moi, des passeurs jaloux, avec le Yéménite. Donc l'Éthiopien m'appelle un soir, j'avais quatre-vingt-seize bonshommes qui m'attendaient au lac Assal, mais moi je n'étais pas au courant, personne ne m'avait prévenu ! C'était un complot quoi… Moi, je khatais dans une boutique et là, c'est le Tigréen qui m'a appelé en me disant : « Il se peut que toi tu me connais, je suis… » C'était un des plus grands *dalals* là-bas ! Il est mort maintenant, mais bien sûr que je le connaissais, c'était un grand passeur ! Il m'a dit : « Moi, je ne te connais pas, je sais seulement que tu t'appelles… et que tu es un passeur à Tadjoura. Je vais te dire une chose : je suis un Tigréen, je ne suis pas bête comme un Oromo ! On m'a raconté que tu étais un mauvais passeur, que tu ne donnais pas à manger à mes migrants. Tout le monde à Djibouti veut que je change de passeur à Tadjoura car tu es méchant. Je me fous de ce que les gens disent. Mes migrants m'ont raconté l'inverse et c'est eux que je crois. » Il m'a dit que j'étais quelqu'un de bien, qui donne toujours de la nourriture et de l'aide. […] « Récupère mes hommes ce soir à Assal. » Parmi les quatre-vingt-seize bonshommes, il y en avait soixante-dix uniquement à lui ! « Si jamais quelqu'un veut te faire des problèmes, tu m'appelles et je vais régler ça. Je vais dire à mes hommes que le seul passeur que je connais, c'est toi. C'est ton numéro que je vais donner au gars du Yémen. » [...]

Ce soir-là, je suis parti à Assal avec le véhicule. Les autres passeurs ne comprenaient pas pourquoi je suis parti. Il y en a un qui m'a dit : « Ne va pas à Assal, il n'y a pas de migrants ce soir. Reste khater, viens, je t'invite chez moi. » Bien sûr, c'était un complot, je n'ai même pas répondu. J'ai pris ma voiture avec mon passeur et on est arrivés à Assal, on a trouvé les migrants, il y avait d'autres passeurs déjà présents. Ils ont fait des problèmes, ils m'ont dit que ce n'étaient pas mes migrants, ils voulaient se battre, mais ce sont des petits, et moi, je suis costaud. Ils n'avaient pas ma force. On ne pouvait pas rester là trop longtemps, c'était un autre problème, la gendarmerie pouvait venir et tout. On a pris le numéro du *dalal* que les migrants avaient. C'est le grand passeur qui a répondu, il a dit : « Je donne mes migrants à... si jamais vous touchez un migrant, si vous volez un migrant, je vais appeler tous les passeurs du Tigré et chez les Amharas aussi et personne ne vous donnera. » C'était fini. On a pris les migrants avec nous et les autres sont rentrés sans rien. Ils étaient en colère. Des histoires comme celle-là, ça arrivait tout le temps. [...]

Le *dalal* éthiopien m'a protégé un temps... et un jour, il a arrêté. Tout le système avait changé, je l'ai appris plus tard. Il y avait des Éthiopiens qui travaillaient maintenant au Yémen. C'était tellement n'importe quoi notre travail ici que tout le monde se perdait au Yémen : on ne savait pas à qui appartenait tel bonhomme ou tel autre bonhomme. Il y avait tous les vols, les détournés, et quand ils arrivaient au Yémen, c'était le chaos. Les Amharas et les Tigréens changeaient tout le temps de propriétaires au Yémen et, comme il y avait des problèmes d'argent avec leur propriétaire en Éthiopie, le monsieur là-bas qui ne voulait pas payer, ils étaient tapés. Alors ils [les *dalals* éthiopiens] sont allés là-bas pour mettre de l'ordre, pour pas qu'un Oromo soit avec un Amhara ou un Tigréen – ce n'est pas pareil ! Ils ont renversé le réseau, mais pas totalement.

Maintenant, les Éthiopiens au Yémen gèrent le trafic, je veux dire [qu'] ils payent les Yéménites pour avoir la main sur le réseau. Ils font tout à leur place : ils appellent les familles pour avoir l'argent, ils torturent, ils frappent leurs frères et ils payent en plus les Arabes ! Eux, ils sont comme en vacances, ils sont payés par les Éthiopiens et ils regardent les choses de loin... Ils ne torturent plus. C'est l'Éthiopien qui torture d'autres Éthiopiens. Il décide que tu passes si tu payes ; il te frappe si tu ne payes pas, mais il frappe que les Oromos, jamais les gars de Meles, jamais les Habeshas. Il ne faut pas à cause de la réputation [du réseau]. Il a recruté beaucoup de gars chez lui pour parler avec les migrants, pour les appels, car les Arabes ne parlent pas. Mais si l'Éthiopien arrête de payer ou s'il fait des problèmes, il va être frappé par les gars [les Yéménites], il va avoir mal, très mal… Tu connais Abdulqawi ? Lui, il fait très mal… mais je ne sais pas s'il travaille toujours… […]

Moi, j'ai arrêté tout ça, le réseau, les clandestins. […] J'ai parlé avec le grand passeur du Tigré, celui qui m'avait donné les migrants. Il ne voulait pas [que j'arrête], il disait que j'étais bon. Moi, je lui ai dit que tout avait changé : on passait maintenant les gars de Meles, ses gars, vers la torture. Est-ce qu'il voulait envoyer ses hommes se faire battre au Yémen ? Après les familles demandent : « Où est mon frère ? » « Où est mon fils ? » « Pourquoi il ne m'appelle pas ? » « Pourquoi il n'est pas chez les Saoudi[ens] ? » Il était d'accord avec moi, il m'a dit : « Attends, attends, j'envoie mes hommes régler ça au Yémen. ». C'était trop tard, tout le réseau était rempli de voyous, à Djibouti, au Yémen, maintenant les Éthiopiens qui torturent leurs frères. Une activité de voyou.

Ancien patron, chez lui à Tadjoura, 2020.

Depuis 2017, et surtout à partir de 2018, la frontière entre le Yémen et l'Arabie saoudite devient la zone la plus dangereuse de l'itinéraire pour les migrants. Si certains d'entre eux sont transportés jusqu'à la localité plus ou moins sécurisée d'Harad, sur la côte de la mer Rouge, d'autres convois et des migrants solitaires empruntent le chemin des montagnes et traversent le district de Saada, le fief historique des rebelles houthistes. Militaires, douaniers saoudiens et houthis les détournent, les torturent et violent les migrantes qui n'ont pas la chance d'avoir des contacts sur place pour organiser leur passage. S'ils survivent, ces migrants servent de main-d'œuvre exploitée, de force de frappe dans la guerre opposant les houthistes aux Saoudiens – certains passeurs évoquent des « bombes humaines » –, quand ils ne sont pas tout simplement assassinés par l'un des deux camps. Ces exactions deviennent récurrentes dans un contexte régional où la politique antimigratoire ne cesse de s'accentuer. En 2017, l'Arabie saoudite promulgue un nouveau décret à l'encontre de la migration irrégulière et expulse la même année plus de 300 000 Éthiopiens[1]. Il n'est pas exclu que le royaume saoudien utilise d'autres moyens détournés ou criminels pour gérer ce flux indésirable de migrants éthiopiens à sa frontière ou, malgré la guerre, directement sur le sol yéménite. En effet, l'organisation non gouvernementale Human Rights Watch note la séquestration de migrants éthiopiens et somaliens en lien avec l'armée yéménite loyaliste à Aden en 2018, puis, récemment, fait état de massacres d'Éthiopiens par les douaniers à la frontière saoudienne entre 2022 et 2023[2].

C'est pourtant depuis l'Arabie saoudite que le trafic de migrants va connaître sa dernière révolution de la décennie, le renversement intra-éthiopien des commanditaires des départs, afin que ceux-ci ne soient plus impulsés depuis l'Éthiopie mais « commandés » et financés par les migrants déjà installés en Arabie saoudite. Arrivés depuis plusieurs années, ces migrants ont désormais pu accumuler des ressources économiques et développer des relations sociales auprès de leurs employeurs saoudiens pour prendre l'initiative des opérations. Ils sont également les mieux à même d'évaluer les besoins de main-d'œuvre et d'organiser l'embauche des nouveaux arrivants. Si certains préfèrent se concentrer sur l'envoi de devises à leur famille restée au pays ou pour le développement d'un projet (une affaire commerciale, la construction d'une maison, etc.), d'autres, seuls ou en groupe, choisissent de financer la migration de personnes issues de leur village ou de leur province. Ils prennent alors contact avec un proche au pays, proposent de lui prêter l'argent du voyage – que la personne remboursera en travaillant en Arabie saoudite –

1. IOM Regional Office for the East and Horn of Africa, « The desire to thrive regardless of the risk », avril 2020, p. 8, <https://eastandhornofafrica.iom.int/sites/g/files/tmzbdl701/files/IOM%20RDH%20Eastern%20Route%20Research_Background%20Analysis_Bossaso%20Puntland.pdf>.

2. Human Right Watch, « "They fired on us like rain" : Saudi Arabian mass killings of Ethiopian migrants at the Yemen-Saudi border », 21 août 2023, <www.hrw.org/report/2023/08/21/they-fired-us-rain/saudi-arabian-mass-killings-ethiopian-migrants-yemen-saudi>.

et contactent leur ancien *dalal* en Éthiopie afin d'organiser les modalités de passage[1].

Pour ces nouveaux opérateurs, la migration d'autrui devient un investissement spéculatif. Il s'agit de gagner de l'argent par les intérêts du prêt et de changer de statut social en devenant un « *big man*[2] » de la migration. En dépit des risques de perdre la mise si le candidat au départ ne parvient pas à destination ou s'il ne rembourse pas sa dette, ce type d'investissement devient courant dans la seconde partie de la décennie. Les migrants installés savent pouvoir compter sur la mainmise que les *dalals* éthiopiens sont parvenus à instaurer sur les réseaux djiboutiens et sur leur présence au Yémen pour assurer les passages. La question du paiement des relais pose pourtant un problème majeur dans les relations entre les nouveaux investisseurs, les *dalals* en Éthiopie et leurs homologues au Yémen. Si les prêteurs n'entendent débloquer les fonds qu'une fois que leur migrant a atteint l'Arabie saoudite, les trafiquants yéménites refusent ce procédé et, avec la menace de la torture, disposent pour faire valoir leur point de vue d'un argument à l'efficacité éprouvée.

1. Cette pratique a existé tout au long de la décennie 2010. Néanmoins, elle était marginale au début de cette épopée avant de devenir courante dans la seconde moitié de la décennie.

2. Marshall SAHLINS, « Poor man, rich man, big man, chief : Political types in Melanesia and Polynesia », *Comparative Studies in Society and History*, vol. 5, n° 3, avril 1963, p. 285-303.

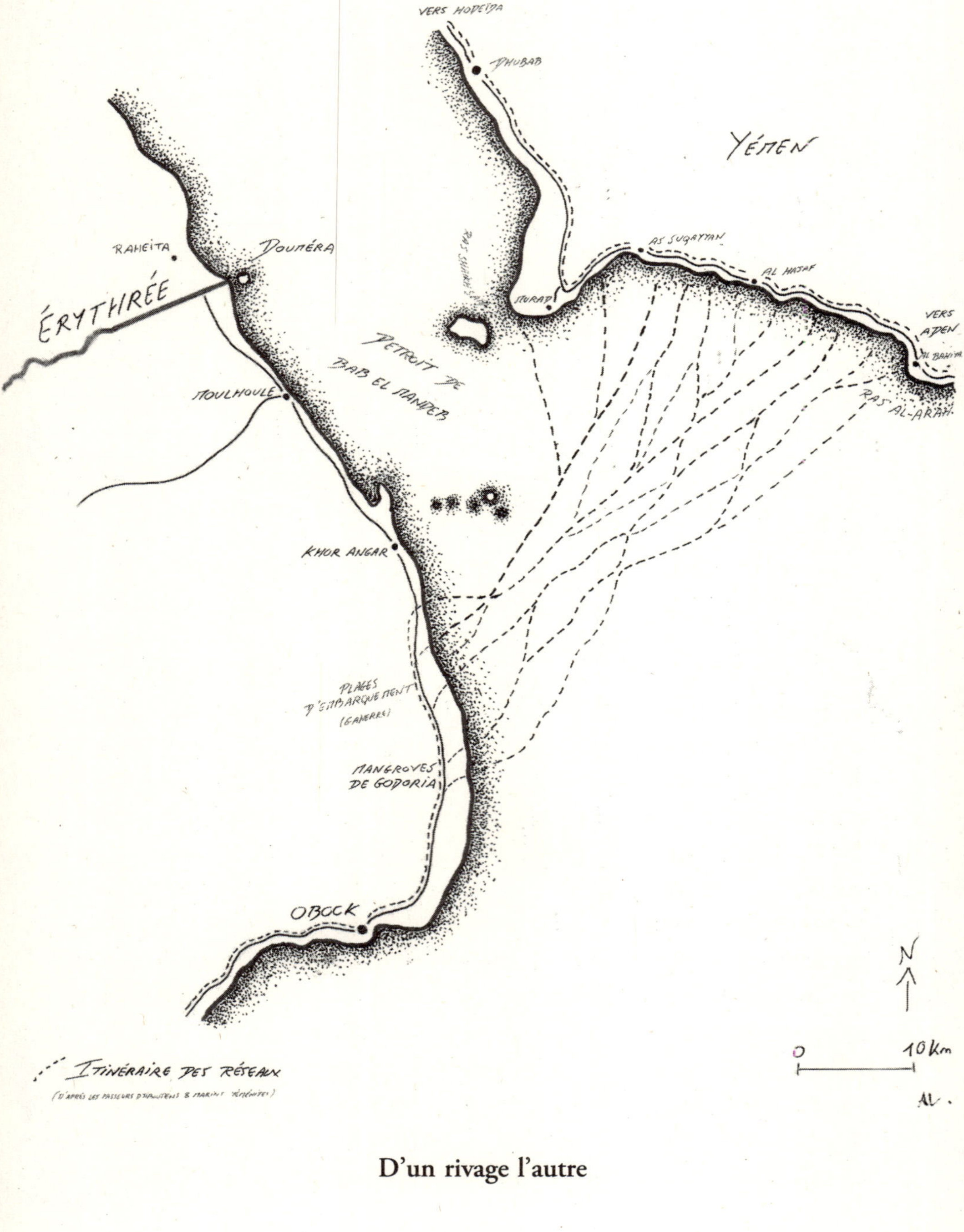

D'un rivage l'autre

Chapitre 9

La paix des braves (2018-2019)

> « Le sultan ne peut pas dire : “Ce n’est pas bien ce que vous faites !” alors que sa ville est pauvre. Il ne peut pas nous dire que c’est mal de travailler là-dedans alors qu’on n’a pas de travail. »
>
> ANCIEN PASSEUR

L’année 2018 marque un nouveau tournant dans l’histoire du trafic de migrants dans la Corne de l’Afrique et la péninsule Arabique. Après une courte période d’accalmie, le regain des tensions au Yémen complique le passage vers l’Arabie saoudite. La bataille d’Hodeïda de janvier à juin entre houthistes, loyalistes, Émiratis et Saoudiens compromet l’accès à la frontière par la plaine de la Tihama, et la nouvelle bataille d’Aden entre loyalistes et séparatistes rend incertaine la route par la ville portuaire jusqu’à la fin de l’année 2019. Tandis que le Yémen s’enfonce toujours plus dans la crise, les Nations unies enregistrent pourtant le plus grand nombre de traversées de migrants du détroit de Bab el-Mandeb de toute la décennie. Ils sont plus de 159 000 cette année-là et plus de 140 000 la suivante. Le paradoxe n’est qu’apparent, car cette augmentation des passages témoigne du retour à une certaine stabilité au sein du réseau transnational. La succession incessante de vendettas entre passeurs djiboutiens, qui menace non plus uniquement l’équilibre du trafic mais toute la société de Tadjoura et le nord du pays, a en effet décidé les pouvoirs coutumiers du sultanat à intervenir en

2018, par l'intermédiaire des *okals*, les représentants des différentes tribus, afin de faire cesser les hostilités.

Les affrontements entre réseaux ont dégénéré au point de déborder du cadre nocturne du trafic pour éclater en plein jour à la vue de tous. Les défaites d'un soir se poursuivent le lendemain devant les portes des maisons ou des boutiques des gagnants de la veille, brisant ainsi la règle implicite d'inviolabilité des quartiers. Les notables de Tadjoura préfèrent cependant éviter que les forces de l'ordre n'interviennent dans ce qu'ils considèrent avant tout comme une question afare et se tournent vers le sultanat, ses représentants et sa justice coutumière pour engager une médiation.

Malgré ses affinités antérieures avec le Passeur initial, l'autorité traditionnelle du sultanat est reconnue par l'ensemble des passeurs qui s'y soumettent. Ils la respectent davantage que l'État, dont ils dénoncent la corruption et qu'ils accusent d'avoir marginalisé les populations du nord du pays. Le sultan, son vizir et les *okals* représentent les figures détentrices du pouvoir judiciaire, le *Mad'à*, élaboré à partir du droit pénal propre à chaque sultanat afar de Djibouti (Tadjoura, Raheita, Goba'ad). Historiquement, le *Mad'à* du sultanat de Tadjoura établit cinq délits : le meurtre, la blessure, le pillage, la fornication (l'adultère, le viol, etc.) et l'insulte, pour chacun desquels est requis une compensation, pondérée par la gravité de l'acte et à laquelle s'ajoutent le coût des négociations entre les parties et le paiement des *okals*[1]. Si, au siècle dernier, les réparations consistaient à livrer un certain nombre de têtes de bétail (ovin, bovin, etc.), aujourd'hui, elles sont le plus souvent monétaires et, si leur montant est élevé, le coupable peut toujours faire appel à sa *fi'ma* pour l'aider à rassembler la somme demandée[2]. Dès qu'un délit est commis, afin de couper court à la vengeance de la victime ou de ses proches à l'encontre du fautif, les *okals* imposent un temps de paix où le prix des réparations est débattu. Conscient de l'utilité de la justice coutumière pour apaiser les tensions et

1. D. Morin, *Dictionnaire historique afar (1288-1982)*, *op. cit.*, p. 287.
2. *Ibid.*, p. 288 et 23.

contenir les risques de vendettas, l'État djiboutien en reconnaît la légitimité dès l'indépendance en 1977 et, à l'exception des affaires purement politiques, lui laisse la priorité pour régler les différends internes à la société afare. C'est ainsi aux *okals* qu'incombent la plupart des affaires judiciaires sur son territoire, quand le sultan et le vizir ne s'occupent que des délits graves comme le meurtre.

La justice coutumière étant extérieure aux lois djiboutiennes, elle ne considère pas formellement le trafic de migrants comme illicite ni les passeurs comme des criminels. Elle ne s'interpose donc dans leurs conflits que lorsqu'ils menacent la stabilité sociale. Leur première intervention, non officielle, date de 2015, au moment où passeurs tadjouriens et obockois s'affrontent violemment sur les plages du Ghoubbet. Des membres des familles respectives des sultans de Tadjoura et de Raheita obligent alors les factions rivales à négocier afin de maintenir la cohésion parmi les Afars. S'il a pu à l'époque être vécu par certains réseaux comme une forme d'ingérence dans leurs affaires, le recours plus fréquent à la justice coutumière à partir de 2017 satisfait tout le monde. En étant jugés par les *okals*, les passeurs évitent l'arrestation par les forces de l'ordre et la prison à laquelle la loi djiboutienne pourrait les condamner. Ils sont tout au plus astreints à verser au plaignant une indemnité, parfois prise en charge par leur réseau. Quant au gouvernement, il préfère se défausser sur les institutions traditionnelles, de peur que la répression policière des jeunes de Tadjoura et d'Obock ne pousse davantage d'entre eux à grossir les rangs de la rébellion du FRUD dans l'extrême nord montagneux du pays.

Cette situation arrange surtout les autorités traditionnelles du sultanat, qui tentent de se réinventer. Si elles ont su maintenir leur pouvoir sur la population face aux désillusions suscitées par les institutions politiques modernes, l'État en tête[1], la mainmise exercée

1. Élisée SOUMONNI, « L'évolution des rapports entre pouvoir officiel et autorités traditionnelles au Bénin et au Nigéria depuis la fin des années 1980 », *in* Claude-Hélène PERROT et Xavier-François FAUVELLE-AYMAR (dir.), *Le Retour des rois. Les autorités traditionnelles et l'État en Afrique contemporaine*, Paris, Karthala, 2003, p. 176.

par l'élite noble Adàli et l'ordre hiérarchique figé qu'elle maintient sont néanmoins contestés, alors même que la société afare connaît depuis plusieurs décennies des changements structurels profonds[1]. Au début des années 1980, l'historien Didier Morin notait déjà ces transformations à travers le développement du travail salarié et la monétarisation de l'économie[2]. Depuis, l'urbanisation et l'omniprésence des nouvelles technologies de l'information et de la communication n'ont fait qu'éloigner davantage les nouvelles générations des valeurs traditionnelles. La justice coutumière apparaît en regard anachronique, se référant à des délits de plus en plus obsolètes, comme le vol d'animaux, alors que le nombre de bergers et les cheptels ne cessent de diminuer, et à un système de compensation tarifaire désuet – les *thalers* utilisés autrefois ont disparu et leur conversion en francs djiboutiens n'a jamais été formellement instaurée. L'enjeu pour ses garants est de s'adapter à ce nouveau contexte pour perpétuer leur autorité. L'importance prise par les réalités du trafic, les troubles qu'il génère et le pouvoir acquis par les passeurs les poussent donc à agir en même temps qu'ils leur fournissent l'opportunité de restaurer leur ascendant sur les nouvelles générations[3].

L'échec des passeurs à imposer la paix par eux-mêmes les amène de leur côté à accepter la médiation des *okals*. Si ceux-ci représentent

1. Me revient ici une anecdote de terrain qui permet de mieux comprendre ce ressenti négatif de l'ordre figé. Lors d'une séance collective de khat, j'ai fait la rencontre d'un homme d'affaires afar. Ce dernier se trouvait à ce moment-là à la tête de plusieurs commerces florissants et s'était enrichi, devenant une personnalité à courtiser au nord de Djibouti (l'équivalent djiboutien du « *big man* » de l'anthropologue Marshall Sahlins). Les *okals* le renvoyaient pourtant, en permanence, à sa condition « inférieure » d'*irok oba* pour lui faire comprendre que, s'il devenait quelqu'un à la capitale, ce n'était pas le cas au Nord du fait de son « mauvais » lignage.

2. D. Morin, *Dictionnaire historique afar*, *op. cit.*, p. 290.

3. En 2019, le décès du sultan de Tadjoura, Abdulkader Houmed, entraîne une période d'instabilité liée à la rivalité de deux candidats à sa succession – une première en six cents ans d'histoire. À l'automne 2022, l'État impose lui-même un nouveau sultan, Ali Habib Ahmed, dont la légitimité est entachée aux yeux d'une grande partie de la population de Tadjoura par cette ingérence.

leur tribu, ils incarnent avant tout la voix du sultan, tenu, en dépit de ses propres solidarités claniques, à une certaine impartialité pour maintenir la cohésion de la société dans son ensemble, dont sa légitimité dépend. Leur expérience – les *okals* sont âgés –, la sagesse que les passeurs leur prêtent et, comparée à la rigueur potentielle de la justice de l'État (lorsqu'elle s'exerce), leur clémence favorisent l'acceptation de leurs décisions. Leurs premiers jugements dans les affaires touchant au trafic concernent des situations graves, les blessures par pénétration (couteau, lame, etc.) subies par certains passeurs lors de règlements de compte, mais leurs arbitrages s'étendent bientôt à l'ensemble des litiges : tout type de coups et blessures, destruction de matériel ou de biens (voiture, minibus, portable volé, etc.), séquestration, menaces verbales et insultes, etc.

Le recours aux *okals* devient la norme à partir de 2018. Les patrons des réseaux font appel à eux autant pour réclamer justice que pour mettre en œuvre diverses stratégies d'alliances lors des séances de réconciliation organisées à la suite d'une délibération. Après une rixe, l'*okal* du mis en cause rencontre celui de la victime et les négociations commencent pour déterminer le montant des réparations, auquel peuvent s'ajouter divers frais (hospitaliers, notamment), réglés sous forme de cadeaux ou, parfois, de bétail. Une fois le prix et les modalités fixés, les parties, leurs *okals* et des membres de leurs réseaux partagent un repas. De ces moments de convivialité émergent des trêves plus ou moins durables où les passeurs acceptent de remettre le compteur des hostilités à zéro – même si la paix ne dure parfois que quelques soirs. Ces repas sont également l'occasion pour les *okals* de les sensibiliser aux vertus du dialogue, des voies diplomatiques et des accords financiers.

Cette politique obtient un certain succès auprès des habitants des quartiers ou des villages situés sur l'itinéraire du trafic. Plus de trois années après l'effondrement du réseau unique, leurs relations avec les passeurs commencent à s'apaiser. Les *okals* favorisent les rencontres entre des patrons et des délégations de jeunes, mais n'interviennent dans leurs négociations que lorsqu'ils estiment qu'une des parties a été lésée. En l'absence d'un accord commun entre l'ensemble des réseaux et des villages, les discussions prennent entre quelques heures et plusieurs jours. Ce sont toutefois les passeurs qui dictent leurs conditions financières aux habitants : de 2 000 à 3 000 francs djiboutiens (10 à 15 euros) par voiture transitant par un village, plus ou moins 500 francs djiboutiens (2,50 euros) par migrant séjournant une nuit dans un village, entre 1 000 et 3 000 francs djiboutiens (5 à 15 euros) selon les informations que les villageois peuvent apporter sur les patrouilles ou les interventions prévues par la gendarmerie – le tout sans compter quelques bottes de khat gracieusement offertes aux populations complaisantes envers tel ou tel réseau.

Les premiers accords passés sous l'égide des *okals* ne reposent pas sur le simple paiement d'un droit de passage que les réseaux doivent acquitter auprès des villages traversés ; ils instaurent entre eux un nouveau rapport : les passeurs fidélisent au fil des étapes de leur itinéraire des agents dormants sur lesquels ils peuvent compter, au gré des imprévus, pour héberger les convois de migrants et anticiper les mouvements des forces de l'ordre. Une fois les accords connus, les grilles tarifaires se standardisent d'un village à l'autre. Si certains passeurs ne disposent pas de moyens suffisants pour tous les payer, les réseaux importants entreprennent de négocier des accords avec chacun d'entre eux, renforçant par la suite leur hégémonie sur le territoire. Ils évitent ainsi les barrages-surprises, les voitures caillassées, les « retenues », autrement dit les séquestrations des migrants et de leurs passeurs contre rançon, les dénonciations à la gendarmerie et bien d'autres désagréments avec lesquels il leur fallait jusque-là composer.

En renouant, sous des formes désormais contractualisées, avec l'économie de redistribution qui prévalait sous le réseau unique, les passeurs retrouvent la fluidité et la rapidité du transport qu'ils avaient perdues. Cette stabilité rassure les *dalals* éthiopiens qui voient leurs convois transiter calmement sur le territoire djiboutien avec une diminution notable des vols et des détournements. Avec la paix des réseaux, les migrations reprennent leur essor, en dépit de la guerre civile qui sévit au Yémen. Les bénéfices des passeurs restent certes toujours inférieurs à ceux de l'âge d'or du fait d'un prix de passage faible et d'un rapport de force défavorable aux négociations avec les *dalals* éthiopiens ou yéménites, mais les réseaux semblent y trouver leur compte. L'équilibre demeure cependant fragile et les barrages sont toujours susceptibles de réapparaître en cas de refus des demandes de revalorisation des conditions tarifaires des villages. Charge à nouveau aux *okals* de régler le différend.

Ceux-ci finissent par passer du rôle de médiateurs à celui d'intermédiaires encadrant les interactions des passeurs avec le reste de la société. À force de consacrer leurs efforts à apaiser les tensions liées au trafic pour soustraire ses acteurs à l'appareil répressif de l'État, ils en deviennent involontairement les premiers défenseurs face à ce dernier. En passant ainsi du statut d'activité tolérée à celui d'activité encadrée par les autorités coutumières, le trafic de migrants devient une composante pleinement reconnue de la société afare du nord de Djibouti. C'est au prisme de cette nouvelle normalité que les huit réseaux pacifiés restants de Tadjoura acquièrent progressivement une nouvelle conscience de leurs intérêts communs. Et, pour mieux les préserver, la corporation s'emploie bientôt à réinterpréter elle-même la justice coutumière.

Les « honoraires » élevés des *okals*, qui s'ajoutent au montant des réparations, et leurs arbitrages mêmes, que certains jugent déconnectés des réalités qu'ils vivent, amènent en effet les patrons de réseau à concevoir l'idée d'une justice autonome, par et pour les passeurs. La figure de l'« *okal* clandestin » apparaît, semble-t-il, à la fin de l'année 2018. Celui-ci est considéré non plus comme un juge impartial agissant au nom d'une tribu, mais davantage comme un avocat affilié à un réseau et le représentant lors du règlement d'un litige. Il s'agit d'une personne d'âge respectable, reconnue pour sa sagesse, son éloquence et son charisme que le réseau fidélise pour défendre ses intérêts au moment opportun. À la différence des *okals* coutumiers, les *okals* clandestins ont tous participé par le passé au trafic, ils connaissent donc l'activité de l'intérieur et leur expérience, acquise au temps du réseau unique, leur confère une certaine aura auprès des passeurs les plus jeunes.

Une passation du pouvoir judiciaire coutumier

« Une fois, on s'est battus comme ça, à Kalaf,
sur un barrage. Quelqu'un a été blessé,
quelqu'un de Kalaf. Il a amené l'*okal* général
de sa tribu. Ils sont allés à la gendarmerie.
Ils ont déposé une plainte contre moi et d'autres.
Ils sont venus nous voir après pour nous dire
qu'ils étaient allés à la gendarmerie pour la plainte.
Quelques jours après ça, j'ai dit à mon *okal*
qu'il y a quelqu'un qui a déposé une plainte
comme ça, pour ça. Mon *okal* m'a dit qu'il n'y avait pas
de problèmes. Mon *okal* est allé voir l'autre *okal*.
Ils ont discuté ensemble et ils ont retiré la plainte
à la gendarmerie. On a discuté et je me suis excusé.
J'ai payé pour le prix du sang, 12 000 francs [60 euros]
par jour d'hôpital, pas plus. Comme y a la paix
avec les *okals*, je paye pour les soins de l'hôpital,
la fracture, jusqu'à ce qu'il sorte de l'hôpital,
qu'il retrouve son corps. J'achète un bouc,
une chèvre pour lui, et on le mange. C'est l'*okal*
qui décide ce que je dois faire. »

LIEUTENANT DE RÉSEAU, un soir chez son patron,
Tadjoura, 2019.

« C'est important qu'on intervienne dans leurs conflits.
Ils se battent, ils se font des disputes, il y a des gens qui
sont blessés parfois, ils vont à l'hôpital. Ils sortent après
et ils veulent se venger. Nous, nous sommes là pour
dire : "Stop. Vous allez venir avec nous
et on va discuter. On va prendre du temps ensemble
pour comprendre." On pose des questions, on écoute
et on juge ensemble. On est la justice du sultanat
et ces jeunes ne doivent pas se battre, ils écoutent
nos jugements. […] Avant, on jugeait beaucoup
les passeurs, maintenant, on le fait moins, ils ont compris
notre message. Ils sont calmes, ils font des choses
ensemble, c'est bien, ils ne veulent plus se battre. »

OKAL, Tadjoura, 2018.

« Comme ce sont les vieillards, les sages,
c'est eux qui jugent. Quand tu les appelles,
ils règlent le problème, mais ce n'est pas gratuit ;
par exemple, la personne qui doit payer pour sa faute,
il doit donner la moitié de la somme aux *okals*.
C'est traditionnel. Tu donnes 100 000
pour réparer ta faute, les *okals* prennent 50 000. »
LIEUTENANT DE RÉSEAU.

« Les *okals* nous aident parfois à régler nos problèmes,
mais c'est surtout les *okals* clandestins. Par exemple,
s'il y a eu une guerre entre les gens des réseaux
qui apparaît, ils viennent pour régler les problèmes.
Ce ne sont pas de vrais *okals*. Les vrais *okals*,
c'est eux qui interviennent si jamais cela dégénère :
si les gens meurent, se blessent gravement,
si des personnes tombent dans le coma, mais pour
les petites bagarres, s'il n'y a pas de blessés, les *okals*
clandestins font très bien leur travail. Je paye mon *okal*
comme ça, il devient un peu mon avocat.
Je vais le payer 5 000, 3 000 francs pour qu'il parle
pour moi, à chaque fois que j'en ai besoin,
et la personne adverse va faire comme moi :
il achète un *okal* et il le paie pour qu'il parle
en son nom. Les *okals* clandestins, ce ne sont pas
des vrais *okals*, mais ils font bien le travail,
ils défendent mieux. »
PASSEUR, Tadjoura, 2019.

« Si moi et lui, on ne s'entend pas, il y a un autre
passeur qui va venir et qui va essayer de trouver
une solution pour nous. On a besoin d'un troisième
passeur. Cela reste entre nous. Il faut que cela reste
entre nous. Les choses vont se redresser, on va trouver
une solution. On trouve ensemble une personne,
un vieux passeur, quelqu'un qui a de la force
et on va le voir ensemble. On lui raconte chacun
la bagarre ou le problème, il écoute bien et après,

il nous dit ce qu'il pense, il dit souvent
les choses bien. »
PATRON DE RÉSEAU.

Le Passeur initial, ses seconds, certains de ses lieutenants les plus fidèles ainsi que d'anciens patrons indépendants sortent un temps de leur retraite pour devenir *okals* clandestins ou « juges du trafic », appellation plus qu'officieuse. S'il existe autant d'*okals* clandestins que de réseaux, le nombre de « juges du trafic » demeure limité à deux, peut-être trois. Alors que les *okals* clandestins sont tolérés au sein des négociations par les sages coutumiers qui écoutent – avec parcimonie – leurs conseils et s'appuient sur leur expérience d'anciens passeurs pour prononcer leur jugement, les « juges du trafic » bénéficient quant à eux d'un statut symbolique plus élevé qui leur permet de siéger auprès des *okals* coutumiers. Ces anciens passeurs, quoique appauvris, sont respectés par tous car ils incarnent une mémoire glorieuse de l'histoire du trafic de migrants à Djibouti, celle de l'âge d'or, qui bénéficiait à toute la société et se développait sans violence. Seuls les réseaux faisant appel aux services d'un *okal* clandestin, les *okals* coutumiers ne sont plus saisis que par les villageois ou éventuellement par les familles de passeurs lorsque l'affaire est grave, comme dans le cas de blessures sévères ou mortelles. Les « juges du trafic » interviennent quant à eux essentiellement pour modérer le montant des réparations réclamées aux réseaux. Cohabitent ainsi peu à peu deux justices, celle du sultanat et celle émanant du trafic, l'une fondée sur la cohésion de la société afare et les prémices d'une autre, orientée par les intérêts des passeurs – et amenée à supplanter la précédente.

Le remplacement des *okals* coutumiers par ceux du trafic est de fait de plus en plus visible à partir de l'année 2019. Il n'est toutefois que partiel, car les passeurs savent qu'en évinçant totalement la justice coutumière de leurs affaires, ils se priveraient de la protection qu'elle leur offre vis-à-vis de l'ingérence de l'État, autrement dit d'une certaine forme d'impunité.

Le « devenir juge » d'un passeur

C'est moi qui réglais les problèmes entre les passeurs. J'en ai réglé beaucoup parce que j'étais une grande personne par rapport aux jeunes. J'étais un *okal* clandestin, un juge même, tu peux dire. Quand je le faisais, c'étaient les passeurs eux-mêmes qui venaient me voir. Moi aussi j'avais fait le même métier, non ? On avait le même travail, mais mon réseau, ce n'était pas une menace [pour eux], et moi non plus. Je ne faisais pas de vols, rien, comme j'étais plus âgé… J'étais plus sage. Il y avait des jeunes, c'est des petits, et ils venaient me voir pour mon âge. Ils viennent car je peux leur dire la vérité, je peux être honnête. Ils me voient comme leur aîné et je n'avais rien à gagner là-dedans. Si tu dis la vérité, les gens acceptent, si tu es juste, on accepte tout, même quand tu es perdant. Ils ne me payaient même pas. On est déjà ensemble dans le travail, non ?

Au début, quand il y avait des problèmes, des grands problèmes comme des bagarres, des gens blessés qui saignaient, les petits allaient voir le sultanat et les *okals*. Il y a tout dedans : des lois, la justice, ils règlent les problèmes à leur manière, mais cela coûtait beaucoup d'argent. C'est leur façon de faire. On a changé ce système car ces gens [les *okals*] ne connaissaient pas notre métier, ils savent que c'est interdit et ils veulent voir ce qu'il y a dedans. Ce n'était pas bon pour nous. Ils ne comprennent pas le vol des migrants, les effectifs, les vengeances et les bagarres. Ce n'est pas des gens qui se battent, les *okals*.

Moi, j'avais l'habitude de faire ça, pendant plusieurs années. Je faisais partie de ça [le trafic de migrants]. Je sais comment ça marche, je comprends les choses là-dedans. J'écoute, je sais qui a tort, qui a raison. Ce n'est pas comme les *okals* qui ne connaissent pas. Comme je comprends comment le trafic marche, je dis carrément : « Toi, tu as tort, tu vas laisser ça, tu vas donner ça ; toi, tu as raison. » Imagine, tu as pris cinq ou sept personnes [migrants] de ce monsieur-là [un patron] que tu as trouvées là ; lui, il t'attend au virage, il veut se venger. Là, après, il te bat et tu vas te venger après. Des histoires comme ça, on réglait ça facilement en quelques heures.

Parfois, ça dégénérait, ces bagarres, mais le plus important, c'était de faire la paix après. Tout le monde y gagnait. Tout le monde veut le calme pour passer. Ils ne veulent pas de bruit, même s'ils se battent. Cela doit rester dans l'officieux. Il ne faut pas que cela dure longtemps, ils veulent régler les problèmes rapidement, alors ils acceptent mon jugement, le jugement des juges comme moi et les anciens passeurs. On est très écoutés, car ils savent qui nous sommes, ce qu'on a fait. Aujourd'hui, je ne le fais pas beaucoup, rarement maintenant, mais avant, oui, souvent, mais j'ai peu à peu arrêté. Je voulais arrêter avec le trafic.

ANCIEN PATRON DEVENU JUGE DU TRAFIC, séance de khat à Tadjoura, 2020.

En côtoyant la justice coutumière, les passeurs ont appris les vertus du dialogue pour régler leurs différends autrement que par la violence. Puis ils ont découvert la force de l'esprit de corps pour s'en émanciper. Leur affranchissement à l'égard du sultanat demeure toutefois essentiellement économique plutôt que politique : en 2019, à la mort du sultan de Tadjoura, Abdulkader Houmed, tous les passeurs étaient présents aux funérailles. La même année, le trafic avait retrouvé sa stabilité, les huit derniers réseaux survivants ayant défini entre eux un *modus vivendi* et noyauté l'institution propre à le faire respecter afin de préserver leurs intérêts.

Quatrième interlude

Passeurs ou rebelles ?

« J'aimais la fille de Omar Daoud, le chef des rebelles. Il est mort, sa fille s'appelle Khadija. Elle vit en France. De 2011 à 2014, je l'aimais beaucoup, mais elle était plus grande que moi et elle m'a refusé ma demande. Elle m'a dit que j'étais plus petit qu'elle, et qu'elle me voyait comme un petit frère. Je voulais me marier avec elle, mais elle m'a refusé. J'aurais tout fait pour elle, même le maquis... »

PASSEUR

« Les nouvelles générations en ont marre de l'État, ils [les jeunes] semblent plus violents que nous. Nous, nous voulions faire changer les choses et on finit dans un café parisien... »

MOHAMED KADAMY, dirigeant du FRUD en exil

Le 26 juin 2017, trois passeurs de Tadjoura conduisent leur convoi de dix-neuf migrants sur la route sinueuse qui mène au village de Dalaï, où les attendent déjà les passeurs d'Obock. Le ramadan s'est achevé deux jours auparavant et les passeurs savent qu'à la veille de la fête nationale commémorant l'indépendance du pays, les forces de l'ordre sont occupées à préparer les célébrations plutôt qu'à contrôler la route. Ils roulent donc tranquillement en cette fin d'après-midi quand soudain, au détour d'un virage, leur véhicule est stoppé net par des hommes en armes qui les mettent aussitôt en joue. C'est l'incompréhension totale dans l'habitacle du véhicule, les sentinelles du réseau n'ont prévenu d'aucun mouvement de la gendarmerie ou de l'armée et le chauffeur s'emporte contre ces jeunes qui, selon lui, passent trop de temps à « khater » au lieu de surveiller correctement les casernes. Son copilote attrape son portable pour appeler le patron, mais il n'en a pas le temps, les hommes armés leur font signe de se ranger sur le bas-côté de la route, où ils les rejoignent rapidement. Si les deux premiers passeurs s'imaginent déjà passer la nuit en prison, le troisième s'inquiète, lui, du fait que ces hommes ne portent pas l'uniforme des soldats djiboutiens. Il met plusieurs secondes à comprendre qu'il s'agit en réalité de rebelles du Front pour la restauration de l'unité et de la démocratie, le « FRUD armé », qui campent normalement dans l'extrême nord du pays, à la frontière avec l'Éthiopie et l'Érythrée.

Tout se passe très vite, les passeurs se retrouvent pris en otage avant de pouvoir réagir. Les onze hommes armés présents s'emparent des clés, des portables et font descendre tout le monde du véhicule. Surpris de découvrir les dix-neuf Oromos entassés à l'arrière, ils questionnent les trois passeurs : « Qui êtes-vous ? Qui sont ces gens ? » Les passeurs leur expliquent que ce sont des migrants qu'ils font transiter et les rebelles, pris d'un doute, finissent par séparer les Afars des Oromos, chacun d'un côté de la route. Tous attendent sur le bas-côté sans trop savoir quoi. Au bout d'une dizaine de minutes, l'un des passeurs prend son courage à deux mains et va voir l'homme qui semble être le chef des rebelles : « S'il vous plaît, cachez les Oromos, mettez-les à une autre place, derrière les rochers. Si jamais il y a une voiture qui arrive, des civils, vous allez les arrêter, ils vont voir les Oromos et lorsqu'ils rentreront en ville, ils diront que nous avions des migrants et qu'on est des passeurs. » Les rebelles coopèrent et ordonnent aux Oromos de se dissimuler derrière des monticules de pierres à quelques dizaines de mètres de la route.

Passeurs et rebelles passent ainsi plusieurs heures à faire connaissance en fumant quelques cigarettes et en attendant les prochains véhicules de passage. Ils échangent des nouvelles concernant des connaissances communes à Tadjoura ou à Djibouti Ville et évoquent leurs expériences respectives, celle du trafic de migrants et celle de la vie dans le maquis. La prise d'otages n'en est plus vraiment une et, reconnaissant qu'ils sont tous hors-la-loi aux yeux de l'État djiboutien, ils conviennent que bien peu les sépare : « C'est le même problème : le gouvernement est mauvais pour les Afars, alors on fait comme on peut, eux avec les armes et nous avec l'Éthiopie, tu vois ? » La discussion s'interrompt vers 20 heures lorsque les lumières des phares de véhicule apparaissent au loin. Cette fois, c'est le bon, assure l'un des rebelles, qui vient d'en avoir la confirmation par talkie-walkie des guetteurs cachés à plusieurs centaines de mètres en amont et en aval du barrage.

Le véhicule qui s'avance vers eux est un transport collectif parti d'Obock pour rejoindre la capitale peu avant minuit. Il est arrêté par les rebelles qui répètent la même scène qu'avec les passeurs : les passagers descendent du véhicule et leurs portables sont aussitôt confisqués. Des membres du FRUD les interrogent et, assez rapidement, s'emparent d'un premier homme, le caporal-chef Gouled Mahmoud – « un Issa » –, puis d'un second, l'aide-médical Mohamed Houssein Hamadou – « un Afar de Djibouti, [mais] il ne savait pas parler afar. C'était un métis, son père afar et sa mère somalienne ». Ils sont tous deux séparés du reste du groupe et emmenés quelque part. Personne ne les reverra. La prise effectuée, les rebelles libèrent les autres otages. Ayant attendu pendant plus de trois heures, les passeurs sont les premiers à repartir. Ils font remonter leurs migrants sous l'œil pas vraiment surpris des passagers du véhicule de transport collectif, dont le tour viendra après. Les rebelles mettent en garde les passeurs : avec la prise en otages des deux militaires, la route va grouiller de soldats qui voudront retrouver leur trace. Les passeurs leur donnent leurs dernières cigarettes avant de décamper vers Dalaï, où ils comptent bien achever leur mission.

Sur la route, ils croisent une voiture qui se dirige droit vers les rebelles, mais, jugeant prudent d'honorer la promesse qu'ils leur ont faite de ne rien dire, ils filent sans prévenir le conducteur. Le transport collectif est libéré aux alentours de 20 h 30. Lorsque les passeurs repassent aux alentours de 22 heures, il n'y a plus de trace du barrage. L'alerte a été donnée entre-temps et plusieurs véhicules militaires circulaient sur la route. L'un des passeurs conclut l'histoire ainsi :

> Quand on est partis de Tadjoura, il y avait des militaires à Ripta. C'étaient des soldats basiques, on est passés devant eux, ils n'ont pas fait de barrage, rien, ils étaient dans leur voiture. On est même passés devant eux avec nos migrants dans le bus, ils n'ont rien dit. Ils ont simplement fait un coup de radio, je pense. Ils cherchaient les rebelles du FRUD. Les clandestins, nous, ce n'est pas leur travail, et même pas une quinzaine de kilomètres plus loin, il y avait les rebelles du FRUD. Elle est étrange cette route entre Tadjoura et Obock.

Quelques semaines plus tard, le gouvernement djiboutien annonce la mort – suspecte[1] – de Mohamed Ahmed, dit Jabha, un militant du FRUD armé détenu depuis plus de sept ans en prison. Quant aux deux militaires pris en otages, ils ont été relâchés huit mois après, à l'occasion des élections législatives du 23 février 2018.

La libération des deux otages racontée par le FRUD

Le FRUD, des mercenaires érythréens ? C'est la thèse du pouvoir. Cela permet au gouvernement d'accuser l'Érythrée avec qui il est en guerre. Cela évite de dire aussi qu'il y a des problèmes intérieurs. Le FRUD a pris en otage un soldat de l'armée djiboutienne proche du pouvoir et de la famille régnante. Un Afar était avec lui, il a voulu rester avec lui. IOG [le président Ismaïl Omar Guelleh] a demandé à l'Éthiopie de négocier avec nous pour libérer les deux hommes. Nous, on avait neuf gars en prison. On les a échangés. Ces otages, c'étaient une charge en plus. Les notables afars et le sultan de Raheita ont été les intermédiaires. Des vidéos ont été

1. « Djibouti : mort de l'opposant Mohamed Ahmed, dit Jabha », RFI, 3 août 2017. Certaines versions évoquent un empoisonnement, voire de la torture pour faire avouer la localisation des camps du FRUD armé.

prises pour la libération des otages : il y en avait une vingtaine et une trentaine de soldats du FRUD. Les gens ont bien vu qu'il n'y avait pas de mercenaires et qu'ils étaient tous des Djiboutiens. [...]

Le FRUD, de 2004 à 2018, c'était vraiment difficile, mais on a tenu. C'était difficile, pas en termes de sympathisants, mais surtout en logistique et en armes. Il y a eu des affrontements, je ne sais pas comment nos combattants s'en sont sortis... plus religieux sûrement. Il y a eu beaucoup de pressions, des arrestations sur les frères, les sœurs, les familles, des combattants, des politiques de la terre brûlée, des attentats qu'on nous a mis sur le dos. C'était toute une politique de tension et de terreur que l'État entretenait. Mais on a tenu. Cela prouve aussi que l'armée n'était pas vraiment motivée. Ils y allaient à reculons, surtout que nos maquis, là où l'on a combattu, c'étaient les [monts] Mabla, les [monts] Goda, Adaylou, on a même combattu au Moussa Ali. Tu as déjà vu les Mabla ? C'est un véritable maquis et les Afars sont de très bons montagnards. La géographie était contre l'armée. Maintenant, le FRUD va mieux. On a recruté une centaine de jeunes, il y a moins de trois mois. Cela évolue vite à Djibouti. Beaucoup de soldats n'aiment pas l'État. Je ne parle pas des officiers, mais des soldats du rang. Il y a beaucoup de discriminations vis-à-vis des soldats afars, des soldats issas. Ce sont toujours les mêmes qui ont les promotions.

MOHAMED KADAMY, dirigeant du FRUD en exil,
dans un café parisien, 2018.

Sur la rive nord du golfe de Tadjoura, la défiance à l'égard du gouvernement et, plus largement, de l'État djiboutien est générale. Si les passeurs et les rebelles du FRUD armé, dont la lutte perdure en dépit des accords de paix de 1994 et de 2001, contestent les uns comme les autres son pouvoir, les moyens qu'ils emploient, les risques qu'ils prennent et les relations qu'ils entretiennent avec lui sont cependant différents. Les premiers transportent des « clandestins », comme les appelle une partie de la population djiboutienne, et cette manière de qualifier les migrants souligne le caractère irrégulier à ses yeux de leur présence. Bien que la loi criminalise les passeurs, leur activité est banalisée et tolérée par beaucoup alors que la condition de migrant est toujours entachée d'illégalité. Formellement, le trafic est interdit, mais, contrairement à la rébellion armée du FRUD, il n'est pas perçu comme un risque majeur pour les institutions. Traqués et combattus, les rebelles survivent, quant à eux, dans les confins montagneux où ils tiennent le maquis, là où les organes régaliens de l'État peinent à s'implanter. Néanmoins, le FRUD est également instrumentalisé par le pouvoir central qui justifie son autoritarisme et le recours à la violence en invoquant une menace sécuritaire.

La présence conjointe des passeurs et des rebelles au nord du pays dispose les pouvoirs publics à la mansuétude à l'égard des premiers. Face à une jeunesse afare défavorisée, sans avenir et à laquelle ils ne peuvent rien promettre, les élus et les fonctionnaires locaux n'ont d'autre choix que de négocier une paix sociale implicite avec les passeurs. Ils le savent bien : sans les expédients et l'exutoire que le trafic offre au manque de ressources, au désœuvrement et au ressentiment, beaucoup d'entre eux, sensibles au discours du FRUD, auraient tôt fait de le rejoindre. Concrètement, à Tadjoura comme à Obock, nombre de représentants de l'État se montrent complaisants à l'égard des réseaux, que d'aucuns considèrent comme des entreprises atténuant le problème du chômage ; ils entretiennent au quotidien des rapports de bon voisinage avec les passeurs, ferment les yeux sur les « petits trafics au coin de la rue », selon l'expression d'un membre du Conseil régional, reçoivent des cadeaux, voire cèdent à la corruption pure et simple.

Bien que progressivement renforcée dans ses capacités d'action, la lutte contre le trafic de migrants est ainsi sapée par les compromis et la tolérance affichée des autorités locales en dépit des directives contraires qui émanent de la capitale. Les arrestations de passeurs aboutissent fréquemment à l'abandon des poursuites lorsqu'elles sont engagées ou à leur libération à la suite de l'intervention de personnalités politiques. S'il arrive que certains soient condamnés, c'est généralement dans les situations les plus graves, comme le décès de migrants à la suite d'un naufrage ou d'un accident, sous la pression du gouvernement éthiopien. Le contraste avec la violence de la répression de l'État djiboutien contre les rebelles du FRUD n'en est que plus saisissant. C'est d'ailleurs probablement cette différence de traitement, autrement dit des risques encourus, qui sublime la noblesse et la pureté du combat de ces derniers aux yeux des passeurs et d'une partie de la population, qui voit en ces combattants une résurgence flatteuse de la vaillance des Afars, illustrée par leurs luttes historiques dans la région.

Le triangle afar se situe à la périphérie de trois pays, le nord de Djibouti, l'est de l'Éthiopie et le sud de l'Érythrée. Bien que séparés par les frontières de ces États et divisés en sultanats, les Afars partagent des valeurs communes et cultivent des liens de solidarité, que les luttes nationales qui se sont succédé depuis la seconde moitié du XXe siècle dans la Corne de l'Afrique n'ont pas manqué de réactualiser. Durant la guerre civile éthiopienne (1974-1991), le Front de libération des Afars opposé au Gouvernement militaire provisoire de l'Éthiopie socialiste a reçu le soutien d'une partie des Afars de Djibouti. Il en a été de même en sens inverse lors de la guerre civile djiboutienne (1991-1994), où les rebelles du FRUD ont pu compter sur les Afars d'Éthiopie et d'Érythrée. Depuis, le FRUD armé ne survit que grâce à l'aide que ses hommes reçoivent de l'autre côté de la frontière. Le conflit qui oppose depuis 2017 les Afars et les Somalis d'Éthiopie pour le contrôle des eaux et des pâturages de la vallée de l'Awash favorise le retour de ces alliances communautaires.

La mémoire des luttes passées s'accompagne de la transmission des récits héroïques des guerriers qui ont combattu pour la cause afare, dont la défense transcende les frontières. Ceux qui la servent deviennent, à partir de la fin des années 1970, des *Ugûgumo*. Si le terme signifiait initialement « Révolution » en langue afare, il en vient à désigner des groupes de jeunes réunis en une *fi'ma* d'un nouveau genre, qui prennent les armes pour défendre leur terre dans les luttes internes éthiopiennes et érythréennes[1]. Dans l'imaginaire collectif, ils incarnent l'idéal de l'homme brave et courageux qui

1. Aramis Houmed Soulé, *Les Afars, la révolution éthiopienne et le régime du DERG (1974-1991)*, Addis-Abeba, CFEE, 2013, p. 156.

défendrait sa famille au péril de sa vie. Certains jeunes passeurs les érigent en modèles ; ils écoutent religieusement des poèmes ou chants composés à leur gloire et en copient les codes, qu'il s'agisse de l'attitude, du discours ou du style vestimentaire paramilitaire adoptés par les soldats et les sentinelles des réseaux. Beaucoup voient une filiation directe entre les *Ugûgumo* et les rebelles du FRUD armé, faisant d'eux des héros populaires. Se pose alors la question : si ces guerriers sont des modèles à suivre, pourquoi les jeunes préfèrent-ils s'engager dans le trafic de migrants plutôt que dans les rangs de la rébellion, à travers laquelle ils atteindraient réellement leur idéal du combattant ?

Les rêves de gloire des jeunes passeurs afars

« Défendre notre famille, défendre notre terre,
oui, il faut le faire une fois. Il faut être un guerrier.
Il y a des guerriers chez les passeurs,
il y a des guerriers dans les montagnes, les gens
du FRUD, tu connais ? C'est important pour moi,
pour nous ici. On y pense. On entend les histoires
des grands guerriers d'avant. Regarde Obock,
la ville a été détruite à cause de la guerre, on a perdu,
alors on n'a pas le droit d'avoir des réparations [...]
Maintenant, on regarde sur Internet en Éthiopie
[le conflit de la vallée de l'Awash opposant Afars
et Somalis]. On regarde ce qu'il se passe. Parfois,
je me dis on doit y aller. C'est notre FRUD à nous.
Il ne faut pas manquer le rendez-vous. On en parle
avec mes amis, on khate ensemble, on parle
des guerriers d'avant, on parle beaucoup du FRUD,
de ce qu'ils font. C'est bien, on doit les rejoindre.
On khate, on khate, on veut combattre et après,
quand y a plus de khat, on reste ici... »
HABITANT D'OBOCK, séance de khat, 2018.

« J'écoute la radio chaque soir, avant de passer
avec les clandestins. On essaye d'avoir les nouvelles

des problèmes avec les Somalis en Éthiopie [conflit
de la vallée de l'Awash – depuis 2017].
On est beaucoup à écouter, on écoute, on regarde
sur Facebook les vidéos, les combats, les gens
qui parlent. Abiy [Abiy Ahmed Ali, Premier ministre
de l'Éthiopie depuis 2018] a dit que les Afars c'était la
paix et les Somalis font la guerre. Il est bien.
Il aime les Afars. C'est chaud les combats. C'est entre
Somalis et Afars, comme ici, mais si ça vient à Djibouti,
je prends les armes pour défendre Tadjoura,
pour défendre les Afars. C'est notre devoir.
On n'a pas peur de mourir. Je n'ai pas peur. Protéger
notre terre, c'est plus important. Il faut être un guerrier
pour défendre sa terre et sa famille. S'il faut,
je le deviendrai, je deviendrai un *Ugûgumo.* »
PASSEUR, un soir à Tadjoura, 2019.

« Nous, on n'a pas pu combattre pendant le FRUD,
on était trop jeunes. J'ai mon père et mon oncle
qui ont combattu. Ils étaient forts. Ils ont fait la guerre
aux Somalis de l'État. J'ai de la famille en Éthiopie
aussi, des cousins éloignés, vers Assayta, ils sont âgés,
ils ont combattu avant Meles [Meles Zenawi Asres,
Premier ministre éthiopien de 1995 à 2012],
ils ont défendu la région afare pour protéger
leur famille contre Mengistu [Mengistu Haile Mariam,
dirigeant historique du Derg]. C'était quand il y avait
la guerre avec l'Érythrée. Maintenant, ils prennent
les armes pour combattre les Somalis dans l'Awash.
Tous mes vieux ont combattu pour défendre les Afars !
Je suis le seul avec mes amis à ne pas avoir
pris les armes… la guerre nous a échappé. »
PASSEUR, en attendant les migrants,
un soir à Tadjoura, 2019.

Si la jeunesse afare de Djibouti tente de s'approprier les luttes historiques des rebelles du FRUD, elle est consciente de ce qui la sépare des Afars éthiopiens ou érythréens : l'héritage colonial francophone, le maillage éducatif et administratif plus complet que dans les pays voisins, la proximité géographique de la capitale, enfin et surtout des conditions socio-économiques bien plus élevées que dans les territoires afars limitrophes[1]. Ces différences freinent le passage des discours aux actes. À l'exception de quelques anciens passeurs, les nouvelles générations n'ont pas vécu la guerre civile djiboutienne, ils n'ont pas démontré leur bravoure au combat et leur mélancolie traduit le sentiment d'un rendez-vous manqué. Le FRUD de la guerre civile n'est pas celui des maquis et des confins montagnards. La société afare a évolué et l'heure n'est plus à l'héroïsme. À Djibouti, défendre sa famille ne signifie plus prendre les armes mais bien subvenir à ses besoins. Le projet politique de la rébellion apparaît en décalage avec les aspirations de la jeunesse, auxquelles les revenus du trafic sont mieux à même de répondre.

La sympathie de la majorité des passeurs djiboutiens pour le FRUD reste ainsi de l'ordre du discours et le désir de s'engager dans la lutte armée, un fantasme. L'anecdote de la rencontre entre les passeurs et les rebelles sur la route ne raconte pas seulement le face-à-face entre deux formes d'insoumission à l'autorité du gouvernement djiboutien mais l'écart entre deux mondes : d'un côté, celui de la débrouille au sein d'un système dont les passeurs contestent moins la logique que la marginalité à laquelle il les relègue, et celui de la lutte armée aux confins d'un maquis escarpé dont l'horizon politique s'éloigne à mesure que la société se transforme.

Le rendez-vous manqué entre les passeurs et la rébellion du FRUD

« Je ne veux pas rejoindre le FRUD. Je suis éduqué,
je suis allé à l'école, j'ai un diplôme. Je ne suis pas
comme les rebelles, parce que si je pars,
je risque beaucoup. Beaucoup des soldats du FRUD
sont manipulés par des agents du gouvernement :

1. Témoin, le refus de l'aide internationale en Érythrée pendant la pandémie de COVID-19 en 2020 a provoqué une famine dans la région afare d'Érythrée (« Érythrée : détresse alimentaire en terre Afar », RFI, 1er juin 2020).

il y a des gens qui espionnent pour le gouvernement,
après ils dénoncent. Moi, j'ai de la famille, j'ai ma mère,
j'ai mon père, j'ai mon oncle. Si je pars rejoindre
la rébellion, le gouvernement fera des pressions
sur eux. Si tu n'as pas de famille, tu peux les rejoindre,
mais si tu as de la famille, une femme, c'est trop
de risques, ce n'est pas bon. Si le FRUD attaque,
l'armée, les soldats et le gouvernement se vengeront
contre les villages de la région, comme lorsqu'ils
ont tué le cadi de Randa pendant la guerre.
C'était comme ça pendant la guerre civile, les rebelles
attaquaient l'armée, l'armée attaquait les villages.
Si tu rejoins les rebelles,
l'armée fera la même chose à ta famille. »
PASSEUR, un soir de trafic, 2019.

« Les Afars qui étaient tous au FRUD, qui étaient tous
les chefs, qui ont mené les autres au combat,
ils ont tous abandonné la guerre pour avoir des postes
à Djibouti, des ministères, ils voulaient simplement
manger. Tous, ils avaient de l'argent. Ils ne faisaient
plus les rebelles. Certains gardent leur place, certains
ont tout perdu, mais aujourd'hui, on ne m'aura pas,
je ne ferai pas le rebelle pour des chefs qui veulent
simplement avoir une carrière. Pourquoi combattre
si nos chefs veulent juste devenir ministres
pour gagner de l'argent et après on est
dans le maquis et eux dans les restaurants à Djibouti ?
Avec les clandestins, je gagne de l'argent,
j'ai une famille, je peux les voir quand je veux. »
LIEUTENANT DE RÉSEAU, Tadjoura, 2018.

« On roulait, ils [les rebelles] nous ont arrêtés :
"Arrêtez-vous ! Descendez ! Les portables,
donnez-les-nous !" Ils n'ont pris que ça. Ils ont fouillé
le véhicule et nos affaires. Le chauffeur avait plus
de 215 000 francs djiboutiens [+/ – 2 075 euros]
dans la poche, ils ont vu, ils n'en ont même pas voulu.

Ce ne sont pas des voleurs, ce sont des rebelles.
Des personnes très différentes de nous, ils ont regardé
l'argent, ils n'ont même pas compté,
c'est comme s'ils n'avaient pas vu l'argent…
Les rebelles nous ont tout de suite rassurés :
"Ce n'est pas vous qu'on veut, on va vous rendre
les portables et vous libérer après."
Nous, on était inquiets pour l'argent,
eux, ils s'en foutaient. »

PASSEUR, un soir à Tadjoura, avant le trafic, 2019.

Chapitre 10

La mélancolie des passeurs (2019)

« Nous, l'argent qu'on a vu, ils [les autres passeurs] ne le verront jamais ! Ils pourront travailler dix ans et ils ne le verront même pas encore. Il faudra qu'ils travaillent encore quinze ou vingt ans dans ce travail pour voir la somme que nous, on a vue et eue en quelques jours. »

LE PASSEUR INITIAL, sur le front de mer

« Est-ce que je n'ai pas peur de finir comme le Passeur initial ? Nous, dans notre religion, on croit en Allah, il ne faut pas avoir de haine. Je n'ai aucune haine envers les personnes. La haine, c'est le problème qui l'a renversé [le Passeur initial]. Je sais que tout ce que j'ai construit va disparaître un jour, que l'argent, le réseau finira un jour et que d'autres prendront ma place. C'est comme ça, j'accepte. »

L'AFFRANCHI

« Il y a beaucoup de lycéens et de collégiens qui abandonnent leurs études pour le trafic. Je dirais que 40 % des élèves adhèrent aux passeurs. Mais je n'ai pas de vraies données. Cela a un impact sur notre ville, maintenant, mais dans le futur surtout : il n'y aura pas de docteurs, pas de professeurs, pas de cadres... Si les jeunes d'Obock adhèrent au trafic, que deviendra notre société ? »

PROFESSEUR DU LYCÉE D'OBOCK

Chaque après-midi, le Passeur initial, son Second et ses derniers fidèles se réunissent au bord de la plage du centre-ville de Tadjoura pour une séance de khat en profitant de la brise de mer. C'est à ces occasions qu'ils ont commencé à me conter leur épopée jour après jour. Nous arrivons maintenant à la fin de l'année 2019, le Second décide de conclure le récit en me racontant le dernier acte, ce qu'il appelle sa « mélancolie », celle des premiers passeurs. L'homme est un ancien maître d'école qui, déçu par les « fausses promesses » du gouvernement djiboutien, n'a pas hésité une seconde à tout abandonner pour rejoindre le Passeur initial en 2007. Depuis, il l'a suivi jusqu'au bout, de l'âge d'or au déclin et de l'abondance à la pauvreté. Et, en cette fin d'après-midi où la température redevient clémente, il me met en garde : ce n'est pas tant la fin de l'histoire qu'il me livre que ses réflexions sur l'évolution du trafic de migrants et les différentes générations de passeurs qui se sont succédé depuis une douzaine d'années – une sorte de bilan. Il évoque bien sûr les espoirs que cette activité a suscités à Tadjoura et au nord de Djibouti, ce qu'elle représentait pour une jeunesse marginalisée qui cherchait à s'extraire de sa condition, qui rêvait et continue de rêver d'une destinée certes tracée dans l'illégalité mais honorable et « juste ». Il aborde aussi les revers et les déceptions accumulés au fil des ans : les trahisons, les vengeances, la violence, l'appauvrissement de tous. Apparaît en filigrane ce constat cruel : l'appât du gain a ruiné l'espérance. Le Second du Passeur initial appelle les nouvelles générations à un sursaut pour « revenir à l'âge d'or ».

L'apogée de 2012 reflète un idéal dans l'imaginaire et la mémoire collective que ces hommes incarnent et détiennent chacun à leur façon : les passeurs dominaient alors les échanges et leurs homologues étrangers, ils s'enrichissaient et redistribuaient massivement l'argent à la population, qui les célébraient en retour comme des héros. Partis de rien, ils étaient devenus en quelques années plus riches et puissants que les députés ou les ministres djiboutiens et plus courtisés que le sultan ou son vizir. Les premiers passeurs de 2007 n'ont jamais cessé d'assimiler cette revanche sociale à un combat politique et moral mené contre l'État pour l'honneur de la communauté afare de Djibouti.

La gloire de ces « passeurs engagés », comme ils se qualifient parfois, a été de courte durée. Avec la chute du réseau unique, le discours critique de la marge qu'ils portaient s'est vidé de son sens. Bien que l'étendard de la résistance soit toujours brandi par les générations suivantes, les « agences de voyages » que ceux-ci ont développées se réduisent désormais à des entreprises et, si la population retire encore quelques profits du trafic, ce n'est que pour autant que ses arrangements avec les passeurs préservent les intérêts de la corporation. Avec la réduction des bénéfices, l'argent sert en priorité à l'enrichissement personnel de quelques passeurs et de leur famille. Entre 2015 et 2018, une dizaine de réseaux s'écroulent et l'après-trafic de ces hommes rime souvent avec une période plus ou moins longue de chômage durant laquelle, privés de ressources, ils sont obligés de quémander leurs bottes de khat quotidiennes aux patrons des réseaux encore debout. Ceux qui se maintiennent allouent une part de plus en plus importante de leurs bénéfices – celle qu'ils reversaient autrefois à la population – à l'enrôlement et à l'entretien d'hommes de main et de soldats afin de se protéger de leurs rivaux.

La réorganisation des tâches qui s'ensuit au sein des réseaux entraîne la sédentarisation des cadres. Face aux risques encourus, les patrons et leurs lieutenants se réfugient dans un environnement local sécurisé – un quartier, une boutique familière ou leur domicile – à partir duquel ils supervisent l'ensemble des tâches logistiques. Ces nouveaux « cols blancs » du trafic restent assis à khater chez eux, tous les soirs, de 21 heures à 3 ou 4 heures du matin, tandis que les jeunes s'épuisent et prennent tous les risques. Le contraste entre ces entrepreneurs « paresseux » et les « passeurs engagés », proches du terrain, de leurs hommes et de la population, n'en est que plus flagrant.

Le « télétravail » ou l'émergence des passeurs immobiles

« On était une dizaine, une vingtaine à tour de rôle.
Là, c'est juste un travail de communication. Les gens
du Yémen t'affirment ton effectif et toi,
tu envoies la voiture pour saisir l'effectif.
C'est par communications que ça se fait maintenant.
Tu n'es même plus obligé d'aller sur le terrain.
Tu peux être dans ta chambre et appeler,
communiquer. Le jour où [le Passeur initial] travaillait,
on était obligés de se rendre sur le terrain
pour compter. Les gens du Yémen travaillaient
pour nous, pas l'inverse ! On allait sur la route,
c'était fatigant, mais on savait ce qu'on faisait.
Il fallait ruser pour les barrages, on parlait
avec les gens [les migrants] pour apprendre
d'eux la migration. Maintenant, les patrons
ne connaissent pas le travail, ils écoutent ce que disent
leurs chauffeurs pour savoir où passer,
où conduire. Ils sont un peu nuls. »
ANCIEN PASSEUR DU RÉSEAU UNIQUE, Tadjoura, 2019.

« Mon patron ne veut plus sortir. Il est prêt
à nous payer plus pour qu'on gère les problèmes
sur la route à sa place. Il ne veut plus se déplacer.
Il m'a dit un jour : "La route, toujours la route,
j'en ai fait beaucoup ! J'ai même guidé à pied.
Maintenant, je veux me reposer. Laisse-moi jouer
avec le téléphone !" Maintenant, il est chez lui
tous les soirs, il nous appelle : "Allô ? Tu es où ?
Il y a des barrages ? Allô, le guetteur ? Tu vois
la gendarmerie bouger ? Allô, tu peux venir à Tadjoura
avec les clandestins, il n'y a pas de police. Vite, vite."
C'est comme ça maintenant, le patron,
il reste à la maison à khater. »
PASSEUR (chauffeur),
au volant sur la route, 2018.

« Les gens qui travaillent actuellement, ils ne peuvent
pas faire ce qu'on a fait. Ils travaillent maintenant,
ils se cachent dans les maisons. Ils n'ont rien à donner.
Le même effectif de gens traverse chaque nuit
[la région], mais il n'y a pas d'argent.
Quand vous n'avez rien à donner à votre peuple,
vous vous cachez. Ces gens-là, avec le peu d'argent
qu'ils gagnent, ils subviennent juste aux besoins
de leur famille ou ils cherchent à s'enrichir,
rien de plus. Le principe a changé. C'est un travail
de dette, travailler pour une dette en tant
que contrebandier, ce n'est pas légal.
Est-ce que c'est légal ?! »

SECOND DU PASSEUR INITIAL, un soir à Tadjoura, 2019.

Le renversement du Passeur initial a abouti au remplacement d'un système par un autre. Les conditions du trafic ont changé et l'émergence des cols blancs illustre autant la place centrale acquise par les technologies modernes de communication que la position subalterne des passeurs djiboutiens, réduits au rang de simples exécutants des ordres des *dalals* étrangers. La légitimité de l'élite du trafic ne se construit plus sur le terrain. Cloîtrés dans leurs fiefs, les patrons exploitent une rente de situation. S'ils ont fini par s'entendre pour la préserver, ils dilapident le legs principal des passeurs historiques : l'image de bienfaiteurs que ceux-ci avaient acquise auprès de leur communauté et la fierté que leur épopée lui avait rendue.

À cet égard, les anciens passeurs ne ressassent pas simplement leur gloire passée. Dans la mémoire du trafic de migrants à Djibouti, le mythe de l'âge d'or qu'ils transmettent à ceux qui ne l'ont pas connu, en mêlant réalité et fantasmes, revêt une visée essentielle : faire un jour advenir le rêve qu'ils ont poursuivi de soustraire leur pays à la marginalité et à la pauvreté.

Les derniers mots du Second du Passeur initial

Quand [le Passeur initial] avait la main, c'était différent. Il n'était pas rentré dans ce type de travail pour s'enrichir, non, mais pour servir tous les gens de Tadjoura dans le besoin. On est dans une région où il y avait beaucoup de chômeurs et on a fait ça pour les aider. C'était une région où il fallait que quelqu'un fasse quelque chose pour les gens. De l'autre côté [du golfe de Tadjoura, à Djibouti], ils ont tout : l'argent, l'hôpital, les écoles. Nous, on n'a rien. C'était pour tout le monde ce qu'on a fait. Dès le début, quand il [le Passeur initial] s'est mis à ce travail, il voyait que le pays était un pays marginalisé et que les jeunes n'arrivaient pas à subvenir aux besoins de leurs foyers…

De notre temps, tous les passeurs travaillaient pour une somme convenable. [Le Passeur initial] imposait. L'imposition venait de lui, mais, maintenant, ce sont les gens du Yémen qui imposent ici. Ils profitent de nos mauvaises relations entre passeurs. On khate ensemble, on parle ensemble, mais si jamais toi tu demandes ton argent, le passeur au Yémen va donner les prochains convois au gars avec qui tu khates à côté. Il y a toujours des migrants qui passent, tous les jours, toutes les nuits. Eux, nos passeurs, s'ils se rassemblent et décident ensemble : « Personne ne prend le réseau de l'autre », « Personne ne prend le migrant de l'autre », « On reste tous ensemble et on fait front ensemble », à la fin ils auront le dernier mot. Ils pourront dire : « On imposera cette somme. » Il n'y a pas d'autres itinéraires plus rapides que celui-ci.

S'ils [les jeunes passeurs] n'arrivent pas à reprendre le réseau en main, [le Passeur initial] leur en voudra. Nous leur en voudrons tous. Ce pays est dans les mains de ces passeurs, de ces jeunes-là. Et il leur en veut, il leur en voudra davantage si ces gens-là n'arrivent pas à gérer le réseau. C'est à cette nouvelle génération de lutter. On ne leur en veut pas parce qu'ils sont partis de leur côté, mais simplement parce qu'ils ont accepté de travailler pour pas cher. Ce sont eux qui mettent en ruine l'économie du pays car ils travaillent pour un prix minable ! On ne voyait pas de chômage quand nous travaillions. C'est eux qui ont décidé de travailler à ce prix, c'est eux qui mettent à bas l'économie dans le pays. L'État marginalise, mais eux, ils ont eu la même mentalité.

Ces jeunes, ils avaient tout pour réussir. On leur avait tout laissé, je veux dire, ils ont hérité de tout notre business, de tout ce qu'on a construit, vous comprenez ? Nous avons tout construit pour eux, pour Tadjoura, pour le Nord. Nous leur avons donné ce que nous avons construit et ils ont tout perdu. Il faut qu'ils deviennent forts, encore. Ils doivent agir… Ils doivent renverser les gens au Yémen. Ils ont le meilleur territoire, ils doivent bloquer les migrants ici. Les bloquer pour négocier le passage, négocier un bon prix ! Quand on fait ce type d'activité, on prend des risques. On doit être payé pour les risques pris. Il faut qu'ils bloquent les migrants… Une grève de migrants ? Oui, c'est ce qu'il faut, mais quand ? On leur parle à ces jeunes. Mais s'ils nous écoutaient, ils le feraient, vous voyez ? S'ils ne l'ont pas encore fait, c'est qu'ils ne nous écoutent pas. C'est qu'ils ne veulent pas le faire. Nous, on ne s'en mêle plus de ce travail. De comment ils fonctionnent. C'est leur vie maintenant. C'est plus la nôtre.

SECOND DU PASSEUR INITIAL, séance de khat au bord de la plage,
centre-ville de Tadjoura, 2019.

*

Trois générations de passeurs se sont succédé entre 2007 et 2020. C'est par ce découpage générationnel qu'ils divisent eux-mêmes les chapitres de leur épopée. Les bornes temporelles qui les séparent sont autant l'âge des protagonistes que des événements particuliers à l'origine de leur renouvellement. La première génération est celle du Passeur initial, de ses lieutenants et de ses premiers soldats, pour la plupart des pêcheurs, qui développent le réseau historique à partir de 2007. Nés en majorité aux alentours de 1980, ils ont été marqués par le double traumatisme collectif de la guerre civile djiboutienne (1991-1994) et de la trahison des élites afares. Le succès spectaculaire de ces hommes partis de rien entraîne le recrutement de la deuxième génération de passeurs, plus jeunes, grisés par les perspectives d'enrichissement de l'activité. En les formant, les premiers passeurs deviennent les « cadres » du réseau unique. Si certains d'entre eux se retirent dès 2012 en continuant de percevoir des rentes du trafic, l'autorité de ceux qui restent est rapidement contestée par la relève, dont les membres les plus ambitieux revendiquent un avancement et un partage plus avantageux des bénéfices. Le conflit générationnel, le coup de force de l'Affranchi et les représailles qui s'ensuivent aboutissent à des départs massifs parmi les premiers passeurs et à l'éclatement du réseau en « attaches » en 2015.

Certains passeurs de la première génération survivent à ce tournant, ils héritent d'abord de filiales dont ils deviennent les patrons avant de développer, avec l'aide de jeunes leaders contestataires, des réseaux indépendants. Pour les faire fonctionner, les nouveaux cadres puisent largement dans cette deuxième génération, qui se constitue de 2012 à 2015 pour remplacer peu à peu les passeurs sortants. Ce sont principalement des jeunes nés dans la décennie 1990 qui entrent collectivement dans le trafic alors que certains ont quitté le lycée après un échec scolaire et que d'autres ont achevé leurs études à l'université sans trouver de travail. Sans ressources, ils servent de main-d'œuvre aux nouveaux patrons et à leurs lieutenants à qui l'expérience acquise auprès du Passeur initial vaut leurs galons. S'ils l'ont combattu, tous s'en prétendent les héritiers. En quête de légitimité pour récupérer les « cendres du réseau unique », la vingtaine d'enseignes qui tentent de se déployer en dilapident très vite le legs par leur concurrence qui dégénère en conflits de plus en plus violents et leur fait perdre la main face aux *dalals* étrangers. De nombreux réseaux s'effondrent, poussant vers la sortie patrons, lieutenants et passeurs. Ceux qui survivent ont recours à toujours plus de main-d'œuvre pour sécuriser leur affaire. La chute des bénéfices entraîne toutefois la désillusion des nouveaux contingents ; les départs et les remplacements se succèdent. Les réseaux recrutent massivement ce qui devient la troisième génération à partir du tournant 2017-2018 tandis que les quelques passeurs restants de la deuxième sont promus au grade de lieutenants.

Cette troisième génération est principalement constituée de jeunes nés dans les années 2000 qui, pour beaucoup, n'ont même pas achevé leur scolarité tant ils n'en espéraient aucun avenir. Ils ont vu leurs grands frères ou leurs voisins plus âgés échouer à accéder à des postes dans l'administration auxquels leur formation universitaire les destinait. Le trafic leur apparaît comme la seule option offerte par leur mauvais lignage pour échapper à la pauvreté. Parmi la quinzaine de réseaux (Tadjoura et Obock confondus) encore en activité en 2019, au moins cinq sont toujours issus de la première génération de passeurs et les autres de la deuxième. À l'instar de leurs prédécesseurs, affectées aux tâches les plus pénibles que ces derniers ne veulent plus exercer, les nouvelles recrues déchantent rapidement. Ce rite de passage – « aller dehors dans la nuit pour apprendre le métier », comme préviennent certains lieutenants au moment de l'incorporation – permet aux anciens d'affirmer leur autorité sur la génération suivante. Pour faire leurs preuves auprès des chauffeurs plus expérimentés et se donner du courage, ces jeunes surconsomment chaque nuit des feuilles de khat ou de l'alcool, ce qui aboutit bien souvent à des accidents. Lors du naufrage nocturne d'une embarcation de migrants dans les eaux du Ghoubbet en 2018, deux passeurs afars de Tadjoura sont arrêtés. Issus de la troisième génération, ils sont seulement âgés de 16 et 21 ans.

La perpétuation de l'histoire du trafic de migrants au nord de Djibouti ne peut se comprendre que par ce double rapport qui apparaît d'une génération à une autre. D'un côté, chacune se nourrit de l'expérience, des contacts, des rêves et des déceptions de la précédente, qu'elle remplace en partie. Ceux qui parviennent à tracer leur voie s'élèvent dans la hiérarchie d'un réseau à chaque renouvellement générationnel. D'un autre côté, les « cols blancs » dépendent de la reconstitution de réservoirs de main-d'œuvre pour assurer la rente qu'ils perçoivent en « télétravaillant » désormais depuis leurs fiefs. Par ce turnover accéléré et élargi à mesure que la durée des carrières sur le terrain se raccourcit, le « devenir passeur » s'impose comme un destin de plus en plus courant pour la jeunesse afare au nord de Djibouti.

Le recrutement de la troisième génération de passeurs

« On n'est plus trop nombreux de la deuxième
génération. On était recherchés par l'État. On devait
avoir de nouvelles têtes pour continuer dans ce travail.
Il y a une troisième génération qui a un peu pris
le relais, à partir de 2017, mais surtout 2018 et 2019.
On avait besoin de nouveaux jeunes pour conduire
la voiture et travailler la nuit, tu deviens fou si tu le fais
trop longtemps, tu ne dors pas la nuit, il y a toujours
des négociations par téléphone avec des *dalals*.
L'argent nous empêche de dormir. C'est la troisième
génération maintenant qui travaille.
Ils doivent faire leurs preuves : conduire, surveiller,
ils doivent apprendre le métier. Ils sont jeunes.
Ils doivent faire comme nous à l'époque,
quand on était dehors. Puis, un jour,
ils nous remplaceront… C'est ok avec ça. »
LIEUTENANT DE RÉSEAU (2e génération),
une boutique à Tadjoura, 2018.

« Le recrutement de nouvelles recrues,
c'est très rapide. Tu vois deux jeunes devant chez toi.
Ils veulent du khat ou de l'argent. Tu leur dis
qu'ils doivent te rendre quelques services,
tu les envoies travailler sur la route comme guetteurs
devant la gendarmerie ou la police. C'est facile,
ça ne demande pas d'avoir le bac ! "Vous voulez
travailler ? Aller dans la voiture, conduisez ce convoi
jusqu'à Obock. Vous gagnerez 5 000 francs par jour,
10 000 francs pour les gros convois." Tu leur dis : "Sois
libre demain de 20 heures jusqu'à 5 heures
du matin." On les fait travailler jusqu'à ce que l'État se
lève. Parfois tu les fais compter les migrants
et quand il y a des arrivages, 300 personnes,
alors il fallait beaucoup de jeunes : chauffeur, copilote,
guetteur, compteur, etc. Des jeunes de confiance. Tu

les payes 10 000 francs par jour
quand c'est des grands jours et voilà. »
ANCIEN PATRON DE RÉSEAU, Tadjoura, 2018.

« J'ai commencé à travailler en 2016. J'ai quitté le lycée
en terminale. J'ai tout de suite intégré les clandestins.
Quand j'ai vu que les personnes qui étaient plus âgées
que moi et qui étaient allées à l'université
ne trouvaient pas de travail, je me suis rendu compte
que l'école ne servait à rien. Si tu fais des études
et que tu termines au chômage, autant commencer
à travailler dès maintenant. Il y avait des gars
qui avaient arrêté l'école avant moi et qui gagnaient
de l'argent tous les jours... Je me suis dit
qu'ils avaient raison. J'ai quitté l'école
et je suis allé voir un *dalal*. Je guette la gendarmerie
le soir. Je gagne 2 000, 2 500 francs par soir,
et quand il y a plusieurs passages, je peux gagner
jusqu'à 4 500 francs. C'est mieux que si j'étais allé
à l'université et au chômage après. »
PASSEUR-GUETTEUR (3e génération), Tadjoura, 2019.

Le réseau étant une affaire économique, il se transmet avec les contacts téléphoniques des *dalals*, des policiers ou gendarmes et des politiciens locaux ou nationaux afin de maintenir les alliances, ainsi qu'avec les itinéraires, les méthodes de transport, l'emplacement des plages ou des criques d'embarquement, etc. De même que l'entreprise perdure au-delà de son fondateur, la mémoire collective de l'épopée se perpétue au fil des générations en assurant le « rendez-vous avec l'éternité[1] » – du moins la postérité – de ces hommes. La nostalgie de l'âge d'or est à cet égard essentielle : en entretenant le mythe de son retour, elle assure la continuité du trafic et de son économie morale.

À l'instar de toute mémoire, celle-ci demeure sélective. Si certains événements sont involontairement oubliés sous l'effet du temps,

1. L. MICHELUTTI et D. PICHERIT, « Le bandit et ses mythes », art. cité.

d'autres sont occultés. On pourrait écrire une histoire différente, voire une contre-histoire du trafic de migrants sous une forme plus tragique qu'épique, en racontant les accidents nocturnes et les naufrages qui entraînent la mort de plusieurs centaines, voire de milliers de personnes tout au long de la décennie.

En 2011, au commencement de l'âge d'or, les passeurs djiboutiens reçoivent leurs premiers véhicules des *dalals* yéménites. Ils sont pour la plupart inexpérimentés. Les plus jeunes apprennent à conduire en même temps qu'ils transportent les migrants et, grisés par la vitesse, ont tendance à sous-estimer les dangers de la route la nuit. La réalité les rattrape : l'un des chauffeurs rate un virage et quinze personnes meurent dans l'accident. C'est le premier d'une longue série. En février 2014, une embarcation subit des vents contraires violents dans le détroit de Bab el-Mandeb ; elle chavire, causant officiellement la mort de dix-sept migrants – sans compter les « portés disparus ». À chaque naufrage, les autorités ne comptabilisent que les cadavres échoués au gré des marées sur les plages djiboutiennes quelques heures, voire quelques jours après. La même année, en septembre, un nouveau naufrage a lieu, entraînant « plusieurs dizaines » de victimes, puis de nouveau, en novembre, trente migrants périssent dans le détroit. En février 2015, un navire subit une avarie – un problème de moteur – et dérive jusqu'en mer Rouge où il chavire, causant trente-cinq morts. L'année 2016 connaît également son lot de naufrages dans les eaux de Bab el-Mandeb : vingt-six morts en janvier, dix au début du mois d'octobre et quatorze à la fin. Le nombre de corps découverts sur les plages yéménites n'est pas connu.

En mars 2017, en pleine concurrence des réseaux, un minibus transportant trente-six migrants – dont quelques-uns sur le toit – conduit par deux jeunes passeurs quitte la route et se renverse. Il n'y a aucun survivant. En août de la même année, un navire chavire en plein khamsin[1], non loin de la côte yéménite. Le nombre de

1. Le khamsin est un vent chaud, chargé de poussière du désert, qui souffle généralement une cinquantaine de jours durant l'été djiboutien.

victimes n'est pas connu. En mars 2018, une nouvelle embarcation avec vingt-trois migrants à bord se retourne dans les eaux proches du Ghoubbet, en plein milieu de la nuit : le moteur s'est pris dans un filet de pêche[1] et, le temps que les passeurs stoppent le bateau pour gérer l'avarie alors que la mer est fortement agitée, celui-ci se renverse. Les passeurs s'en sortent sains et saufs. Huit migrants sont secourus *in extremis* par les pêcheurs et les gardes-côtes, trois corps sont retrouvés et les autres portés disparus. Les migrants éthiopiens ne savent pas nager et, pour la plupart, n'ont vu la mer pour la première fois que quelques minutes plus tôt, avant d'embarquer. En juin 2018, un accident nocturne a lieu sur la route reliant Tadjoura à Obock, peu après avoir traversé la localité de Dalaï. Les deux jeunes passeurs d'Obock sont ivres. Seul le copilote s'en sort, grièvement blessé à la tête. À l'enterrement du chauffeur, un de ses amis dira de lui que c'était l'un des meilleurs. La même année, plusieurs accidents sont dissimulés. Ils rejoignent le décompte, connu des seuls passeurs, du nombre d'accidents camouflés depuis le début de la décennie.

Un soir de janvier 2019, les passeurs djiboutiens et les marins yéménites hésitent à faire monter les migrants à bord de l'embarcation. « La mer était trop agitée », précise l'un des passeurs *a posteriori*. Finalement, la logique économique l'emporte sur la prudence : le navire fait naufrage au milieu des eaux du détroit moins d'une demi-heure après son départ, cinq migrants décèdent et cent trente sont portés disparus. Quelques jours plus tard, deux embarcations chavirent, cinquante-deux migrants décèdent. Les corps sont retrouvés dans les jours qui suivent sur le rivage djiboutien. Certains sont enterrés dans un cimetière de fortune proche de Fantahéro, le bidonville à la périphérie de la ville d'Obock. Les tombes sont matérialisées par de simples amas de pierres sur lesquels sont parfois déposés des pendentifs religieux et quelques pièces de tissus éthiopiens. Ce sont des présents funéraires que les migrants déposent au moment où ils se dirigent eux-mêmes vers les plages

1. Les filets de pêche sont théoriquement interdits à Djibouti.

d'embarquement. Au mois d'avril 2019, un nouveau naufrage a lieu : trente-huit migrants meurent, dont des enfants, précisent les autorités djiboutiennes. L'ambassade éthiopienne, quant à elle, déconseille à ses ressortissants d'emprunter la route orientale vers le Yémen.

En octobre 2020, une quinzaine de migrants sont jetés dans les eaux du détroit de Bab el-Mandeb. Les passeurs, yéménites, craignaient d'être capturés par les gardes-côtes djiboutiens qui ont renforcé leurs patrouilles dans le contexte de la pandémie mondiale de Covid-19. La situation se reproduit en mars 2021 avec vingt migrants passés par-dessus bord. Le mois suivant, une embarcation chavire dans les eaux du détroit de Bab el-Mandeb, causant la mort de trente-cinq personnes. En juin, c'est un navire surchargé, avec à son bord près de deux cents migrants, qui coule à proximité des plages yéménites. Les pêcheurs locaux ont retrouvé une vingtaine de corps. En mai 2022, un accident de la route a lieu entre Tadjoura et Obock : le nombre de migrants décédés demeure inconnu. En août 2023, un autre navire chavire, entraînant la mort d'au moins dix-sept migrants. En novembre 2023, un nouveau naufrage fait une soixantaine de morts. Etc.

Au total, les Nations unies estimaient à plus de 1 300 le nombre de migrants décédés dans les seules eaux du détroit de Bab el-Mandeb depuis le début du réseau unique en 2007, sans comptabiliser les « portés disparus », les morts dans les eaux du Ghoubbet et du golfe de Tadjoura, ni les victimes d'accidents de la route, dont les traces sont généralement dissimulées.

Le récit d'un naufrage

C'est mon frère qui dirigeait le bateau des clandestins qui a coulé il y a quelques jours près du Ghoubbet ! Il m'a raconté : il n'y avait pas beaucoup de monde, il était sur le bateau avec 23 clandestins. À un moment, le moteur s'est pris dans un filet de pêche. Normalement, c'est interdit les filets de pêche. Il a fallu stopper le bateau pour libérer le moteur du filet, mais la mer était forte, c'était dur. C'était juste près du Ghoubbet donc il y avait de fortes vagues et beaucoup de vent. Comme le bateau était coincé, les Éthiopiens ont commencé à bouger, ils ont paniqué. Tu sais, les Éthiopiens ne sont pas habitués à la mer. Lorsqu'ils arrivent à Assal ou à Tadjoura, c'est la première fois qu'ils la voient, alors ils ont peur. Comme ils bougeaient, le bateau tanguait et voilà, certains ont commencé à basculer, à s'accrocher au bateau et l'eau a commencé à rentrer dedans. C'est compliqué, car tu ne peux pas enlever l'eau ; nous, on utilise les boîtes de plastique, mais mon frère m'a dit que les Éthiopiens ont commencé à enlever l'eau avec leurs mains. Tu ne fais rien là, c'est comme vider la mer. Ils ont continué à vider l'eau avec leurs mains, encore, et comme ils bougeaient encore plus, finalement le navire s'est renversé.

Ce sont les pêcheurs qui ont appelé les gardes-côtes quand ils ont vu ça. Ils sont vite arrivés avec leurs vedettes rapides. Ils ont retrouvé mon frère et l'autre passeur qui avaient nagé jusqu'à la rive. Les clandestins, il y en a huit qui ont été retrouvés et quinze qui sont morts ; enfin on ne les a pas retrouvés, sauf trois, deux flottant et il y en avait un qui était dans le filet de pêche. Mon frère a été arrêté, mais je suis confiant, je sais qu'il va bientôt sortir de prison. L'avocat lui a conseillé d'attendre un peu, de se faire oublier car il y a eu des morts et cela peut provoquer des problèmes avec l'Éthiopie, mais je ne crois pas qu'il aura deux ans de prison à Gabode. C'est rare, il y a toujours plein d'arrangements et on fait des interventions pour arriver à sortir les gens de prison. La justice est toujours du côté de ceux qui ont de l'argent, et on a beaucoup d'argent.

PASSEUR, un soir à Tadjoura.

*

Que sont devenus les deux principaux protagonistes de cette histoire, le Passeur initial et l'Affranchi ? Après son renversement en 2015, le premier aurait pu profiter du chaos instauré par les rivalités entre ses anciens lieutenants et les nouveaux patrons pour restaurer son pouvoir et réunifier les réseaux sous son autorité. C'est ce que lui conseillent alors ceux qui lui sont restés loyaux. Lui préfère prendre ses distances et contempler pensivement les siens se déchirer.

C'est finalement l'Affranchi qui le sort de sa retraite quelques mois après l'effondrement du réseau unique. Il vient le trouver un après-midi où l'homme mastique ses feuilles de khat avec son dernier carré de fidèles au bord de la plage du centre-ville de Tadjoura. Il s'assoit avec eux et ils discutent longuement de leur conflit passé, des affrontements actuels et des nouvelles conditions du trafic. Il vient lui demander conseil pour échapper à cette guerre fratricide. Si tous les propos ne m'ont pas été rapportés, toujours est-il qu'à la fin de la journée les deux hommes nouent une nouvelle alliance. Le Passeur initial reprend du service pour aider l'Affranchi contre une rémunération presque symbolique.

Bénéficiant de l'expérience et des conseils des premiers passeurs, l'Affranchi met en place en quelques semaines un réseau plus puissant que ses concurrents en s'appuyant sur une idée innovante. Si l'usage est de faire commerce – avec – des populations habeshas, l'Affranchi se tourne exclusivement vers les populations oromos, certes moins fortunées mais plus nombreuses. Et, surtout, leurs migrations ne sont pas organisées par des réseaux aussi structurés que ceux des Tigréens ou des Amharas. Ils arrivent souvent à Djibouti au compte-gouttes et l'Affranchi leur impose l'ancien système en vigueur sous le réseau unique : ils doivent payer lorsqu'ils atteignent Tadjoura s'ils veulent être conduits au Yémen. Sa filière n'est donc pas soumise au contrôle des *dalals* étrangers ni au décompte des effectifs et il évite par conséquent la plupart des vols et des détournements de migrants à Tadjoura ou à Obock.

L'installation de l'Affranchi à Obock

Mon réseau est différent des autres. J'ai tout construit, de l'Éthiopie jusqu'au Yémen. Avec des amis, je suis parti au Yémen pour rencontrer les gars [les *dalals*]. Je ne connaissais pas le pays, mais j'ai vu que, là-bas, il y avait des gens qui voulaient travailler. Ils veulent simplement travailler, alors je leur ai acheté des vedettes pour qu'ils bossent pour moi, pour emmener les migrants chez eux. Personne n'a vu car on n'a pas mis les vedettes ici, on les a laissées au Yémen où il y a plus de sécurité. Quand on fait venir les migrants au Yémen, il n'y a plus personne après la plage. Je veux dire qu'on n'a pas d'autres relais ou d'autres passeurs. Ma destination finale, c'est le Yémen. On ne les envoie pas en Arabie saoudite. Quand ils franchissent la mer Rouge, c'est fini, ils se débrouillent. On connaît quelques amis, on peut leur donner un ou deux contacts, des Arabes, pour les transporter [jusqu'en Arabie saoudite], ils les payent en cash, mais moi, une fois arrivé au Yémen, mon contrat est fini. […]

C'était difficile Obock au début… Je suis de Tadjoura, des [monts] Mabla, mais mon père est né à Obock. Là-bas, beaucoup de gens ne me connaissaient pas. J'y suis parti pour préparer le terrain. Je suis parti vivre à Obock pour voir comment ça se déroule dans cette ville et pour faire passer les migrants. Ils [les Obockois] ne savaient pas qui j'étais puisque j'avais vécu mon enfance à Tadjoura. Pour montrer que je suis obockois, je m'y suis installé, j'ai construit une maison. […] Si tu veux t'intégrer dans un endroit où tu n'as aucune attache, tu dois avoir de la famille, te marier avec une femme d'ici, une Obockoise. […] Quand je venais à Obock, les gens me disaient : « Tu fais quoi ? Tu cherches quoi ici ? » Il y a des gendarmes qui me demandaient : « Pourquoi tu viens ici ? Qu'est-ce que tu fais ici ? » Eux me connaissaient, ils savaient que j'étais un passeur et tout ce qui va avec. Ils me demandaient à chaque fois, d'autres passeurs me demandaient pourquoi je venais à Obock. […]

Avec les passeurs d'Obock, il y a plein de problèmes, mais tu sais, si tu pêches dans la mer, est-ce qu'on peut le voir ? Si tu pisses dans la mer, est-ce qu'on peut le voir aussi ? Non, c'est comme ça que je le vois. Ils [les autres passeurs] peuvent appeler la police, ils peuvent dire : « Il y a untel… », ils peuvent essayer de se venger, mais pour moi, le plus important, c'est la sécurité. Je l'organise moi-même, je ne mange pas comme eux, je ne demande pas d'aide aux autres passeurs, je ne les vole pas. […] Ils ont compris que je n'étais pas une menace pour eux. Nous ne travaillons pas pareil, nous n'avons pas les mêmes migrants, alors ils ont été plus doux avec moi. Ils savaient que je n'étais pas un problème pour eux, ils pouvaient continuer à faire leurs bêtises ensemble, sans moi. […]

C'est le problème de beaucoup de passeurs. Ils ne connaissent rien à la géographie de la ville d'à côté, ce sont des ignorants. Ils connaissent que leur quartier. Je connaissais plein de passeurs à Tadjoura, mais ils restaient à Tadjoura. Ils ne sont pas sortis de la ville et ils donnent leurs migrants aux passeurs d'Obock. C'est pareil à Obock. Moi, je ne voulais pas donner [les migrants] à des passeurs d'Obock ou seulement s'ils travaillaient pour moi. Moi, je détache mes passeurs, je libère : ils voyagent, ils changent de ville…

L'Affranchi, un soir, au bord de la plage de Tadjoura, 2019

Le réseau de l'Affranchi va connaître une période d'abondance tout au long de la seconde moitié de la décennie, suscitant la jalousie d'autres passeurs. Barrages routiers et dénonciations calomnieuses n'y changeront rien, l'homme est protégé par le Passeur initial qui jouit toujours d'une aura de prestige à Tadjoura. Suivant les conseils de son aîné, l'Affranchi s'installe à Obock pour mettre sur pied le seul réseau présent dans les deux villes du nord du pays. Son emménagement lui coûte cher : la construction d'une maison, le paiement de nombreux pots-de-vin aux différentes autorités officielles comme officieuses et des confrontations avec les passeurs d'Obock qui se méfient de lui, le considérant au mieux comme un concurrent de plus, au pire un agent chargé de restaurer l'ascendant de Tadjoura sur Obock. L'Affranchi les rassure, son objectif n'est pas de reconstruire le réseau unique ni de concurrencer les réseaux obockois qui, comme ceux de Tadjoura, n'ont que faire des migrants oromos (en dehors de ceux qui leur payent occasionnellement la traversée). En gage de bonne foi, il leur offre des repas cérémonieux, leur fournit parfois un soutien logistique et installe à Obock une partie de sa famille. Il aurait pu proposer à certains de ses lieutenants de s'y établir également, mais, pour ne pas commettre les mêmes erreurs que son prédécesseur, il préfère confier la logistique de la partie obockoise à des personnes qui lui sont apparentées quand il ne supervise pas lui-même la traversée maritime.

L'Affranchi échappe ainsi au sort des autres Tadjouriens, dont le renversement par les Obockois est plus ou moins orchestré par les *dalals* étrangers. Sans concurrent direct à Djibouti et négociant avec des *dalals* oromos moins puissants que ceux organisant le départ des Tigréens ou des Amharas au nord de l'Éthiopie, il étend son réseau au Yémen à la fin de la décennie 2010. Jusqu'à présent, il récupérait les Oromos à la frontière djiboutienne ou directement à Tadjoura pour les migrants arrivant individuellement ou en petits groupes, puis il leur faisait traverser le nord du pays et le détroit de Bab el-Mandeb avant de les laisser poursuivre leur route par leurs propres moyens au Yémen. Certains s'installaient à Aden ou à Sanaa quand d'autres tentaient d'atteindre à pied l'Arabie saoudite. En développant son réseau, l'Affranchi tente d'attirer des Oromos plus fortunés qui voudraient migrer tout en évitant l'insécurité de la guerre civile et le rapt de migrants solitaires qui finissent bien souvent torturés. Il se rend à plusieurs reprises au Yémen grâce à des contacts obockois ou en réactivant ceux du Passeur initial pour rencontrer des *dalals* ou des personnes susceptibles d'en faire office. Ensemble, ils négocient un accord dont les détails ne me sont pas connus, mais pour le respect duquel l'Affranchi prend quelques assurances. Au moindre soupçon, suivant les conseils prodigués par le Passeur initial, il n'hésiterait pas à « punir » les Yéménites en retenant les migrants sur la rive djiboutienne ou en contournant leurs plages pour les faire débarquer. Il ne s'agit pas de menaces en l'air : l'Affranchi est parvenu à développer une organisation complète, incluant sa famille, des hommes de sa *fi'ma*, des voisins, des membres des forces de l'ordre et même des contacts haut placés au sein des milieux politiques pour assurer sa protection et étendre ses marges de manœuvre. La branche yéménite de l'Affranchi se met peu à peu en place à la fin de la décennie 2010. Il reste alors à négocier avec la partie saoudienne.

De son côté, après avoir fait un temps office de « juge du trafic », le Passeur initial se lasse de ses nouvelles fonctions et profite de l'aventure de l'Affranchi au Yémen pour se reconvertir dans la contrebande massive de cigarettes à Djibouti. Il réactive certains contacts yéménites dès 2018 et, avec la rente que lui verse l'Affranchi, il achète des cigarettes à bas prix au Yémen et les importe ensuite directement au nord de Djibouti ou en passant par le nord du Somaliland pour inonder les marchés et les boutiques de la capitale. Ses hommes, tous d'anciens passeurs et des pêcheurs, font des allers-retours chaque semaine entre les rivages et les frontières au nez et à la barbe de la marine et des gardes-côtes djiboutiens qui ne voient que des bateaux de pêche aller et venir.

Le Yémen est l'exutoire des routes et des ports commerciaux des royaumes et des cités pétrolières de la péninsule Arabique ; Dubaï, Abu Dhabi, le Qatar ou le port de Djeddah y déversent leurs « déchets » et autres invendus des vitrines de leur modernité. Avec la guerre qui y fait rage, la devise yéménite ne cesse de s'effondrer et l'État de péricliter, attirant en nombre commerçants douteux, contrebandiers, anciens pirates somalis et trafiquants en tout genre. Migrants éthiopiens contre armes yéménites ou motos et voitures en provenance de Dubaï, alcool acheté dans les magasins pour les militaires français de Djibouti contre drogues dures ou douces produites localement, contrebande de cigarettes, de khat ou d'appareils électroniques retrouvés ensuite sur les marchés djiboutiens, etc. : autant d'affaires entre lesquelles les reconversions sont relativement aisées.

La filière de cigarettes de contrebande du Passeur initial se développe parallèlement à celle de l'Affranchi à la fin de la décennie. En 2019, elle connaît un début marqué par l'irrégularité des arrivages et des itinéraires maritimes à perfectionner, mais, une fois les cigarettes en ville, elles s'écoulent en quelques heures seulement. Le paquet y est vendu à un prix inférieur de quelques dizaines de francs djiboutiens – à peine au-dessous de 1 euro – à celui des marques officielles. Le marché est immense et les contrebandiers du Passeur initial n'ont pas le temps de souffler, ils doivent bien souvent repartir de l'autre côté de la mer pour s'approvisionner de nouveau. Ils ne rechignent pas à la tâche, car il n'est désormais plus question d'investir cette activité d'une portée politique et sociale, mais simplement de s'enrichir. Bien qu'il souhaite rester discret sur son affaire, les premiers succès du Passeur initial sont indéniables et c'est toute une génération d'anciens passeurs qui se met à rêver d'une nouvelle ère de prospérité.

« Redevenir riche comme avant »

C'était l'autre aprem, je suis sorti de chez moi pour aller chercher mon khat. Comme la pêche est mauvaise en ce moment à cause des vents, comme je n'avais plus d'argent, je suis allé voir les amis s'ils pouvaient me dépanner. Il y avait [le Passeur initial] près de la mer, il m'a dit : « Viens. Je suis en train de préparer un nouveau business pour redevenir riche comme avant. » C'était secret, il ne voulait pas en parler aux gens, seulement aux pêcheurs comme moi, car on avait été ensemble au début, au tout début, quand les clandestins ont commencé à venir. Je suis resté avec lui la journée, on a discuté, il m'a expliqué : « On va faire de la contrebande de cigarettes. On va aller en acheter au Yémen, ce n'est pas cher, il y a la guerre et on va vendre ici », tu comprends ? On était plusieurs à partir avec les bateaux, on le fait chacun notre tour pour pas que l'État découvre ce qu'on fait. J'ai topé, j'ai dit ok. On sait tous ce que cet homme a fait pour nous, ici, pour le nord de Djibouti. On va de nouveau être riches. [...]

J'ai été arrêté par les gardes-côtes près de Djibouti Ville quand je suis rentré avec la barque et les clopes. Je revenais de là-bas. On a acheté pour 25 000 francs, et on fait 50 000 francs, parfois 55 000. On vend moins cher que le prix djiboutien, on remplit le marché de nos clopes, les gens achètent. Mais là, ils m'ont arrêté, j'étais à Gabode pendant trois jours, mais c'était le ramadan, ils m'ont libéré après, pour que je termine le ramadan et que je rentre à Tadjoura. Je suis rentré sans les clopes, mais libre. Ce n'est pas grave, c'est ça la contrebande : parfois on gagne, parfois on perd. Parfois, on gagne beaucoup d'argent, parfois on est invité à Gabode. Quand on fait ce métier, il y a toujours des risques. J'ai eu de la chance, je suis pêcheur, alors ils m'ont donné mon bateau pour pas que j'arrête de travailler. Je suis arrivé ce matin avec. J'ai vu avec lui [le Passeur initial], je repars cette nuit pour le Somaliland récupérer de nouvelles clopes.

CONTREBANDIER (ANCIEN PASSEUR),
plage du centre-ville de Tadjoura, 2019.

Cinquième interlude

Passeurs des marges

« Y en a certains qui ont parlé contre moi, des passeurs jaloux, [...]. Je leur dis : “Voilà votre argent. Vous voyez ma maison ? Vous savez comment je m’appelle et où j’habite. Vous pouvez aller voir la gendarmerie, y a l’État ici. On n’est pas dans un pays en guerre, y a l’État qui marche. »

PATRON DE RÉSEAU

« Les arrêter pour leur dire quoi ? Devenez chômeurs ? On ne les arrête pas, seulement lorsqu’ils passent devant le corridor, là où il y a la gendarmerie et la police... Faut pas pousser quand même... »

OFFICIER

« Mon patron s’est taillé de bonnes relations. Les gens haut placés à Djibouti avaient besoin de quelqu’un qui connaît bien le territoire pour leur business sur le terrain. C’était le point focal. Il a d’abord commencé avec un seul mec et, à travers lui, il a été mis en contact avec les autres personnes, celles qui sont haut placées, qui ont des affaires très louches : armes, drogues, alcool. C’est comme ça qu’il a commencé à faire sa vraie fortune. Au début, c’était uniquement envoyer des marchandises comme de l’alcool au Yémen, mais après ça a gonflé : haschich, armes. Il y a des gens très haut placés qui envoient des armes en Éthiopie pour la guerre. Ils gagnaient de plus en plus d'argent et, avec lui, ils ont fait beaucoup de business : les armes du Yémen vers l'Éthiopie sans le moindre risque. »

SECOND D'UN PATRON

À l'automne 2021, un ancien patron de réseau meurt sur le coup dans un accident de la route. Quelques jours après, lors de l'enterrement à Tadjoura, son oncle, un homme politique, organise un moment de convivialité chez lui pour honorer la mémoire de son neveu décédé. C'est une cérémonie de deuil où tous les habitants sont conviés à venir se recueillir. Tous connaissent la carrière du défunt dans le trafic de migrants. Les passeurs de Tadjoura et d'Obock sont présents en nombre et certains de ceux de Djibouti et de Yoboki ont même fait le déplacement pour lui rendre un dernier hommage. Le Passeur initial et ses fidèles sont venus saluer la mémoire de cet homme qu'ils ont formé presque dix ans auparavant et dont ils se remémorent les débuts. Il y aurait même un *dalal* éthiopien, son contact téléphonique avec qui il faisait affaire depuis toutes ces années, précise-t-on dans l'assemblée. Après les passeurs, ce sont les notables, les *okals*, les représentants du pouvoir coutumier et ceux de la préfecture et du conseil régional qui déplorent la perte de cet entrepreneur « bon et généreux » pour les Tadjouriens : « Un homme qui a toujours respecté l'islam ; il a donné beaucoup de khat, de nourriture et d'argent à plein de gens ici, à ceux dans le besoin surtout », explique l'un d'eux. Enfin, quelques hommes en uniforme ou en civil, issus des casernes de la gendarmerie et de la police de la ville, présentent à tour de rôle leurs condoléances à la famille en témoignant de l'estime qu'ils portaient au défunt en dépit de ce qui les opposait. « Aujourd'hui, qu'importe ce qu'il a fait, c'était quelqu'un de bien, quelqu'un qui nous respectait beaucoup. Il pensait toujours à nous, il voulait savoir si on allait bien, si nos familles vivaient bien », résume en sortant de la pièce l'un des policiers avec l'approbation des autres.

Au repas funéraire, les passeurs et les gendarmes partagent les mêmes plats et échangent leurs souvenirs du disparu, dont ils célèbrent les hauts faits. Tel gendarme se remémore une soirée où il a failli l'arrêter à l'époque où l'homme n'était pas encore patron et qu'il transportait simplement des migrants sur la route vers Tadjoura. Quand il a su qu'il avait affaire au neveu d'un homme politique, il s'est félicité de ne pas avoir réussi à l'attraper. Tous rient. Tel passeur se souvient quant à lui d'une bataille entre leurs réseaux concurrents, une nuit à l'entrée de la ville, pour le passage d'un convoi. Il ne précise pas qui en fut le vainqueur, mais conclut que c'était un honneur de l'affronter, car « c'était un homme brave, un homme qui avait l'honneur de combattre sans tricher comme les petits font ». D'autres racontent aux gendarmes la façon dont il avait l'habitude de négocier le passage des migrants malgré les barrages des villageois. Un habitant de Tadjoura se rappelle qu'il y avait toujours du khat chez ce patron et qu'il n'hésitait pas à lui en demander lorsqu'il connaissait des fins de mois difficiles, sachant qu'il l'accueillerait à bras ouverts. Pour le remercier de sa générosité, l'habitant lui avait proposé à plusieurs reprises de l'aider pour son réseau. L'homme n'avait jamais accepté, lui expliquant un jour qu'il le respectait trop pour lui donner des ordres comme on en donne aux sentinelles ou aux hommes de main. « C'était une personne qui respectait toujours les autres, qui savait les estimer à leur [juste] valeur. »

Cette cérémonie de panthéonisation me rappelle quant à moi une autre scène, qui s'est déroulée à Obock, en février 2019. La ville célébrait le mariage d'un passeur, le frère d'un patron influent, dans la maison de ce dernier. Lors du déjeuner en l'honneur du marié étaient présents le préfet, les élus du conseil régional, l'imam, des officiers militaires dont les commandants de la gendarmerie et de la police, quelques *okals* et des notables. Les membres du réseau du marié ainsi que de nombreux passeurs d'Obock et de Tadjoura étaient également venus pour l'occasion. Là encore, les antagonismes s'effaçaient, passeurs et gendarmes conversaient aimablement et ceux qui ne s'étaient encore jamais rencontrés en profitaient pour lier connaissance. Un des passeurs m'a dit cette petite phrase qui m'a pourtant marqué : « C'est un jour de fête en dehors de la loi. » L'un des gendarmes, natif du Nord, assis à ses côtés a opiné, le sourire aux lèvres, en ajoutant que faire respecter la loi n'était pas toujours drôle. Les événements comme les mariages ou les décès participent de la vie collective de la cité et soudent ses membres, faisant fi des uniformes et des étiquettes. La présence des passeurs à ces cérémonies, lorsqu'ils n'en sont pas eux-mêmes les commanditaires, témoigne de leur pleine intégration à la communauté et de l'influence qu'ils ont acquise en son sein.

Depuis une zone pourtant marginalisée par l'État, ils ont construit des espaces interstitiels où ils évoluent en toute légitimité et à partir desquels ils inventent de nouveaux systèmes de normes qui s'hybrident avec les règles officiellement promues par les institutions. Parce que les passeurs représentent autant un potentiel de nuisance qu'une ressource politique et économique dans des régions périphériques et des confins indisciplinés, ils apparaissent comme des interlocuteurs incontournables des pouvoirs publics. Pour gouverner ces marges peuplées de « passeurs, rebelles, contrebandiers et sauvages », selon la formule d'un cadre administratif rencontré un matin dans un café de Djibouti, les agents de l'État sont de leur côté contraints de négocier leur présence faute de pouvoir l'imposer. Au cœur de ces espaces, la loi est donc discutée, marchandée, détournée et transgressée au gré des ententes. Il ne s'agit plus pour l'État d'exercer sa souveraineté, mais d'adapter son autorité aux réalités locales[1].

L'acceptation sociale du trafic par une population précarisée et sensible au discours subalterne dont les passeurs se font les hérauts, comme à l'image de bandits sociaux qu'ils cultivent, joue un rôle fondamental dans ce processus de normalisation. Pour les habitants, les passeurs sont des voisins, des amis, des cousins, des connaissances

1. Julien Brachet et Judith Scheele, « Fiscalité marginale sur mesure. L'économie politique du natron au Borkou, Tchad », *Politique africaine*, n° 151, 2018, p. 39-59.

dont il leur viendrait d'autant moins à l'idée de dénoncer l'activité que, dans leurs heures fastes, ceux-ci veillent à se montrer généreux à leur égard. Le trafic s'intègre du reste parfaitement à une économie plus large de la migration dont chacun, habitants, entreprises comme agents de l'État, est bénéficiaire au nord de Djibouti. Dans une région où passent chaque année plus de 100 000 « clandestins », ceux qui transitent en dehors des réseaux constituent une réserve de main-d'œuvre facilement exploitable pour toutes les tâches et les métiers que les Djiboutiens ne veulent pas ou plus exercer : femme de ménage, vendeur ambulant, serveur, cuisinier, docker pour charger ou décharger les boutres de commerce yéménites ou les bagages des passagers du ferry assurant la liaison quotidienne avec la capitale, éboueur officieux, ouvrier du bâtiment, coursier, gardien de maison, berger, etc.

De l'économie du trafic à l'économie de la migration

« Nous croyions que c'était quelque chose de normal,
d'habituel. Tout le monde pratiquait !
Même les femmes et les enfants, tout le monde !
Si je vous dis que tout Tadjoura s'est converti
aux passeurs à un moment donné, je ne vous mens
pas. On trouvait l'argent du trafic dans chaque
maison : le loyer, des objets, du khat, tout était payé
avec l'argent du trafic ! Derrière chaque maison,
chaque famille, il y avait un passeur. […]
Pour moi, pour nous, le trafic,
c'était quelque chose de normal. »
ANCIEN PATRON

« Cela nous arrange aussi… On n'a aucun travail à leur
donner. Le soir, ils travaillent quand tout le monde
dort, on ne les entend pas circuler. Le matin,
ils dorment quand tout le monde travaille.
On ne les voit pas. Ils ne se réveillent que pour le khat,
pour l'après-midi, ils sont tranquilles chez eux.

Cela nous arrange, oui, car cela ne dérange pas la vie des gens ici. C'est le jour où il n'y a pas de clandestins qu'ils commencent à s'énerver et à chercher du travail, à vouloir du travail, mais on n'a rien à leur donner. Alors qu'ils fassent leur petit trafic. On ne regarde pas. Cela arrange tout le monde ici et à Djibouti Ville. »

HOMME POLITIQUE, Obock, 2018.

« Bien sûr qu'on sait qui sont les passeurs ici ! C'est une petite ville, on voit les voitures, on voit les bateaux, nous ne sommes pas bêtes ! Mais qu'est-ce qu'on fait ? On les arrête, on les envoie au tribunal, on les envoie à Gabode. Qu'est-ce qu'on peut faire ? Le juge devant le passeur va dire : "Alors, vous êtes passeur ? Oh, mais vous avez un diplôme en droit. Pourquoi vous êtes passeur ?" Que va répondre le passeur ? Il est devenu passeur parce que le juge, qui n'a pas de diplôme en droit mais qui appartient à telle famille ou au clan du président, a pris sa place ? Alors le passeur qui devait être juge, il devient passeur. Il va aller en prison, il va faire quelques mois, et après ? Il va sortir. Il sera toujours au chômage… Tout le monde profite des clandestins… Combien de domestiques ont les grandes familles à Djibouti ? Moi-même, chez moi, j'ai des Oromos qui s'occupent de ma maison. »

OFFICIER, Djibouti, 2021.

Le trafic stimule de plus l'activité économique de tout le pays afar : les villes de Tadjoura et d'Obock comptent plusieurs dizaines d'hébergeurs affiliés tantôt aux réseaux, tantôt indépendants ; plus d'une centaine de cabines téléphoniques internationales ont ouvert permettant les transferts d'argent (*hawala*) ou les communications des migrants vers l'Éthiopie ou l'Arabie saoudite ; des habitants monnayent leurs services d'interprètes auprès des passeurs ; certains restaurants assurent le ravitaillement des convois ou proposent des formules bon marché aux migrants de passage, etc.

Lorsqu'ils errent en ville sans travail en attendant de pouvoir partir, qu'ils n'entretiennent pas l'activité des réseaux et qu'ils n'alimentent qu'à la marge la sphère économique que le trafic génère autour de lui, les « clandestins » deviennent en revanche très vite une gêne pour les habitants, qui n'hésitent alors pas à s'en plaindre aux autorités. En réponse, les forces de l'ordre effectuent de nombreuses rafles et des reconduites aux frontières en prétextant les risques sanitaires lors de la saison estivale où les migrants s'abreuvent à des puits d'eau saumâtre déclenchant des épidémies de choléra. Cette inversion du rapport à la criminalité, du passeur toléré au « clandestin » indésirable, achève d'assoir la légitimité du trafic comme forme admise de la migration.

Les liens de sociabilité que les passeurs entretiennent avec les agents de l'État, du simple fonctionnaire au préfet, ne relèvent donc pas de simples mécanismes de corruption, de même que la notabilité à laquelle les plus puissants d'entre eux accèdent ne se résume pas à la conversion sociale de leur pouvoir économique. À Djibouti, comme dans de nombreux pays africains, la construction de l'État – son devenir – passe par des arrangements, des chevauchements d'intérêts[1] (publics et privés, légaux et illégaux, etc.) ou encore des processus de « décharge » – comme on l'a vu à propos de l'enterrement des migrants –, qui incitent la puissance publique à privatiser des pans entiers de souveraineté, des missions et des fonctions régaliennes pour retirer de ces accommodements avec des pouvoirs défiant officiellement son autorité des avantages mutuels ou répondre à des impératifs nationaux dictés par les bailleurs internationaux. Et ses représentants sont d'autant plus enclins à apprivoiser ces activités illicites que celle-ci se déploient dans des territoires indisciplinés où l'administration a du mal à s'implanter. Les accointances entre élites politiques et patrons de réseau, comme

1. Jean-François BAYART, Stephen ELLIS et Béatrice HIBOU, *La Criminalisation de l'État en Afrique*, Bruxelles, Éditions Complexe, 1998, p. 36.

entre agents des forces de l'ordre et passeurs de terrain, que donnent à voir les cérémonies de deuil ou de mariage ne sont que la traduction locale de ces alliances de raison.

À ce compromis général s'ajoutent toutefois les déclinaisons particulières et inégalement réparties des liens tribaux, claniques, familiaux, de lignage ou de collusion qui assurent à certains des protections, des garanties ou des marges de manœuvre. Le croisement ou l'emboîtement de ces différents principes d'indulgence ou de connivence aboutit alors à des réseaux de complicité dont les ramifications s'étendent aux plus hauts sommets de l'État.

Sous l'aile protectrice de « gens très haut placés »

« Des problèmes avec la police ? On n'en a eu qu'occasionnellement. Sinon, ils ne voient rien du tout normalement. Si on tombe sur eux, ils ne nous laissent pas passer. Moi, j'ai été arrêté trois fois : une fois à Tadjoura, une fois à Obock, une fois au lac Assal. Oh, cela a été simple. Ils ne m'ont pas envoyé à Gabode. Quand j'ai été arrêté au lac Assal, on m'a emmené à la prison d'Arta et, quelques heures après, j'ai été délivré par le ministre, c'est un cousin proche. Quand j'ai été arrêté à Tadjoura et à Obock, j'ai été emmené à la brigade, mais le procureur m'a laissé sortir les deux fois, c'est un gars de ma tribu. »

ANCIEN PATRON DE RÉSEAU, Randa, 2019.

« À cause de mon père et de mon oncle, il y a beaucoup de gens qui me connaissent dans la gendarmerie, alors ils viennent me voir pour passer le message à mon chef : "On ne fait pas les barrages, mais on veut de l'argent. Donne-nous de l'argent et on tiendra une semaine." On les paye, et la voiture peut passer tranquillement, on en profite parfois pour passer tout ce qu'on a ! Trois cents, quatre cents personnes ! Si tu n'as pas de personne de soutien dans ta famille, ou tes amis, tu es foutu.

La gendarmerie, ils se respectent entre eux,
ils ne vont pas arrêter le frère d'un des leurs.
Si, un jour, quelqu'un m'arrête, qui sait...
le lendemain, le frère ou le fils de la personne
qui m'a arrêté pourrait finir en prison aussi...
Alors ils évitent les interventions sur la famille. »
PASSEUR FILS DE GENDARME, Tadjoura, 2019.

« Le Premier ministre, le ministre de la Défense,
le ministre de la Santé, ce sont tous des Afars.
Ils savent qui sont les passeurs. La sécurité,
lorsqu'elle attrape un membre de leur tribu,
les ministres le libèrent. Si la gendarmerie m'attrape,
mon père ou bien mon oncle va aller voir son oncle,
le ministre, et le ministre fera une intervention.
Et moi, je serai libre. Cela marche comme ça depuis
dix ans. Mais si tu n'as pas de soutien, si tu viens d'une
famille pauvre, tu resteras deux ans en prison.
La richesse se gagne toujours d'un côté,
de celui de l'État. »
PASSEUR, dans la maison de son lieutenant
à Tadjoura, 2019.

Là encore, une lecture en termes de corruption ou de népotisme apparaît cependant trop étroite pour comprendre la bienveillance de certains hommes politiques envers les passeurs. Une large part de la population afare du nord du pays a toujours en mémoire la trahison commise par une partie de ses élites lors des accords de 1994 qui se sont soldés par l'intégration d'anciens chefs rebelles à l'appareil d'État et, avec le repli des derniers insurgés dans le maquis, la pacification relative de la région sans que ses habitants perçoivent en contrepartie une quelconque amélioration de leurs conditions de vie et de leurs perspectives d'avenir[1]. Bien qu'une nouvelle classe

1. Cette situation rappelle que, dans certains contextes africains, les armes et l'engagement dans des groupes rebelles représentent avant tout des voies détournées pour intégrer l'administration de l'État, voire l'armée à des grades élevés d'apparat

dirigeante soit depuis apparue, les Tadjouriens et les Obockois continuent d'entretenir à son égard une défiance que leur exclusion du partage de la rente de l'État ne fait que perpétuer. Aussi, à travers les alliances nouées avec les patrons de réseau, les hommes politiques cherchent à reprendre à leur compte le discours critique de la marge pour s'attirer les grâces électorales des populations contestataires.

En instrumentalisant ainsi le trafic, ces personnalités politiques entretiennent des liens de clientélisme territoriaux qui favorisent à terme le soutien populaire qui leur permettra de gravir les échelons du pouvoir, de construire leur carrière au sein de l'administration ou de se faire élire. Ce double positionnement, au cœur du système politique et en gravitation autour de la sphère de l'illicite, leur permet en effet de s'imposer comme des intermédiaires incontournables dans les négociations entre le pouvoir central et une région perçue depuis la capitale comme ingouvernable. De ce point de vue, ce sont eux aussi pleinement des *dalals*, au sens premier du terme – des courtiers d'influence.

Ce système de l'intermédiaire politique n'est pas nouveau à Djibouti ; il permet de longue date à certaines personnalités de monnayer leur réseau et leurs relations dans des situations complexes où le gouvernement préfère parlementer plutôt que de s'imposer par la violence et risquer de créer davantage de tensions. La gestion des grèves et des émeutes en réaction au recrutement des dockers du nouveau port de la ville en 2018, les tensions liées aux campagnes politiques des dernières années ou les négociations entourant le processus de démilitarisation des anciens rebelles du FRUD en 2001 en sont des exemples. Toutes ces crises ont été aplanies grâce à l'intervention de ces intermédiaires dont l'entregent et la diplomatie ont permis le retour au calme.

Certains de ces *dalals* haut placés ne se contentent cependant pas de manœuvrer leur carrière en négociant la paix sociale et en délivrant des passe-droits en échange d'avantages financiers ou électoraux. Si,

(*cf.* Justine Brabant, *« Qu'on nous laisse combattre, et la guerre finira ». Avec les combattants du Kivu*, Paris, La Découverte, 2016).

au fil de longues chaînes de subornation, ces arrangements érodent un peu plus le fonctionnement des institutions et, en retour, la foi de la population dans leur pouvoir, ils ne sont rien face aux opportunités économiques autrement lucratives auxquelles ces alliances illicites permettent d'accéder. Par l'entremise des passeurs, des personnalités politiques entrent en contact avec des acteurs influents du trafic d'armes, d'alcool ou de drogue dont elles deviennent les bénéficiaires en percevant un « droit de protection », voire dont elles se font les commanditaires. À la fin des fins, force reste à l'État.

Quelques cartons d'alcool et des voitures pleines d'armes

Nous n'étions pas tous égaux dans ce travail, non. Quand [le Passeur initial] s'est effondré, il y a eu beaucoup de concurrence et beaucoup d'affrontements entre nous. Tous les soirs, on se faisait la guerre pour quelques migrants et c'est là que certains ont voulu s'imposer. Ces gens-là… ils voulaient devenir les plus forts, ils étaient prêts à tout, ils étaient prêts à franchir tous les interdits de la loi ou de la morale pour être les meilleurs. Je veux dire, nous sommes tous passeurs et, parfois, on s'affronte, parfois on négocie, on fait des compromis. Eux, ces gens-là, ils ne voulaient pas en faire, ils voulaient être plus forts, plus forts que [le Passeur initial] même. Ils disaient : « Nous, nous ne tomberons jamais, personne ne nous renversera. Nous serons les plus forts, nous serons comme les étoiles, là-haut, intouchables. » Il y a les passeurs qui s'occupent que des migrants et il y a les autres. Ces gens-là, tu vois, c'est plus que des passeurs, c'est… comment dire… des super-passeurs. Le gars, là, s'il a pu s'imposer, c'est parce qu'il est devenu un vrai mafieux. Ce ne sont pas des migrants comme nous, il fait des choses plus difficiles comme les armes, comme l'alcool ou la drogue, mais ce n'est pas du khat. Il fait tous ces commerces avec le Yémen et l'Éthiopie, mais il est protégé par les haut-placés à Djibouti…

Tous les grands Afars avaient besoin d'un passeur pour leur business. Certains m'avaient approché, des gars du gouvernement, pour faire passer de l'alcool et des armes, mais moi, je posais trop de questions alors ils n'avaient pas confiance en moi. Quand tu te lances dans un commerce, tu veux savoir quelle est la marchandise, qui sont les personnes avec qui tu travailles ou à qui tu dois donner la marchandise, n'est-ce pas ? J'avais été approché par des gars de Djibouti, on m'avait proposé de transporter de l'alcool pour le Yémen. On m'avait dit : « Tu prends un carton de douze bouteilles. Tu récupères la marchandise à Tadjoura. » Et si je l'apportais à la sortie de la ville, jusqu'au prochain relais, je gagnerais 300 francs par bouteille transportée pour eux. Après, un autre gars devait l'emmener au Yémen. Douze bouteilles que tu multiplies par 300, tu gagnes 3 600 francs djiboutiens. Il m'avait proposé de transporter deux cents cartons avec les migrants. Douze que tu multiplies par 300, et ensuite par 200, ça fait 720 000 francs djiboutiens [3 500 euros]. On me proposait ce business, mais je n'ai pas voulu. Tout le monde pouvait transporter des migrants. On sait comment ça marche, on sait comment on négocie. Je peux éventuellement le faire pour quelques cartons d'alcool, mais une grosse quantité, deux cents cartons, c'est compliqué, non, je ne peux pas. Ce n'est pas comme des migrants, tu vois ? C'est de la vraie contrebande. Je risque beaucoup, beaucoup plus qu'avec quelques migrants si je me fais choper. [...]

D'autres l'ont fait, ceux qui ont des meilleures voitures, qui ont des contacts dans la police, dans la gendarmerie, au ministère. C'est eux qui commandent, qui tirent tout le business, tu vois ? Je vais te l'expliquer autrement... Pendant sept mois, j'ai passé presque toutes les nuits à brouter [du khat] près du magasin, devant la grande route de Tadjoura, celle qui traverse la ville. Vers 3-4 [heures] du matin, je regardais les voitures qui passaient devant moi. Tu as les voitures connues, les minibus Toyota, celles qui servent pour transporter les migrants. Tu les reconnais, tu sais à quel patron appartient telle voiture et tu [en] as d'autres, de belles voitures immatriculées [à] l'extérieur. Elles, elles passaient après celles des migrants, quand les passeurs dorment, avant l'appel à la prière. Ces voitures sont remplies d'armes du Yémen, elles circulent librement, elles traversent le pays sans le moindre problème, sans se faire arrêter. Moi, on me proposait quelques centaines de francs djiboutiens pour transporter des bouteilles d'alcool, pour les armes, on sort la planche à billets pour t'en imprimer d'autres. C'était ça, les autres business : les armes, l'alcool. Tout va ensemble, toutes les marchandises prennent la même route, ce n'est qu'une question d'horaire nocturne. Quand tu fais du commerce d'armes, même les hauts placés à Djibouti qui te demandent d'en faire ont peur de toi... Ils ont peur car ils ne sont pas sûrs de te tenir... Ces gens-là, ils sont plus forts car ils sont l'État.

ANCIEN PATRON, autour d'un verre, 2020.

Épilogue

L'effondrement des réseaux (2020)

> « Personne n'avait mis d'argent de côté. Personne ! Même mon patron, il n'avait pas mis d'argent de côté. Il fait d'autres commerces maintenant… Deux mois de confinement et après le ramadan : que des dépenses et aucune rentrée. Personne n'avait prévu le Covid. On a presque tous fait faillite. Tout s'est écroulé. »
>
> SECOND D'UN RÉSEAU

> « À la fin, à la toute fin du trafic, il ne restera que ça : des histoires, des voitures cassées, des accidents, des cicatrices et des souvenirs. Il y en a qui ont ouvert des boutiques, les autres, rien. Je pense qu'à la fin on restera pauvres, pauvres comme on l'était avant. »
>
> PASSEUR

À l'automne 2020, je suis retourné à Djibouti entre deux confinements en France et malgré la fermeture des frontières. Je suis allé interroger une nouvelle fois les passeurs de Tadjoura et d'Obock pour ajouter le dernier chapitre de leur épopée. Avec la pandémie mondiale de Covid-19, la chaîne des relais s'est brisée de part et d'autre des rivages de la mer Rouge et le trafic s'est effondré. Le confinement djiboutien a entraîné la fermeture et la surveillance accrue de la frontière avec l'Éthiopie, et la multiplication des barrages sur la route, notamment à Sagallou, a empêché les passeurs d'aller récupérer les rares convois qui parvenaient encore jusqu'au lac Assal. De l'autre côté de la mer, l'Arabie saoudite a également fermé et renforcé la surveillance de sa frontière avec le Yémen. Les traditionnels pots-de-vin aux douaniers ou militaires n'y ont rien changé. Beaucoup de Saoudiens ont estimé que les migrants étaient les principaux vecteurs des premiers cas détectés de Covid chez eux et donc de la propagation du virus dans la péninsule Arabique. Un malheur n'arrivant jamais seul, la guerre civile éthiopienne (2020-2022) qui a opposé les autorités sécessionnistes de la région du Tigré – le Front de libération du peuple du Tigré – à l'État fédéral et ses alliés afars et amharas a paralysé l'activité des principaux *dalals* historiques des régions habeshas.

Le nombre de migrants éthiopiens traversant le détroit de Bab el-Mandeb est ainsi passé de 140 000 migrants en 2019 à moins de 37 000 en 2020. La route migratoire s'est même inversée cette année-là, l'Organisation internationale pour les migrations enregistrant le retour de plus de 11 000 migrants du Yémen vers Djibouti. Les Amharas et les Tigréens ayant recours à des *dalals* ont très vite été informés de l'impact de la pandémie sur la fermeture de la route migratoire. Cela n'a pas été le cas des migrants oromos, qui n'ont découvert les difficultés qu'une fois arrivés à Obock, voire au Yémen. Ne pouvant pas franchir à pied la frontière saoudienne, ils ont décidé de faire demi-tour pour rentrer en Éthiopie. Sans argent, incapables de payer à nouveau la traversée en sens inverse, ils ont erré sur les routes yéménites et ceux d'entre eux qui n'ont pas trouvé à travailler dans les grandes villes à moitié détruites par les bombardements ont fréquemment fini séquestrés, torturés et enrôlés de force dans les tourments de la guerre civile. À l'automne 2021, des migrants oromos continuaient encore d'affluer à pied au nord de Djibouti pour rejoindre le Yémen malgré le retour, également à pied, de ceux qui quittaient la péninsule Arabique.

L'effondrement des réseaux a rendu la migration plus dangereuse. Sans structure transnationale, passeurs et *dalals* sont libres de fixer leurs tarifs, d'escroquer les migrants ou de leur infliger les pires traitements sans risquer de quelconques représailles. En témoigne l'augmentation des naufrages volontaires entre le Yémen et Djibouti : octobre 2020, mars, avril et juin 2021, pour ceux dont la presse parle. Au Yémen, lorsque les migrants oromos trouvent avec difficulté de quoi payer la traversée retour, ils se rendent vite compte des dangers qu'elle représente. Auparavant, les Yéménites avaient tout intérêt à veiller à la sécurité des convois dont ils assuraient le transport depuis Djibouti s'ils voulaient être rémunérés par les *dalals* éthiopiens. Depuis la pandémie, la logique n'est plus la même : les migrants les payent directement en liquide sur la plage avant de monter à bord du bateau et les marins refusent bien souvent d'approcher les côtes djiboutiennes de peur d'être arrêtés par les gardes-côtes. À quelques kilomètres de la plage, ils jettent les migrants par-dessus bord en les menaçant de leurs armes. Si certains réussissent à nager jusqu'au rivage, la grande majorité se noie dans les eaux du détroit.

*

Que sont devenus les passeurs djiboutiens après l'effondrement de leurs réseaux ? Un lieutenant s'est improvisé agriculteur. Il a installé près de chez lui deux petits jardins où il compte faire pousser des aubergines, des piments et des poivrons, et il attend une aide de l'État pour en développer d'autres. Il a également deux vaches et une vingtaine de chèvres, mais il refuse d'élever des chameaux dont il juge l'entretien trop compliqué : ces derniers évoluent en liberté, provoquent des problèmes avec les voisins et il faut courir en « brousse » pour les récupérer. L'ancien passeur a recruté pour l'aider un migrant oromo de passage qu'il rémunère 7 000 francs djiboutiens (35 euros) par mois et celui-ci a ainsi renoncé à son voyage vers la péninsule Arabique.

Trois autres passeurs ont été recrutés au port auxiliaire de Tadjoura inauguré en 2017. Le salaire est, certes, moins élevé que celui qu'ils percevaient du temps du trafic, mais le travail est moins stressant. Le conflit éthiopien de 2020 a considérablement réduit l'activité du port, où les bateaux arrivent désormais au compte-gouttes, laissant à chacun la liberté de déserter son poste pour une séance de khat en ville.

Un patron de réseau, qui n'avait pas prévu l'effondrement de son activité, n'avait pas mis assez d'argent de côté pour ses vieux jours ; il a été obligé, selon ses propres mots, de travailler de nouveau. Il est maintenant employé dans une boutique du centre-ville de Tadjoura et regarde souvent son portable depuis plusieurs mois. Il attend un hypothétique appel d'Éthiopie pour relancer son réseau, en vain pour l'instant. Un deuxième patron a utilisé l'argent dont il disposait pour ouvrir un restaurant. Il a beaucoup hésité sur le type de cuisine à proposer avant d'opter pour de la nourriture éthiopienne. Les cuisiniers éthiopiens, migrants de passage bien évidemment, sont moins chers que leurs homologues yéménites qui, malgré l'exil dans le camp de réfugiés Markazi d'Obock, demandent un salaire plus élevé. Un troisième patron a terminé en prison à l'étranger pour une sombre affaire.

Un lieutenant a passé son permis de conduire. Avec l'argent du trafic économisé avant la « chute », il a acheté un minibus. Il comptait développer son propre réseau mais, malheureusement pour lui, le confinement a suspendu ses plans. Après le déconfinement, il a commencé à transporter des passagers entre la capitale et le nord du pays ; il en a profité également pour faire passer quelques migrants qui « se présentaient » à lui de temps en temps. Au bout de quelques allers-retours, il en a eu assez de convoyer des Djiboutiens qu'il jugeait « râleurs et indisciplinés ». Il participe maintenant au retour des migrants éthiopiens. Il fait payer à chacun 4 500 francs djiboutiens (22 euros) le trajet depuis Obock ou Tadjoura jusqu'à Balho, la frontière éthiopienne au nord de Djibouti. Il les dépose à quelques centaines de mètres de la frontière et les migrants attendent la nuit pour la traverser – même si les douaniers sont occupés à mastiquer leur khat dès 13 heures. L'homme précise cependant que si les migrants sont arrêtés sans papiers éthiopiens, ce qui est toujours le cas, ils doivent s'acquitter d'une taxe de 2 000 francs par personne, instaurée par la douane éthiopienne.

Un passeur regarde avec nostalgie les camions qui prennent la route entre le port de Djibouti et Addis-Abeba. Routier pendant plusieurs années, il avait démissionné au profit du trafic qu'il jugeait moins fatigant que les 1 000 kilomètres qu'il devait régulièrement parcourir pour relier Djibouti Ville à la capitale éthiopienne. En 2019, l'homme avait passé un après-midi à me raconter tous les accidents qu'il avait vus sur cette route ; aujourd'hui, il parle de cette époque comme du « bon vieux temps ». Six anciens passeurs, presque tous issus du même réseau, se sont lancés dans la contrebande de khat avec l'Éthiopie. Ils profitent de la nouvelle route de Balho inaugurée en 2019 qui permet de rejoindre la frontière sans passer par le sud du pays pour rapporter chaque jour du khat frais qu'ils vendent à la tombée de la nuit dans les rues de Tadjoura. Ils pourraient le faire dès le début de l'après-midi, mais ils ont négocié un accord avec les forces de l'ordre : ils ne seraient pas arrêtés s'ils ne faisaient pas concurrence au khat qui arrive le matin de Djibouti Ville. La contrebande a d'ailleurs explosé avec la route de Balho et l'un des six passeurs regrette qu'elle n'ait pas existé au temps du trafic de migrants : ils auraient alors économisé du temps, de l'argent et les convois auraient doublé. D'autres, qui ont rejoint les forces de l'ordre attendent vainement « des galons ». Enfin, un nombre incalculable de guetteurs, de sentinelles et de soldats au chômage mendient du khat quotidiennement auprès de leurs anciens patrons ou lieutenants reconvertis.

Au-delà de ces anecdotes, la chute des réseaux a donné lieu à un énième récit héroïque des passeurs – le dernier de l'épopée. Il m'a été conté à plusieurs reprises lors de mon séjour au nord de Djibouti. Pour beaucoup, les passeurs djiboutiens auraient précipité eux-mêmes la fin du trafic pour préserver leurs familles des risques de contagion du virus que les migrants « transportaient avec eux ». Ils auraient préféré tout perdre en refusant l'argent que les *dalals* éthiopiens leur proposaient plutôt que d'exposer les personnes âgées au virus. En mettant fin à l'aventure, la dernière génération aurait ainsi renoué avec les valeurs communautaires qui avaient déterminé la première à la débuter. Pour clore joliment l'histoire, sans doute lui fallait-il une morale.

Avec cet épilogue, l'âge d'or prend définitivement la forme d'un mythe décrivant une époque révolue, un passé glorieux dont l'inspiration est cependant porteuse de nouveaux commencements. Quelques anciens passeurs ont été « surpris » de voir de petits groupes de migrants arriver devant leur porte à Tadjoura ou à Obock, un « cadeau des *dalals* éthiopiens », précisent-ils. Il ne s'agit pour l'heure que d'une vingtaine de personnes, rien à voir avec les convois d'antan qui atteignaient parfois quatre cents à cinq cents migrants en une nuit ; pourtant, un soir d'octobre 2020, un patron a conduit un transport « exceptionnel » de soixante-dix migrants de Balho jusqu'à Obock. Dès le déconfinement, un patron djiboutien a tenté de relancer la route. La première traversée a eu lieu en juillet 2020.

« Tout recommencera »

Oui, j'ai repris les clandestins, même avec la frontière fermée. C'est moi qui ai ouvert la route, j'ai ouvert la frontière vers le Yémen. C'était difficile d'approcher la côte. Quand les Yéménites voyaient un bateau arriver, ils tiraient dessus. Ils pensaient que les migrants arrivaient avec le Covid. Y avait plein de gens au Yémen, au bord de la mer, ils avaient des armes, ils nous guettaient, ils ne voulaient pas qu'on revienne avec la maladie. […] J'avais ramené un Arabe, un bon pilote. Je lui avais proposé beaucoup d'argent pour qu'il vienne à Djibouti et ramène les migrants chez lui. Je lui ai parlé, je lui ai proposé le double de la somme pour la traversée. Il voulait encore plus. Ce monsieur-là, c'était mon pilote, c'est un expert. Il connaît la mer depuis trente ans ! Il connaît toute la mer et la côte yéménite, les villages et la population. C'est une personne importante… même si on l'attrape, on ne peut rien contre lui [car] il vient d'une grande famille. Il m'a proposé 60 000 [300 euros]. Normalement, je n'aurais pas dû payer ; je paye en moyenne 30, 35 000, pas plus. Là, il voulait 60 000 pour un seul voyage et j'ai dit oui. Je ne pouvais pas refuser, je voulais ouvrir la voie.

Cela a été un long travail pour la traversée. J'ai beaucoup négocié avec les gens du Yémen pour qu'ils vident les plages. J'ai payé beaucoup de personnes pour qu'ils déplacent leurs bateaux sur d'autres plages. Tout était surveillé à ce moment-là, toutes les plages, et notre bateau ne pouvait accoster que sur une plage vide. J'ai parlé avec beaucoup de personnes… J'ai même ramené des gens du Yémen, des Éthiopiens qui étaient restés là-bas, je les ai ramenés. J'ai ramené beaucoup de responsables de migrants, des Éthiopiens qui avaient été *dalals* là-bas, pour négocier avec eux et, à la fin, ça a marché. […] Il a fallu brouiller les pistes pour pas que mes migrants soient vus à Obock, pour que tout reste secret. Par exemple, je dois faire la traversée demain soir d'Obock vers le Yémen. Ce soir, j'ai pris mes migrants qui étaient à Obock pour les ramener à Tadjoura et, le lendemain, je fais toute la route d'un coup, Tadjoura, Obock et la traversée de la mer en une soirée ! Personne n'a vu. Les migrants, les habitants, les gens, personne n'a su. Tout le monde pense que ce commerce est arrêté et que les migrants sont rentrés en Éthiopie. C'est faux, tout recommencera. […]

Le premier voyage, je n'ai même pas demandé d'argent [aux migrants]. Je savais qu'une fois que ces gens auraient atteint le Yémen, ils appelleraient en Éthiopie pour dire qu'ils avaient traversé la mer. Ils appellent toujours pour rassurer. Je les ai vus : ils ont discuté avec mon pilote, puis avec moi, pour la sécurité, mais, une fois arrivés, ils ont tous appelé en Éthiopie pour dire qu'on était bien arrivés. […] Au début, j'ai envoyé cinquante personnes par semaine, ce n'est pas beaucoup, ce n'est pas la quantité d'avant, mais ça va reprendre, ça va grossir. J'ai ouvert la frontière avec le Yémen, j'ai ouvert la route, j'ai relancé le passage. Maintenant, on attend que d'autres ouvrent la frontière avec l'Arabie saoudite. […] on a parlé avec des personnes là-bas pour qu'ils libèrent la frontière. Cela ne se libère pas comme ça une frontière, on ne l'ouvre pas comme une porte… On doit payer beaucoup d'argent, mais on va l'ouvrir, oui. Tout va redevenir comme avant, bientôt.

Remerciements

Aux passeurs, à leurs proches et aux *dalals* sans qui ce travail n'aurait jamais pu voir le jour. Ils ont pris beaucoup de temps pour répondre à mes questions, m'expliquer et me montrer leur activité. Bien que je ne puisse pas les nommer, j'espère ne pas avoir trahi leur confiance gagnée au cours de ces deux années passées à leurs côtés. Aux migrants éthiopiens qui ont accepté de répondre à mes questions.

À Bezunesh Tamru et Tarik Dahou pour leurs conseils et leur confiance. Aux collègues du laboratoire LADYSS (UMR 7533) et à l'université Paris 8 Vincennes Saint-Denis pour le financement de mes recherches.

À Amina Saïd Chiré, à Abdirachid M. Ismail et aux chercheurs de l'Institut de recherche indépendant de la Corne de l'Afrique pour leur accueil et les échanges dont ils m'ont fait bénéficier. À Ali Aref Bourhan, Chelem Watta, Houmed Gaba Maki, aux membres de la famille du sultan de Raheita et de Tadjoura, aux *okals* et aux représentants de la préfecture et du Conseil régional d'Obock et de Tadjoura qui ont pris le temps de me parler de leur pays et de leur culture. À Amine, Dato, Ali et Ahssan pour leur sagesse.

À Kirk et Krystal Galster, Thomas et Rachel Jones pour leur hospitalité à Djibouti ; à Youssouf Djibaba, Noor-Barao et sa famille pour leur hospitalité à Obock ; à Hawa Mohamed Dabalé, son mari Maki, et sa famille pour la leur à Tadjoura. À Nicolas Romani, Hussein Abdurahman, Bertrand Lafrance et Patrick Guillard pour leur accueil à Djibouti.

À Clément Cayla-Giraudeau, Julien Brachet, Géraldine Pinauldt, François Guiziou, Laura Strack, Tobias Etienne-Greenwood, Chantal Dukers et Bruno Auerbach pour leur temps, leur aide et leur relecture. Enfin, à Mathieu et Jean-Baptiste pour leur soutien.

Table

Cahiers libres